Kontaktadresse nach EU-Produktsicherheitsverordnung:
produktsicherheit@droemer-knaur.de

Von Lama Ole Nydahl sind bei Knaur
außerdem erschienen:

Wie die Dinge sind
Buddha und die Liebe
Vom Reichtum des Geistes
Von Tod und Wiedergeburt

Über den Autor:

Lama Ole Nydahl ist einer der bekanntesten Buddhisten des Westens und wurde 1972 vom Karmapa, dem Oberhaupt der tibetischen Karma-Kagyü-Schule, als buddhistischer Lehrer nach Europa geschickt. Nur wenige Jahre später wurde er zum Lama ernannt. Seitdem bereist er die Welt, um Vorträge zu halten, Meditationskurse zu leiten und Zentren zu gründen – mittlerweile über 600 in Europa, Amerika und Australien; davon über 150 allein im deutschsprachigen Raum.
Weitere Informationen im Internet unter:
www.lama-ole-nydahl.de

Lama Ole Nydahl

Das Große Siegel

Von der grenzenlosen Einsicht
in die Natur des Geistes

Herausgegeben von Hans Christian Meiser

Besuchen Sie uns im Internet: www.droemer-knaur.de
Alle Titel aus dem Bereich MensSana finden Sie im Internet
unter www.mens-sana.de

Originalausgabe Juli 2006
Copyright © 2006 Knaur Taschenbuch
Ein Imprint der Verlagsgruppe
Droemer Knaur GmbH & Co. KG, München
Alle Rechte vorbehalten. Das Werk darf – auch teilweise –
nur mit Genehmigung des Verlages wiedergegeben werden.
Die Nutzung unserer Werke für Text- und Data-Mining
im Sinne von § 44b UrhG behalten wir uns explizit vor.
Übersetzung der Verse aus dem Tibetischen:
Karmapa International Buddhist Institute,
Leitung Hannah Nydahl
Bearbeitung: Claudia Balara,
Catrin Hartung, Christiane Uffrecht
Umschlaggestaltung: ZERO Werbeagentur, München
Umschlagabbildung: Dorje Chang
Satz: Adobe InDesign im Verlag
Printed in Germany
ISBN 978-3-426-87292-5

4 6 7 5

Inhalt

Widmung 7
Danksagung 9
Vorwort 11
Einleitung 13

Vers 1 31
Vers 2 39
Vers 3 45
Vers 4 51
Vers 5 61
Vers 6 67
Vers 7 77
Vers 8 85
Vers 9 93
Vers 10 101
Vers 11 113
Vers 12 119
Vers 13 127
Vers 14 133
Vers 15 143
Vers 16 153
Vers 17 163
Vers 18 167
Vers 19 179
Vers 20 201

Vers 21 211
Vers 22 219
Vers 23 227
Vers 24 233
Vers 25 245

Die Mahamudra-Übertragungslinie 247
Glossar 258
Adressen von buddhistischen Zentren 293
Anmerkungen 301

Widmung

Meine Auslegungen von Karmapas Wünschen sind der wachsenden Zahl gut ausgebildeter und selbstständiger Menschen gewidmet, die ihre vielseitigen Betätigungen und Erfahrungen in einen Erleuchtungsweg einbauen möchten.

Danksagung

Unseren tiefsten Dank an Rangjung Rigpe Dorje, den 16. Gyalwa Karmapa. Er übertrug meiner Frau Hannah und mir das Große Siegel in Kopenhagen, Frankreich und Sikkim.

Der Verfasser und seine Muse beim Abschätzen einiger Erfahrungswerte des Textes. Gemeinsamer 100-Meter-Bungeesprung in Axalp, Schweiz

Vorwort

Liebe Freunde,
diese zweite, ausführlichere Ausgabe der Erläuterungen zu den **Mahamudra-Wünschen** des 3. *Karmapa* (1284–1339) war eine lange Geburt. Ihr Entstehen erstreckte sich über einige Jahre und nahm in Zügen, Autos, Flugzeugen und während mehrerer Zurückziehungen allmählich Gestalt an. Das lag wohl in der Natur der Sache, denn diese Verse schließen das ganze Bewusstsein und nicht nur die Ebene der Begriffe ein. Wir wollten Worte finden, die die letztendliche Weisheit aus immer neuen Richtungen beleuchten und gleichzeitig dem Leser Raum geben, diese Weisheit zu erfassen. Dafür haben wir zuweilen auf die fremd klingende Fachsprache verzichtet. Stattdessen flossen Erinnerungen an Belehrungen verwirklichter Lamas, viel spürbarer Segen, eigene Meditations- wie Liebeserfahrungen und Catys klarer Kopf als wirkliche Schätze in die Arbeit an diesem Buch ein. Hinterlässt das Buch also eher ein erleichtertes Vertrauen in die eigenen Möglichkeiten als zusätzliches Gepäck an Vorstellungen, wurde sein Ziel erreicht.
Da die Burg der Unwissenheit aus jeder Richtung zu erstürmen ist, ist der Zugang zu jedem Vers unterschiedlich und weil der erste im Westen tätige Karmapa, der 16. (1924–1981), so durchgehend auf Lebensnähe bestand, führen wir seinen Stil hier weiter. Mehrmals erscheinen

daher zeitgemäße Erläuterungen in einem sonst zeitlosen Text, der unmittelbar auf das, was erlebt wird – den Erleber allen Geschehens –, selbst zeigt. Die erleuchteten Einsichten ziehen sich mit wiederholenden und neuen Bildern wie ein roter Faden durch das Buch. Die ersten Verse schaffen den nötigen Hintergrund, damit man sich dann in späteren Kapiteln vollständig auf die Erleuchtungserfahrungen von Karmapa einlassen kann. Und wer zum Schluss kein Regenbogen geworden ist, sollte sich vornehmen, das Buch bald wieder zu lesen.

Die Wünsche des Großen Siegels vermitteln den Erfahrungsstrom aller Karmapas. Seit den frühen siebziger Jahren, als Buddhas Lehre im Westen Fuß fasste, sind die erwähnten Erlebnisebenen zum heiß begehrten Ziel der wachsenden Zahl westlicher Diamantweg-Buddhisten geworden.

»Maha« heißt auf Sanskrit »groß« und »Mudra« bedeutet »Siegel« oder »Zeichen«. Der Name rührt von einem Versprechen her, das Buddha vor 2650 Jahren seinen nächsten Schülern gab: »Sucht keine höheren Belehrungen als diese, es gibt sie nicht.«

Lest und genießt!

Aus dem neuen Zurückziehungs-Zentrum in Wiehl im Segensfeld der Schützerin *Weißer Schirm*, am Tag von *Schwarzer Mantel* im September 2005

Einleitung

Jede Beobachtung der äußeren wie der inneren Welt wirft einen auf den *Geist* (jedes im Glossar erklärte Wort wird beim ersten Vorkommen im Buchtext kursiv gesetzt) zurück. Nur er ist ständig und wirklich vorhanden, jedoch nicht als irgendetwas Dingliches. Das, was wahrnimmt, ist seinem Wesen nach unveränderlich und zeitlos wie der *Raum*, während das Wahrgenommene – die inneren Zustände wie auch der äußere Rahmen – in ständigem Wandel begriffen ist. Nur der *Erleber* allen Geschehens – der Geist selbst – ist immer und überall.
Das *Große Siegel* (tibet.: *Chag Chen*, sanskr.: Mahamudra) wurde von *Buddha* gelehrt, um den Geist voll zu erwecken und seine *Erleuchtung* zu besiegeln. Wer die *Strahlkraft* des Spiegels hinter den Bildern fortwährend erkennt und die Unerschütterlichkeit des tiefen Meeres jenseits seiner Wellen erlebt, ist am Ziel.
Der buddhistische Weg ist eine ständig anwachsende Erfahrung von innerem Reichtum und *Freude*, die mit der Erleuchtung dauerhaft wird. Die Wonne zeigt in den Augenblicken ihren Reiz, in denen keine Gewohnheiten oder Erwartungen einen ablenken. Einige erahnen die Kraft dieses Zustandes beim freien Fall, bevor sich der Fallschirm öffnet, oder in der Schräglage auf dem Motorrad, andere während der Verschmelzung in der Liebe. Er zeigt sich blitzschnell beim Niesen, als das freudige »Aha« bei einer neuen Ein-

sicht oder während man das Glück anderer nachempfindet. Wer einen der unterschiedlichen Wege des tibetischen Buddhismus mit seinen bis heute lebendigen Übertragungen geht, kann innerhalb eines Lebens solche Augenblicke zu einem Dauerzustand ausdehnen. Schon nach einer kurzen Begegnung mit einem Lehrer des Großen Siegels, und vor allem durch die freundschaftliche Verbindung mit ihm und die Mitarbeit in seinen Gruppen, fängt ein umfassendes geistiges Wachstum an. Sowohl in der *Meditation* als auch im restlichen Leben wird man immer beständiger ein freudiges Einssein mit allem erleben, bis man sich schließlich wundert, dass man jemals Leid und Enge erlebte.

»Raum ist Freude«, »Jedes Geschehnis ist das freie Spiel des Geistes«, »In allen Wesen den möglichen Buddha sehen und bewusst Körper und Rede einsetzen, um ihre innewohnende Kraft hervorzubringen« – derartige Aussagen zeigen seit Buddhas Zeiten den grenzenlosen Reichtum der *Verwirklicher*, sie beschreiben das Ziel und den Weg des Großen Siegels. Seine geschickten Mittel ermöglichen selbstständigen Menschen, auch anderen zu helfen. Das Große Siegel erklärt ohne übertriebene Wissenschaftlichkeit oder Gefühlsduselei sowohl das Letztendliche (das Ziel) als auch das Bedingte (den Weg) als an sich freudvoll. Angesichts der heute oft geschmacksarmen geistigen Fertigmenüs haben diese Belehrungen für viele Menschen eine wachsende Anziehungskraft.

Erleuchtung ist die volle Entfaltung aller Eigenschaften und Fähigkeiten der Wesen, einschließlich der unentbehrlichen Vernunft. Deshalb kann auch der Weg dahin nichts enthalten, was abgehoben oder unverständlich wäre. Karmapa weiß das. Und obwohl er diesen Text so ausdrucksstark und kunstvoll verfasste, genügt ein bloßes Mitschwingen mit den Versen nicht. Erst durch kritisches Mitdenken können seine Worte ganz entschlüsselt werden. Daher meine auf die heutige Welt zielenden Erläuterungen.

Ohne kritisches Nachdenken werden mehrere Bedeutungsebenen zu spät oder nicht erkannt. Deswegen wähle ich mitunter Erläuterungen aus der jetzigen Zeit, die einem die Augen öffnen für die Welt. So wird das Verständnis für den Text geschärft und man bekommt einen reifen Überblick über die Geschehnisse. Gleichzeitig entwickelt man dadurch die Fähigkeit, die Bedingungen des täglichen Lebens zu meistern.

Jede buddhistische Entwicklung setzt mit einer Untersuchung der Ausgangssituation an. Zu Beginn jeder Übung begreift man zunächst, dass die im eigenen Leben gerade vorhandenen Bedingungen eine höchst kostbare und erstaunlich seltene Möglichkeit bieten: Man kann tatsächlich bewusst sein Leben in Richtung *Befreiung* und Erleuchtung steuern. Nur sehr wenige haben die Gelegenheit, gebildet, frei und fähig Buddhas Lehre in ihrer ganzen Fülle zu begegnen, und noch viel weniger nutzen ihr Glück.

Die zweite Überlegung betrifft die Vergänglichkeit aller Dinge. Jeder kann jeden Augenblick sterben. Äußeres wie Inneres ändern sich ständig. Nur das leuchtende Gewahrsein des Geistes ist unvergänglich und überall. Das ist es, was den Geist so wichtig macht. Man versteht, dass man die Zeit jetzt nutzen sollte, denn niemand weiß, wie lange er noch leben wird.

Die dritte Überlegung gilt dem Gesetz von Ursache und Wirkung (sanskr.: *Karma*, tibet.: Lä). In jedem Augenblick bestimmen die Gedanken, Worte und Taten eines jeden seine Zukunft. Man legt ständig selbst die Samen für das eigene Erleben, und es lohnt sich, sehr bewusst zu sein. Werden schädliche Eindrücke nicht entfernt, reifen auch sie als Erfahrungen heran, die denselben Gefühlsgehalt tragen wie ihre Ursachen.

Schließlich begreift man, warum es sinnvoll ist, sich zu entwickeln. Man sieht, wie jedes Wesen mit bedingten und deswegen kurzfristigen Mitteln nach dauerhaftem Glück strebt und zugleich Leid vermeiden will, was offensichtlich unmöglich ist. Erleuchtung bedeutet, einen Glückszustand zu verwirklichen, der weder vergehen noch sich auflösen kann, und diese reiche Möglichkeit des Geistes aus Faulheit auszublenden, wäre schade. Wer glaubt, der Körper zu sein und die Dinge zu besitzen, findet bei Krankheit, Alter, Tod und Verlust keinen Halt. Man hat dadurch weniger Kraft und vermisst häufig den nötigen Weitblick, um anderen langfristig helfen zu können.

Diese vier Überlegungen führen zur Suche nach Werten, denen man wirklich vertrauen kann. Hat man sie gefunden, lockt ihre Verwirklichung. Die Öffnung von Körper, Rede und Geist unveränderlichen Zuständen gegenüber wird im Buddhismus *Zuflucht* genannt.

Das Einzige, was überall und zeitlos vorhanden ist, ist der Raum. Obwohl er häufig als ein Nichts oder etwas

Fehlendes verstanden wird, ist er bestimmt kein schwarzes Loch. Viel eher ist er ein Behälter, der alles verbindet, ermöglicht und umfasst. Das Wesen des Raumes ist furchtlose Einsicht. Seine Erfahrung ist spielerische Freude und sein Ausdruck tatkräftige *Liebe*. Buddha (tibet.: Sangye) verkörpert diese vollkommene Verwirklichung. Deshalb ist sein erleuchteter Bewusstseinszustand die erste Zuflucht.

Der Buddha unserer Zeit, Shakyamuni Gautama, lebte vor 2600 Jahren. Er ist der vierte von tausend Buddhas, die, solange begabtes Leben auf der Erde besteht, erscheinen werden. Da dieselbe Wahrheit – die *Buddhanatur* – allen Wesen innewohnt, ist es ein großes Geschenk, dazu Zuflucht nehmen zu können. Buddhas Belehrungen erinnern einen ständig daran, dass man genau die gleichen Voraussetzungen hat wie er, um zur Erleuchtung zu gelangen. Man muss sich nur zielgerichtet entwickeln.

Die zweite Zuflucht, die er gab, ist der Weg zur Erleuchtung. Seine Lehre (sanskr.: *Dharma*, tibet.: Chö*)* besteht aus 84000 Hilfsmitteln, die in 108 dicken Büchern festgehalten sind. Sie ermöglichen jedem, mit der gewünschten Geschwindigkeit zum Ziel zu kommen.

Die dritte Zuflucht, die Freunde auf dem Weg (sanskr.: *Sangha*, tibet.: Gendün), sind die so genannten *Bodhisattvas*, anerkannt oder unbekannt, mit deren Hilfe man sich entwickelt. Ihre Fähigkeit zu helfen zeigt sich durch zwölf Eigenschaften, die sich auf jeder von zehn Ebenen bis zum Buddhazustand verzehnfachen. Auf der ersten Stufe kann man z. B. 100 Menschen von Nutzen sein, auf der zweiten 1000, auf der dritten 10000 usw. Da sie sowohl Äußeres als auch Inneres wie einen Traum erfahren, sind sie unverwundbar und dank ihrer starken Wünsche, anderen zu nutzen, werden auch sie eine echte Zuflucht. Jede buddhistische Schule nimmt Zuflucht zu diesen so genannten *Drei Juwelen*: Buddha, seiner Lehre und den Freunden auf dem Weg (Buddha, Dharma, Sangha). Im *Diamantweg* (tibet.: Dorje Thegpa, sanskr.: Vajrayana) des tibetischen Buddhismus öffnet man sich zusätzlich einer vierten Zuflucht, die die ersten drei zusammenbringt und im Leben verankert. Es ist der verwirklichte Lehrer, der einen als unmittelbares Beispiel auf dem Weg begleitet (sanskr.: Guru, tibet.: *Lama*).

Er gibt, wie hier der 3. Karmapa, seinen Schülern einen direkten Zugang zu ihrem Geist. Um Gerüchte zu vermeiden, muss man von ihm erwarten können, dass er für jeden ersichtlich als Mönch, Laie oder Verwirklicher lebt. Er muss die Verbindungen zu seinen Lehrern halten, das sichert die Übertragung ab, echte Lebenserfahrung besitzen und Buddhas Körper, Rede, Geist, Eigenschaften und Tatkraft sinnvoll vertreten. Zusätzlich soll er die *Drei Wurzeln* der Erleuchtung vermitteln: Begeisterung in seinen Schülern durch *Segen* erwecken, die besonderen Mittel des Diamantweges richtig weitergeben und mit erleuchteten *Schützern* verbunden sein, deren kraftvolle, von Flammen umgebenen Formen die meisten aus Museen oder Kunstbüchern kennen. So macht der Lehrer jede Erfahrung zu einem Schritt auf dem Weg des Schülers. Jeder, der sich schnell entwickeln will, sollte sich die Mühe machen, mögliche Lehrer möglichst ungeschminkt zu beobachten, bevor man sich auf sie einlässt. Er sollte sie möglichst ohne die Verpackung einer fremden Kultur und ohne exotisches Make-up – also im Alltag – überprüfen und dann selbst entscheiden, ob sie dasselbe tun und sagen und ob man ihr Beispiel für das eigene Leben verwenden will. Weil Roben und Rituale durch die Ankunft tibetischer Politik im Westen sehr an Stellenwert verloren haben, sollten die Leute heute umso mehr auf den Nutzen schauen, den die Lehrer ihnen bringen können, oder sehen, ob sie ihnen ganz einfach vertrauen können und sie mögen.

Buddhas Belehrungen bestehen in ihrer Ganzheit aus drei großen Richtungen. So können Menschen mit den unterschiedlichsten Voraussetzungen den Weg finden, der am besten zu ihnen und ihren Bedingungen passt. Allen gemein ist die Verantwortung für das eigene Leben durch die Lehre von Ursache und Wirkung (der Kleine Weg), die aber von Menschen, die natürlicherweise auch an andere denken, durch *Mitgefühl* und Weisheit ergänzt wird (der *Große Weg*). Durch die Fähigkeit, die Geschehnisse und Dinge als rein zu sehen, erreicht man die letztendliche Ebene des Diamantweges.

Die aus den Belehrungen des Kleinen Weges hervorgegangenen südlichen buddhistischen Schulen des *Theravada* (sanskr.: die »Worte der Ordensältesten«) nehmen Zuflucht mit der Einstellung, das eigene Leid beenden oder verringern zu wollen. Man findet sie vor allem in Sri Lanka, Thailand, Burma, Vietnam, Laos und Kambodscha. Ihr Ziel ist die Befreiung von allem Leid.

Noch sinnvoller ist die Zuflucht jedoch in Verbindung mit dem allumfassenden Wunsch des nördlichen Buddhismus, der hauptsächlich in Vietnam, China, Nord- und Südkorea, Japan und Taiwan verbreitet ist. Im »Großen Weg« (tibet.: *Thegtschen*, sanskr.: *Mahayana*) möchte man sich so schnell wie möglich so weit entwickeln, dass man allen nützen kann. Durch die guten Wünsche für alle Wesen vorangetrieben, entwickelt man ungeheure Kraft und kann so allmählich die besonders wirksamen Mittel des »Diamantweges« verwenden, die in Tibet und heute vor allem im Westen bekannt sind.

Eine solche Umstellung der eigenen Werte von Bedingtem und Vergänglichem auf Letztendliches und Zeitloses ist nach der Untersuchung unserer Ausgangslage durch die *Vier Grundgedanken* der notwendige zweite Schritt auf dem Weg. Von dem Wunsch begeistert, anderen helfen zu können, und aufgrund der Erfahrung von der Traumähnlichkeit und Veränderlichkeit – also der »*Leerheit*« aller Gefühle und Erscheinungen – wird die künftige Arbeit mit dem Geist abgesichert und kann in großem Umfang anfangen.

Zwei Einstiegsmöglichkeiten bieten sich an, wenn man sich für den Diamantweg entschieden hat. Einige wenden sofort viel Zeit und Schwung auf, um die *Grundübungen* (tibet.: *Ngöndro*)[1] so oft wie möglich zu wiederholen. Dies ist eine Abfolge von vier Meditationen, bei denen man mit Körper, Rede und Geist die innere Verbindung zur Zuflucht stärkt, schädliche Eindrücke aus früheren Worten, Taten und Gedanken reinigt, neue schöne Eindrücke im Geist aufbaut und mit der letzten Übung sein *Band* zum Lehrer stärkt. Damit schafft man eine gesunde Grundlage, um sich weiterzuentwickeln.

Andere dagegen ziehen es vor, das buddhistische Zentrum in ihrer Nähe zu besuchen, etwas Zeit für eine tägliche Meditation zu finden, buddhistische Sichtweisen zu untersuchen und sich allmählich anzueignen und ein paar Kurse in ihr Leben einzubauen. Beide Vorgehensweisen sind gut. Sobald eine gewisse Reife erreicht wurde, stehen demjenigen, der die Grundübungen abgeschlossen hat, drei und demjenigen, der die vielen Wiederholungen nicht gemacht hat, zwei weiterführende Meditationswege innerhalb des Diamantweges offen. Die verschiedenen Wege nutzen drei dem Geist innewohnende, kraftvolle Eigenschaften: seine Fähigkeit zu tun, zu wissen und sich einzufühlen.

Der erste Meditationsweg, der »Weg der Mittel«, kam mit dem Helden *Marpa* vor 950 Jahren über die Berge von Indien nach Tibet. Er erhielt diese Übertragung Buddhas von dem Verwirklicher *Naropa*. Bei diesen Meditationsübungen entsteht man aus dem Raum als verschiedene *Buddhaformen* aus Energie und Licht. Dabei kommen vor allem tiefe Atemübungen und die inneren Energiebahnen des Körpers zur Anwendung. Dieser Weg, auch der »Weg der *Sechs Lehren Naropas*« genannt, kann nur nach Abschluss der Grundübungen vollständig verwendet werden. Die für bestimmte Übungen unerlässlichen monate- bis jahrelangen *Zurückziehungen* von der Gesellschaft, um in Abgeschiedenheit zu meditieren, sind heutzutage für Leute, die im Leben stehen, kaum durchführbar. Menschen aus dem Westen, die gern in die jahrelangen, meist zölibatären Zurückziehungen gehen, sind zudem oft von vornherein nicht die Wildesten und bleiben erfahrungsgemäß auch danach lieber im Kloster oder bei ihren eigenen Belangen. Die meisten dieser Übungen sind übrigens nicht allgemein zugänglich, sondern geheim und werden nur unter besonderen Bedingungen gelehrt. Außer dem *Phowa*, einer für die moderne Welt sehr geeigneten Übung, um das Bewusste Sterben zu erlernen, und einer einfachen Meditation auf das Klare Licht des Geistes kann man ohne eine lange und gründliche Vorbereitung der Schüler den »Weg der Mittel« kaum mit gutem Gewissen lehren. Es können zu viele Hindernisse auftreten. Wer es dennoch wagt, und es gibt sogar unter hoch betitelten *Rinpoches* einige, die im Westen die Erfahrungen der letzten 2600 Jahre missachten und z. B. Geheimlehren anderer einfach veröffentlichen, nützt seinen Schülern meistens nur sehr kurzfristig. Der geprellte Stolz nach erfolglosen Versuchen mit zu anspruchsvollen Übungen, für die einem die Grundlagen fehlen, kann in zukünftigen Leben den Zugang zum Diamantweg sehr erschweren. Unter den Übungen des buddhistischen *Tantra*, wie der »Weg der Mittel« auch bezeichnet wird, erfordern vor allem die so heiß begehrten Vereinigungsübungen jahrelange Erfahrung in der Meditation, eine sehr besondere Gefährtin bzw. Gefährten und lange Zurückziehungen. Wer nackt durch tiefes Atmen den Schnee um sich herum zum Schmelzen bringen kann, ist in etwa bereit.

Die Meditationen des »Weges der Einsicht« waren vor 950 Jahren das Geschenk von Marpas zweitem Hauptlehrer, dem heute weniger bekannten *Maitripa*. Obwohl seine

Mittel einfacher und weniger mit Geschichten behaftet sind, sind seine auf Bewusstheit und *Vertiefung* bauenden Übungen brauchbarer und dadurch nützlicher in der heutigen Welt. Bei diesen geht es darum, den Geist zu beruhigen und festzuhalten, bis Eingebungen entstehen, was in allen buddhistischen Wegen als Mittel für Entwicklung verwendet wird und auch andere Heilswege und Religionen kennen. Was den Verlauf auf die Ebene des Großen Siegels hebt, ist die Erfahrung, dass Erleber, Erlebtes und Erleben allesamt Seiten ein und derselben Ganzheit sind. Im ersten Teil des »Weges der Einsicht«, *Shine* (tibet.) oder Shamatha (sanskr.) genannt, wird auf der bedingten Ebene gearbeitet. Diese Übung beruhigt und festigt den Geist. In verschiedenen Ausführungen ist sie in allen Erfahrungsreligionen wie dem Buddhismus, Taoismus und Hinduismus bekannt. Auch in den Glaubensreligionen wird die hier angestrebte Vertiefungsebene gelegentlich durch Beten erreicht. Sie ist die Quelle einer Art von übersinnlichen Fähigkeiten und Wundern. Fast jedes Mittel und jeder Sinnesreiz lassen sich im »Weg der Einsicht« verwenden, um den Geist zu beruhigen und festzuhalten. Einige Schulen arbeiten hier mit bildhaften Vorstellungen, andere lieber nicht. Einige beobachten z. B. beim langsamen, storchähnlichen Gehen oder auch beim Kauen ihren Geist. Am bekanntesten auf dem *Kleinen Weg* ist das Zählen der Atemzüge oder das Spüren des Luftstromes an der Nasenspitze. Im Großen Weg sowie im Diamantweg sind ebenfalls Shine-Übungen enthalten, die von dem Wunsch nach Erleuchtung zum Besten aller durchdrungen sind.

Der zweite Teil vom »Weg der Einsicht«, Lhaktong (tibet.) oder Vipashyana (sanskr.) genannt, bedeutet »mehr sehen«. Durch die Beruhigung des Geistes erfährt man zunehmend den Erleber als ein tiefes Gewahrsein. Der Geist verweilt hier ausschließlich auf der letztendlichen Ebene und erfährt die »Leerheit«, eben die nicht vorhandene Wirklichkeit und die gegenseitige Bedingtheit aller äußeren wie inneren Erscheinungen.

Eine Form der Meditation ohne Hilfsmittel, bei der man »nur« auf den Geist meditieren soll, wird von mehreren bekannten Lamas schon unmittelbar nach der Zuflucht angeboten, was ich für verkehrt halte. Obwohl er sich leicht beschreiben lässt, erfordert dieser Weg »ohne Form oder Stützen« besonders umfassende Belehrungen und setzt eine intensive Betreuung sowie den gezielten Aufbau zahlloser guter Eindrücke voraus. Umso mehr, weil auftauchende innere Reinigungen besonders ernst genommen werden, wenn man keinen Gegenstand für seine Meditation hat. Der Geist sollte, allgemein gesagt, nur so lange beruhigt bleiben, wie er auch völlig bewusst ist. Ansonsten wird das Ergebnis statt der Leuchtkraft eines funkelnden Diamanten ein beurteilendes Gedankenjagen oder eine angenehme, aber dumpfe »Mattscheibe« sein. Aus diesem Grund wurden diese Belehrungen in Tibet nicht vor den Grundübungen gegeben. Tatsächlich ist das richtige Beruhigen und Halten des Geistes auf einem Punkt ohne Hilfsmittel viel schwieriger, als sich auf die vielseitigsten Buddhaformen mit ihren häufig langen und anfänglich fremdartigen Mantras einzulassen, wie sie im »Weg der Mittel« verwendet werden.

Die Kraft von Maitripas Lehre liegt in ihrer vielfältigen Anwendbarkeit. Aufbauend auf einem ansonsten freundlichen Austausch mit der Umwelt, lässt sie sich auch ohne Zurückziehungen fließend in das tägliche Leben einfügen.

Zwischen den beschriebenen Wegen der Mittel und der Einsicht, beide segnend und verbindend, liegt der dritte Zugang zur Erleuchtung – der »Weg des Vertrauens«. Er arbeitet mit allen Eigenschaften des Geistes und setzt »begeisterte Einfühlung« – Begeisterungsfähigkeit und das tiefe Vertrauen in den Lehrer als Ausdruck der eigenen Möglichkeiten – voraus.

Man weckt die Fähigkeit, in allen Lebenslagen die Eigenschaften des Geistes zu erkennen. Durch die Augen eines verwirklichten Lamas zu schauen, gibt die Gewissheit, dass die Erleuchtung in jedem als Möglichkeit bereits vorhanden ist. Diese Erfahrung ist so eindrucksvoll, dass man sie nicht mehr vergisst und sie einen auf dem Weg ständig begleitet. Den Erleber sowohl während der Meditation als auch im täglichen Leben dauerhaft zu erfahren ist ein Hauptziel der Kagyü-Übertragung. Dafür braucht man unbedingt die Begleitung des Lehrers.

Diese Meditationsweise wird vielleicht erst seit dem 16. Karmapa als eigener Weg gelehrt, und man wundert sich, dass dies nicht schon früher geschah. Guru Yoga (skt.), oder Lami Naljor (tib.) genannt, war sie schon immer die geheime Kraft der Kagyü-Linie und ist auch heute ein Eckpfeiler der neuen Karma-Kagyü-Gruppen (Diamantweg-Zentren) im Westen. Die Meditationen auf den eigenen Lehrer und Karmapa als untrennbar helfen mehr Schülern, sich dem Segen der Linie zu öffnen, als irgendeine andere Übung. Hingabe muss jedoch unbedingt mit menschlicher Reife verbunden sein. Vertrauen zum Lehrer darf nicht zu Unselbständigkeit, Humorlosigkeit oder zwanghafter Nachahmung führen. Wie schädlich sich das auswirkt, verdeutlichen die häufigen Skandale bei den verschiedensten Sekten. Statt dessen soll der Lehrer geschickt dem Schüler den furchtlosen Raum erschließen, den er sich selbst erkämpft hat, und ihn selbständig machen. In der Freiheit voller spiegelnder Erfahrungen findet man die vollkommenen Eigenschaften, die dem Geist eines jeden schon immer innewohnen.

Die drei beschriebenen Meditationswege sollten so früh wie möglich mit der Sichtweise des Großen Siegels verbunden werden. Erst die Einsicht, dass der Erleber (der Geist selbst), das Erlebte (jedes Spiel des Geistes) und das Erleben (die Fähigkeit des Geistes, wahrzunehmen) immer miteinander verbunden und letztendlich eins sind, verwandelt jedes Geschehen in eine erleuchtende Erfahrung. Diese höchste Anschauung macht jeden zugleich lebensnah und verantwortlich. Man blickt dann eher weit als kurz und erfüllt lieber die für die Zukunft sinnvollen Bedürfnisse als die oberflächlichen Wünsche der Wesen. Wer die Welt als den Fluss der eigenen und der gemeinsamen Träume erkennt, die sie ist, kann nicht umhin, mit Mitgefühl zum Besten aller Wesen zu arbeiten. Ob also im »Weg der Mittel« das Erlebnis von Raum als Freude den Antrieb liefert, im »Weg der Einsicht« die Erfahrung von seiner grenzenlosen Einsicht entsteht oder im »Weg des Vertrauens« die Fähigkeit zur Hingabe und das Vertrauen in die eigene Buddhanatur die Grundlage sind – alle drei Meditationswege des Diamantweges finden ihre Krönung in der Erleuchtung, der Frucht des Großen Siegels.

Einmal zum Buddha geworden, erlebt man keine Trennung von Raum und Zeit. Hier wird die Kraft von zehntausend Volt der Freude in jeder Zelle des Körpers erfahren. Jenseits der üblichen Sinne nimmt man die Welt durch die Schwingung jedes Atoms wahr. Man handelt aus der Allwissenheit des Geistes heraus und befreit die Wesen im Hier und Jetzt dauerhaft. So wird alles sinnvoll. Alles ist dann das freie Spiel des Geistes. Alle Wesen werden als Buddhas erkannt, etwas, was sie nur noch selbst entdecken müssen. Die ganze Welt strahlt und ist ein Reines Land. Das ist der Zustand der Buddhas und das Ergebnis des Großen Siegels.

Folgende Seite:
Bildhafte Übersicht über Buddhas Lehre. Die folgenden fünfundzwanzig Verse über diese Erfahrung verfasste der 3. Karmapa Rangjung Dorje vor 700 Jahren. Sie zeigen genau und klar auf das Wesen des Geistes und sind so frisch, als wären sie gerade erst geschrieben worden.

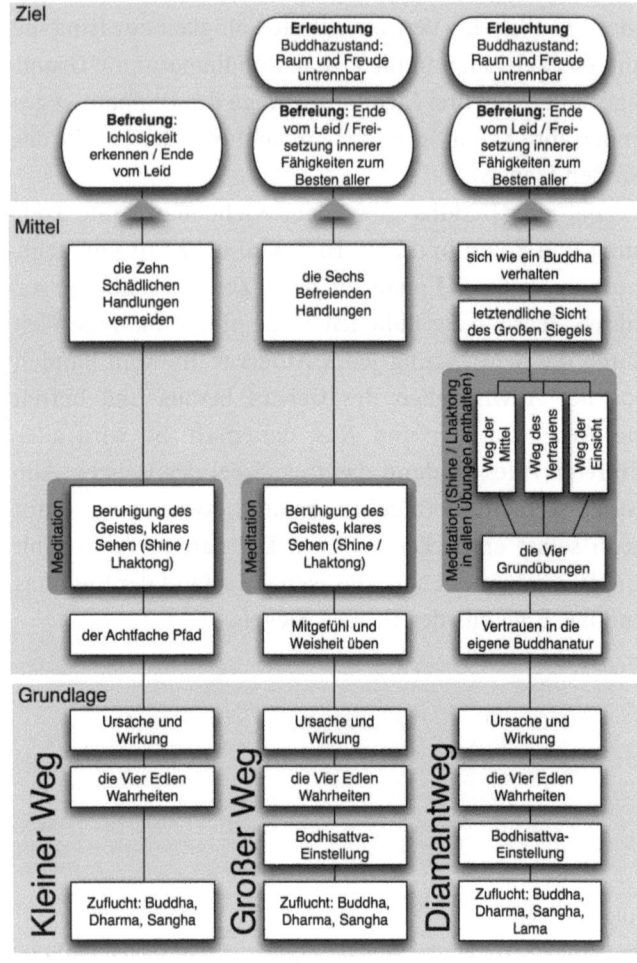

༄༅། །དེས་དོན་ཕྱག་རྒྱ་ཆེན་པོའི་སྨོན་ལམ་ཞེས་བྱ་བ་རྡེ་རང་བྱུང་རྡོ་རྗེས་མཛད་པའོ། །

བླ་མ་རྣམས་དང་ཡི་དམ་དཀྱིལ་འཁོར་ལྷ།

Lamas und Buddhas der Yidam-Kraftkreise,

ཕྱོགས་བཅུ་དུས་གསུམ་རྒྱལ་བ་སྲས་དང་བཅས།

Buddhas und Bodhisattvas der zehn Richtungen und drei Zeiten,

བདག་ལ་བརྩེར་དགོངས་བདག་གི་སྨོན་ལམ་རྣམས།

denkt liebevoll an uns und gebt euren Segen,

ཇི་བཞིན་འགྲུབ་པའི་མཐུན་འགྱུར་བྱིན་བརླབས་མཛོད།

damit sich unsere Wünsche so erfüllen,
wie wir sie machen!

Vers 1

Wenn etwas wachsen soll, muss zunächst ein Feld vorhanden sein. Dann sind Samen, Sonne und Regen vonnöten. Erst ihr Zusammenkommen macht eine Ernte möglich. So ist es auch mit der Erleuchtung. Karmapa beginnt im ersten Vers sofort, das nötige *Kraftfeld* zusammenzustellen.

Alle Lehren Buddhas beginnen mit der Zufluchtnahme zur vollen Entfaltung des Geistes, deren Merkmale dem Leser schon am Anfang dieser erleuchtenden Wünsche bekannt sein sollten. Das Wissen ist notwendig, denn dieser Zustand ist das Ziel. Ohne die erste Sprosse der Leiter ergeben die weiteren wenig Sinn. Woraus besteht die Zuflucht? Aus den »Drei Kostbaren und Seltenen«: dem Buddha, seiner Lehre, den Bodhisattvas – den Freunden auf dem Weg – und aus den »Drei Wurzeln« der Entwicklung: dem Lama, den *Yidams* und den Schützern.

Die **Buddhas** sind keine Götter, sie erschaffen nicht, weder richten noch strafen sie, sondern sie sind einfach Freunde der Wesen. Da sie keine Trennung durch Zeit und Raum empfinden, sind sie allwissend und voll erleuchtet. Das Sanskritwort »Buddha« kommt von »Erwachen«. »Sangye«, die von den Tibetern gewählte Übersetzung, bedeutet: ohne jeden *Schleier* und voll entfaltet. Ein Buddha ist Halter eines Bewusstseinszustandes, der sich kurz gefasst durch drei Ebenen, vier Tatbereiche und *Fünf Weisheiten* beschreiben lässt. Später im Text wird immer wieder auf diese Punkte eingegangen, die in meinem Buch »Wie die Dinge sind«[2] näher erläutert sind. Deswegen hier nur eine eher stichpunktartige Darstellung.

Die drei Ebenen sind die der furchtlosen Wahrheit, der selbst entstandenen Freude und der langfristig sinnvollen Tat. Sie entstehen von selbst aus der Erfahrung vom Geist als einem unzerstörbaren Raum, als leuchtend klar und grenzenlos. Daraus entwickeln sich die vier Tatbereiche. Je nach Möglichkeit befrieden, bereichern, begeistern oder schützen die Buddhas die Wesen. Sobald *Störgefühle* als schädlich erkannt werden und unausgelebt wieder im Raum versickern, entstehen an ihrer Stelle befreiende Einsichten. Mühelos entfaltet so ein erleuchteter Geist *spiegelähnliche, ausgleichende, unterscheidende, erfahrungsmäßige* und *alles durchdringende Weisheit.*

Buddhas Lehre ist von ihm nicht zu trennen, sie ist sein Lebenswerk. Ihre vielseitigen Hilfsmittel – 84 000 Belehrungen in 108 zolldicken Büchern – führen seit 2550 Jahren die Wesen zur vollen Entfaltung ihrer Fähigkeiten. Der gewaltige Umfang der Lehre muss hier keinen verschrecken. Man kann sie sich eher wie eine Apotheke vorstellen, die für jeden »Fall« etwas vorrätig hat, aber man braucht niemals das ganze Sortiment einzunehmen.

Ein **Bodhisattva** zu werden, ist das vorläufige Ziel des nördlichen Buddhismus. Da auf dieser Einsichtsstufe die Illusion von einem wirklichen »Selbst« aufgelöst ist, nicht jedoch der Schleier der einengenden Vorstellungen, kann er zwar Fehler machen, aber nicht mehr auf eine Stufe des Leids herunterfallen. Bodhisattvas nützen mit wachsender Fähigkeit den Wesen, während sie sich selbst weiterentwickeln. Sie drücken die reichen Eigenschaften von Kraft, Weisheit und Liebe aus und helfen dadurch anderen.

Die *Anrufung* der **Lamas** und **Yidam-Kraftkreise** zeigt, dass Karmapa mehr will als nur eine wörtliche Vermittlung. Es handelt sich in diesem Fall um einen Diamantweg-Text. Alle buddhistischen Schulen verwenden die äußere Zuflucht der eben erwähnten Drei Kostbaren und Seltenen. Auf Sanskrit heißt sie »Buddha, Dharma und Sangha«. Hier geht es jedoch um die letztendliche Erfahrung des Großen Siegels, um die Arbeit mit allen Ebenen von Körper, Rede und Geist. Dafür wird eine hautnahe Zuflucht gebraucht, die »Drei Wurzeln« einer unmittelbaren Verwirklichung. Sie werden »Lama« oder »Lama, Yidam und Schützer« genannt und geben einer schnellen ganzheitlichen Entwicklung den nötigen Schub. Schon am Anfang ruft Karmapa Rangjung Dorje also die wirksamsten Kräfte für seine Leser herbei.

Wie sind die Drei Wurzeln zu verstehen? Weil Wahrheit innen und außen ein und dieselbe ist, können auch sie nicmals etwas anderes sein als besonders nützliche Spiegel für den eigenen Geist.

Vom Lehrer – dem **Lama** – erhält man das, was Segen genannt wird: innere Wärme und das Vertrauen, dass das Ziel erreichbar ist. Er hat entweder unerschütterliche Kraft erlangt oder kann auf andere Weise durch sein Beispiel die Zuflucht vertreten. Als »Wurzel der Verwirklichung« ist er – wie auch die Gruppen, die seine Übertragung halten – auf einem schnellen Entwicklungsweg unentbehrlich. Laufen lernen kann jeder selbst, aber fürs Fliegen braucht man einen Lehrer. Obwohl oft gesagt wird, dass man die Eigenschaften seines Lamas übernimmt, wird man im Buddhismus – und vor allem mit den frischen Mitteln des Diamantweges – niemals dessen bloße Kopie. Natürlich haben Lehrer und Schüler schon grundlegende Ähnlichkeiten und gehen deswegen die Verbindung ein, aber es wird an keinem Kurzen gezogen und kein Langer wird zusammengedrückt, um einem vorgegebenen Maß zu entsprechen. Das Sinnbild vom Eintreten in den freudvollen Spiegelsaal, den der Lehrer durch seine Furchtlosigkeit geschaffen hat, ist viel zutreffender. In seinem Kraftkreis entdeckt man die einem selbst innewohnenden Fähigkeiten am überzeugendsten.[3]

Mit **Yidam** sind höchst wirksame Mittel zur unmittelbaren Erfahrung des Geistes gemeint. Fast jeder kennt die farbenprächtigen Buddhaformen, die friedvoll oder schützend, weiblich wie männlich, einzeln oder vereinigt als hologrammähnliche Gestalten aus Energie und Licht erscheinen. Sie spiegeln die jedem innewohnenden erleuchteten Eigenschaften von Körper, Rede und Geist so wider, dass man sie leicht verwirklichen kann. Die Einstellung des Großen Siegels sowie die Verschmelzung mit den Lichtbuddhas führen bei jeder Beschäftigung mit ihnen zu überpersönlichen Rückkopplungserfahrungen, so, wie man das eigene Gesicht mit jedem Blick in einen Spiegel besser kennen lernt. Ganzheitlichere Mittel zur Verwirklichung von Mut, Freude, Mitgefühl und Weisheit gibt es nicht. Eigentlich drückt schon ihr tibetischer Name alles aus: »Yi« bedeutet »Geist« und »Dam« heißt

»Band«. Diese Übertragungen ermöglichen die Verbindung unseres Geistes mit seiner Buddhanatur.

Alle Befreiten und Erleuchteten sind ständig von **Kraftkreisen** (sanskr.: *Mandala*, tibet.: *Kyilkhor*) umgeben. Auf Abbildungen von Yidams werden diese Kraftkreise häufig wie der Grundriss eines Gebäudes abgebildet, entweder gemalt oder mit gefärbtem Sand gestreut. Dies sind ihre wunscherfüllenden Lichtpaläste. Als Ausdruck der 32 vollkommenen Eigenschaften, die sich ab der Befreiung zeigen und bei der Erleuchtung zur vollen Blüte kommen, verdichten sie sich um sie herum. Drücken die Buddhas friedvolle Geistesinhalte aus, sind ihre Lichthäuser viereckig und aus regenbogenfarbigen Wänden. Zeigen sie sich aber kraftvoll, erscheinen diese dunkler und dreieckig. Sie alle sind ihrem Wesen nach rein, durchsichtig und von kraftvollen Schützern umgeben.

Kein Buddha ist jemals ohne diese Lichtfelder, auch wenn sie selten auf den Rollbildern (tibet.: Thangka) abgebildet oder in den Texten erwähnt werden. Ihre Kraft auch nur kurzfristig und teilweise zu erfahren, ist unvergesslich und verändert das Leben.

Nichts läuft jedoch ohne die Schützer, die Geber der Tatkraft. In dieser Anrufung werden sie nicht erwähnt, sondern durch das gesamte Kraftfeld ausgedrückt. Hannah und ich hatten sie in der ersten Übersetzung hinzugefügt.[4] Sie sind vom Lama nicht zu trennen und daher selbstverständlich immer dabei. Blitzschnell eingreifend, schützen sie die Wesen wirksam. Trotz ihrer wilden Erscheinung sind alle Gestalten, die in ihrer Stirn ein zusätzliches senkrechtes Weisheitsauge tragen, ganz ohne

Störgefühle. Es gibt bei ihnen weder Widerwillen noch Zorn. Sie drücken sich so kraftvoll aus, um die Wesen von ihren Schwierigkeiten zu befreien. Im Gegensatz zu unerleuchteten Kraftfeldern vertagen sie leidvolle karmische Erfahrungen nicht, sondern sind fähig, deren Ursachen weitgehend zu beheben. Deswegen heißen sie auf Tibetisch »Yeshe Gönpo«, Schützer aus höchster Weisheit. Im Innenleben der Wesen entfernen diese Schützer Leiden, durch deren Bewältigung sie nichts dazugelernt hätten. Gleichzeitig sorgen sie dafür, dass immer nur so viel Schwieriges aus dem Speicherbewusstsein an die Oberfläche gelangt, wie man verkraften und in seinen Weg einbauen kann. Nach außen hin wirken die Schützer oft sehr offensichtlich: Sie halten Unfälle und andere entwicklungshemmende Ereignisse fern oder schwächen sie ab. Alle angerufenen Erleuchtungskräfte – die ganze Zuflucht überhaupt – wirken auf diese Weise. Sie sind wie Haken, die in die bedingte Welt hineinreichen und einem jeden helfen, der sich ihnen öffnet. Dass sie überall tätig sind, wird bildhaft durch die **zehn Richtungen** – Zenit, Nadir sowie Haupt- und Nebenkompassrichtungen – ausgedrückt, und dass sie jederzeit helfen, durch die **drei Zeiten**, einen häufig verwendeten Sammelbegriff für Vergangenheit, Gegenwart und Zukunft.

Was einen idealistischen Menschen im Westen befremden mag, auch wenn er selbst oft erst nach vielen Überlegungen Vertrauen zur Wahrheitsnatur seines Geistes und zum Lehrer gewonnen hat, ist Karmapas letzter Wunsch, dass die Zuflucht auch alles richtig ausführen möge. Es muss ein Zugeständnis an die Vorstellungswelt seiner

häufig unausgebildeten Schüler gewesen sein, die auch vor 700 Jahren mit abstrakten Vorstellungen wenig anfangen konnten. Ist keine überpersönliche Sicht vorhanden, kein echtes Verständnis von Ursache und Wirkung – Karma –, werden vergängliches Glück und Leid als sehr wirklich und von äußeren Kräften herrührend erlebt. Entsprechend sucht man Schutz vor dem Unberechenbaren. Ein solcher Wunsch lässt die Menschen weniger tückische Seitenhiebe erwarten, und so können sie sich mit mehr Vertrauen einer noch undurchschaubaren Welt öffnen.
Der gesamte erste Vers ist also ein Einstieg. Zum Besten seiner Schüler holt Karmapa die ganze Erleuchtung an seine Seite. So schützt er den Boden für das folgende Wachstum.

བདག་དང་མཐའ་ཡས་སེམས་ཅན་ཐམས་ཅད་ཀྱི།

Entsprungen vom Schneeberg des vollkommen reinen Denkens und Handelns,

བསམ་སྦྱོར་རྣམ་དག་གངས་རི་ལས་སྐྱེས་པའི།

möge das vom Schlamm der drei Vorstellungen freie Schmelzwasser aller nützlichen Taten

འཁོར་གསུམ་རྟོག་མེད་དགེ་ཚོགས་རྒྱ་རྒྱུན་རྣམས།

meiner selbst und der zahllosen Wesen

རྒྱལ་བ་སྐུ་བཞིའི་རྒྱ་མཚོར་འཇུག་གྱུར་ཅིག

in das Meer der vier Buddhazustände münden!

Vers 2

Nach Huldigung, Zuflucht und Anrufung kommen nun verständliche Naturbilder, die einen erfreuen, aber auch wachrütteln. Der Vers drückt den Wunsch aus, **dass das Schmelzwasser vom Schneeberg des reinen Denkens und Handelns** aller Wesen ungestört ins **Meer der vier Buddhazustände** fließen möge.

Die lauernden Gauner auf dem Weg sind aber auch keine Schwächlinge. Sie sind die Verursacher des Leids schlechthin. Die **drei Vorstellungen** sind es, die seit anfangsloser Zeit dem an sich immer freien und zeitlos glücklichen Geist die Wahnvorstellung anhängen, in Erleber, Erlebtes und Erleben gespalten zu sein. Sie verursachen jede Erfahrung von Trennung und Unsicherheit. Der Erfolg eines Lebens hängt davon ab, in welchem Maß es einem gelingt, sie aufzulösen.

Ihr Ursprung ist die Neigung des unerleuchteten Geistes, sich wie ein Auge zu verhalten. Er erfährt das Erlebte, nicht aber sich selbst, und erkennt deshalb seinen allumfassenden Raum nicht. Die Unfähigkeit zu verstehen, dass dieser an sich bewusst ist, lässt alle Schwierigkeiten entstehen. Obwohl weder im Körper noch in den Gedanken etwas Dauerhaftes oder wirklich Vorhandenes aufzufinden ist, erfährt sich der erlebende Raum aus Unwissenheit als ein Ich. Dadurch wird seine *Klarheit* – alles, was der Geist innerlich wie äußerlich hervorbringt und was eigentlich seinen Reichtum ausmacht – zu einem Du oder etwas »von mir Getrenntem«. Die Folge davon sind für wahr gehaltene Störgefühle. Die daraus entstehenden klotzigen Taten und Worte bewirken unangenehme Rückkopplungserfahrungen von innen wie von außen und stärken die Neigung zu weiterem Leid bringenden Verhalten. Obwohl in ständiger Bewegung, an sich nicht greifbar und höchstens als erhöhter Adrenalinspiegel feststellbar, werden die Störgefühle dennoch als wirklich erlebt.

Es ist also keine Kleinigkeit, aufgrund der Dreiteilung von Erleber, Erlebtem und Erleben die Ganzheit nicht zu erfahren. Obwohl man selten ein Wort wie »**Schlamm**« aus dem Mund eines Erleuchteten hört, handelt es sich hier eher um eine notwendige Untertreibung. Wenn der Geist über riesige Kraft verfügt, ist Freundlichkeit angesagt, sonst wird zu viel beschädigt. Wer Handfeuerwaffen hat, kann Kriege führen, aber wer Atombomben besitzt, muss friedlich sein. In Dänemark sagt man: Kleine Hunde bellen, große brauchen das nicht. Das Stärkste, was z. B. der 16. Karmapa in Hannahs und meiner Nähe jemals sagte, war: »You must be careful!« Sein Rat ist deshalb, einfach ausgedrückt, sich ständig die grundlegende Freiheit des Geistes zu vergegenwärtigen. Vor jedem Eintauchen in die begrenzte Sicht der drei Vorstellungen sowie bei jedem einengenden Entweder-oder, das daraus entsteht, sollte man sich gründlich bewusst machen, ob man es tatsächlich will und überhaupt braucht.

Nun zu den **vier Buddhazuständen**. Damit spätere Verse verständlicher sind, gibt Karmapa schon hier das nötige Werkzeug für die Befreiung.

Der Urgrund einer vollen Entfaltung des Geistes – hier als Meer versinnbildlicht – ist der Wahrheitszustand. Er wird auch Dharmakaya (sanskr.) oder Chöku (tibet.) genannt. Hier ist Raum gleich Einsicht. Er ist kein unbewusstes »schwarzes Loch«, etwas »Fehlendes« oder ein toter Abstand zwischen den Dingen. Vielmehr ist Raum als ein Behälter zu sehen, der alles hervorbringt, umfasst und verbindet. Wie groß Entfernungen auch sein mögen: Es gibt immer viel mehr Platz hinter den Dingen als zwischen ihnen.

Wahrheit durchdringt alles – das Schwingen eines jeden Moleküls, das Zusammenkommen und Auseinanderfallen, das Geborenwerden wie auch das Sterben. Bloß weil Ursache und Wirkung am Werk sind, ist etwas wahr. Ob es den Unselbstständigen gefällt oder nicht, sowohl Erscheinung als auch Verfall brauchen weder einen Schöpfer noch irgendeine Bestätigung von woanders. Zu der unmittelbaren Einsicht, die sich mit dieser Erkenntnis entfaltet, gesellt sich auch die Grundlage aller edlen Eigenschaften: Furchtlosigkeit. Diese entsteht von selbst, wenn der Geist versteht, dass er Raum und deshalb unzerstörbar ist.

Die Vielseitigkeit des Raumes, sein freies Spiel und seine ständige Frische heißen der *Freudenzustand* (sanskr.: Sambhogakaya bzw. tibet.: Longku). Es geschieht immer etwas, Äußeres und Inneres wechseln sich ständig ab. Dies bewusst zu erleben, ist höchstes Glück. Man erfährt diesen zweiten Buddhazustand, wenn der Geist von der Ebene der Furchtlosigkeit aus seinen Reichtum an Möglichkeiten beschaut und einsieht, wie kraftvoll und fähig er ist. Die daraus entstehende höchste Freude braucht keine andere Ursache. Sie ist letztendlich wie der Spiegel und das Meer, nicht bedingt wie ihre Bilder und Wellen, und erscheint deswegen gerade dann, wenn nichts erhofft oder befürchtet wird. Diese ständige, von selbst aus dem Geist hervorsprudelnde Raum-Freude ist ununterbrochen vorhanden.

Zur Einsicht in die Leerheit und gegenseitige Bedingtheit aller Dinge und zu dem erlebten Überschuss an Freude durch die Klarheit des Geistes gesellt sich als dritter Reichtum der *Ausstrahlungszustand* (sanskr.: Nirmanakaya, tibet.: Tulku). Auch er hat keine andere Ursache als den Geist. Er beruht auf der Erfahrung, dass der Erleber seinem Wesen nach ungehindert ist. Obgleich die Begabungen der Menschen große Unterschiede aufweisen, wünscht sich letztlich jeder Glück, und alle teilen denselben Raum. Wenn das verstanden wird, muss man den Wesen einfach langfristig nützen. Der Fluss von liebevollen Taten, die vor allem auf die Ursachen der Leiden zielen, entspringt der Unbegrenztheit des Geistes und drückt sich durch die vier so genannten *Buddhataten* aus. Ob man diese als anerkannte *Wiedergeburt* eines früheren buddhistischen Lehrers ausübt, wie Karmapa und auch viele im Westen noch Unbekannte, oder allgemein als Mensch und Idealist, so gelingt die Arbeit niemals ohne Vorausschau, einen klaren Kopf und echte Lebenserfahrung.

Wahrheit, Erfahrung und Tat – was könnte noch dazukommen? Ihre Ergänzung – das Letztendliche. Wenn Raum als Wissen mit dem Wasserdampf verglichen wird, der unsichtbar überall vorhanden ist, Raum als Klarheit mit den Wolken, die sich daraus bilden und spielerisch vorbeiziehen, und Raum als sinnvolle Tat mit dem Regen, der alles wachsen lässt: Trotz der Unterschiede in ihrer Erscheinung sind sie alle Wasser – H_2O. Dies ist der Wesenszustand, Svabhavikakaya (sanskr.) oder Ngowonyigiku (tibet.) genannt. Sie alle zusammen sind Merkmale eines vollkommenen, arbeitenden Geistes.

Die vier Buddha-Zustände				
Zustand	Wahrheitszustand	Freudenzustand	Ausstrahlungszustand	Wesenszustand
Sanskrit	Dharmakaya	Sambhogakaya	Nirmanakaya	Svabhavikakaya
Tibetisch	Chöku	Longku	Tulku	Ngowonyigiku
Verwirklichung	Furchtlosigkeit	Freude	Liebe	Gleichmut
Sicht	Zeitloser Raum	Spielerische Vielfalt	Unbegrenztheit	Einssein aller Erscheinungen
Erfahrung	Unmittelbare Einsicht	Selbst entstandene Freude	Sinnvolle Tat	Müheloses Verweilen
Vergleich	Wasserdampf	Wolken	Regen	Wasser

ཇི་སྲིད་དེ་མ་ཐོབ་པ་དེ་སྲིད་དུ།

Mögen wir, solange dies nicht erreicht ist,

སྐྱེ་དང་སྐྱེ་བ་ཚེ་རབས་ཀུན་ཏུ་ཡང་།

in diesem und in allen zukünftigen Leben

སྡིག་དང་སྡུག་བསྔལ་སྒྲ་ཡང་མི་གྲག་ཅིང་།

nicht einmal die Worte »schlecht« und »Leid« hören,

བདེ་དགེ་རྒྱ་མཚོའི་དཔལ་ལ་སྤྱོད་པར་ཤོག།

sondern strahlende Meere von Freude und Güte erleben!

Vers 3

In diesem Vers steht das meiste zwischen den Zeilen. Er erscheint zuerst recht östlich angehaucht und liegt der Augen-zu-und-durch-Einstellung des nordeuropäischen Heldentums fern. In Asien kam keiner auf die Idee, die höchsten Berge zu besteigen, um zu sehen, ob man dazu in der Lage ist oder wie sich das anfühlt. Die Gesellschaften bevorzugen die braven, angepassten Verhaltensweisen, bei denen sich den Menschen im Westen oft vor Peinlichkeit die Zehen krümmen. Erst jetzt suchen einige Ostasiaten von sich aus den westlichen Weg des Wachstums durch Grenzerfahrungen, und die Kulturen nähern sich an. Wie groß die Unterschiede aber geblieben sind, zeigt das Unverständnis unserer Welt gegenüber einer sehr ernst gemeinten chinesischen Verwünschung: »Mögest du in interessanten Zeiten leben!« Das wären für uns Zeiten des Umbruchs, der äußere Rahmen eines möglicherweise sehr erfüllten Lebens.

Der 3. Karmapa scheint mit seinen Worten zunächst dieser Neigung zu einer stillen, geordneten Welt entgegenzukommen, was einem gezähmten Zentraltibeter vielleicht entsprochen hätte, nicht aber einem osttibetischen Krieger: Er rät nicht, das eigene Gesicht dadurch zu erkennen, dass alle Grenzen und Vorstellungen im Schnellverfahren gesprengt werden, sondern sein Wunsch ist anscheinend die geschützte Ebene eines steten Wachstums – ein Zustand ohne Schwierigkeiten. Hat man keine Erfahrung mit der Verwirklicher-Ebene der Freude und Kraft, der seine Worte entspringen, hören sie sich leicht nach Vermeidung und Lebensflucht an. Das stimmt aber an dieser Stelle keineswegs. Karmapa zeigt hier auf Zustände, die jenseits von Kulturen liegen, die dem Geist ohne Einengung durch Zeit oder Ort innewohnen. Es geht bei seinen Worten um das Große Siegel, um Mahamudra. Fern der Vorstellung, weglaufen oder sich vor dem Leben verstecken zu wollen, zeigt der Vers auf die alle Begriffe auflösende uferlose Freude und Freiheit des Geistes selbst. Er soll dem Leser das Letztendliche hinter dem Bedingten zeigen und eine erste Ahnung vermitteln von der riesigen Strahlkraft des Spiegels hinter seinen Bildern. Wer die zeitlose Leuchtkraft des Erlebers erfährt, kann sich sowieso wenig über **schlecht** und **Leid** aufregen. Er sieht sie als bloße Missverständnisse und schneidet ihre Ursachen augenblicklich durch.

Wie entsteht Unangenehmes überhaupt? Aus Karma (tibet.: Lä) – Ursache und Wirkung. Alles, was geschieht, entspricht den eigenen gespeicherten Geisteseindrücken. Wütende, missmutige Menschen begegnen anderen schwierigen Fällen, und vergnügte Menschen geraten leicht in gleich gesinnte Gesellschaft. Man zieht das an, was man selbst in die Welt strahlt, und Himmel und Hölle geschehen zwischen den eigenen Ohren, Rippen oder wo man sonst sein Bewusstsein vermutet. Wie wild das äußere wie innere Disneyland auch walten mag: Der Erleber ändert sich dabei nicht. Der leuchtende Raum, der die Erfahrungen ermöglicht, sowie seine Klarheit, die al-

Der historische Buddha Shakyamuni, 563–483 v. Chr.

les geschehen lässt, bleiben immer unverändert. Wer den Erleber in seiner Ganzheit erfährt und nicht nur dessen Worte und Vorstellungen, wird ihn zusätzlich als unbegrenzt erkennen. Unterhalb der Wellen war schon immer das uferlose Meer.[5]

Zu Beginn der Mahamudra-Ebenen wächst die Gewissheit, dass das so ist. Man weiß jetzt sicher, dass es einen unzerstörbaren Erleber gibt. Von der Stufe des »Einen Geschmacks« an reißt diese Erfahrung durch kein Erlebnis mehr ab. Aus diesem Grund ist es hier kein Drückebergertum, wenn man nur Schönes sieht. Karmapa versucht nicht, die Wesen vom Leben und Lernen abzuschotten, indem er ihnen strahlende **Meere von Freude und Güte** wünscht. Glück und Erfüllung besitzen einfach einen höheren Wahrheitsgehalt als Schlechtes und Leid und sind eine sichere Voraussetzung für die Erleuchtung. In keiner Weise fad, sind solche Überschussgefühle Ausdruck eines Zustandes von wachsendem Reichtum, aus dem heraus man – ohne die Tatkraft im eigenen Leben zu verlieren – seine befreiende Sicht immer wirksamer für andere einsetzen wird. Während die gewohnheitsmäßigen Schleier sich auflösen, wird man immer genauer sehen, was langfristig anliegt, und kann entschlossener handeln.

Diese *Reine Sicht* bedeutet also nicht, vor Auseinandersetzungen zu kneifen, sondern genau und ohne Störgefühle das durchzusetzen, was für die Wesen langfristig gut und richtig ist. Man muss das tun, auch wenn es hochgekrempelte Ärmel erfordert oder politisch Korrekte stören mag. Künftiges Leid wegen unklarer Feingeistigkeit oder fehlenden Mutes nicht zu verhindern, ist ein wirklicher Vertrauensbruch. Versäumte Gelegenheiten der Richtigstellung kommen vielleicht nicht wieder. Eine andere, auch eher moderne Schwäche ist das missverstandene Helferbedürfnis, mit blutendem Herzen Leiden zu weit außerhalb des eigenen Kraftkreises beheben zu wollen. Für das eigene Gewissen mag es kurzfristig beruhigend sein, multikulturelle Traumschlösser auf Kosten der Gesellschaft zu bauen, dann aber folgen die Enttäuschungen.

Auch wenn man die besten Absichten hegt, den Wesen zu helfen, sollte man also bei dem bleiben, was unmittelbar vor einem liegt. Wer in seiner Mitte ruht, hier und jetzt, wird erfahrungsgemäß richtig handeln, wenn eine Lage reif ist. Im Gegensatz zu den Glaubensreligionen hat im Buddhismus das Leid keine Heldenrolle. Es ist einfach ein Zeichen, dass man Fehler gemacht hat. Was man für andere durchsteht, fühlt sich auch nicht leidvoll an. Es ist Erfüllung und Freude.

Das Beste und einzig Zeitlose, was man der Welt schenken kann, ist sowieso die Gewissheit, dass höchste Freude gleichbedeutend mit höchster Wahrheit ist. Schafft man es zusätzlich, die Wesen geschickt auf Ursache und Wirkung aufmerksam zu machen, gibt man ihnen damit den Schlüssel zu wahrem Glück. Die Einsicht, dass man aus einem guten Traum in Befreiung und Erleuchtung aufwachen kann, während Schlechtes nur zu zusätzlichen Schwierigkeiten führt, verbindet auf begabte Weise Bedingtes mit Letztendlichem!

དལ་འབྱོར་མཆོག་ཐོབ་དད་བརྩོན་ཤེས་རབ་ལྡན། །

Da wir hervorragende Freiheiten und Möglichkeiten
erlangt haben, sowie Vertrauen, Fleiß und Wissen,

བཤེས་གཉེན་བཟང་བསྟེན་གདམས་པའི་བཅུད་ཐོབ་ནས། །

nachdem wir uns auf einen geistigen Lehrer gestützt
und seine wichtigsten Belehrungen erhalten haben,

ཚུལ་བཞིན་བསྒྲུབ་ལ་བར་ཆད་མ་མཆིས་པར། །

mögen wir diese ohne Hindernisse
entsprechend verwirklichen

ཚེ་རབས་ཀུན་ཏུ་དམ་ཆོས་སྤྱོད་པར་ཤོག །

und in allen Lebenszeiten die edle Lehre verwenden!

Vers 4

Der Stoff dieses Verses wirkt auf den ersten Blick etwas bieder und bringt wenige Herzen zum Rasen. Dafür enthält er wichtiges buddhistisches Grundwissen über das kostbare Menschenleben, das bis heute jede Diamantweg-Übung einleitet. Zerstreuungen und Gewohnheiten sind stark, und ein Leben fließt leicht ungenutzt dahin. Nur wer sich als Gegenmittel häufig seine Freiheiten und Möglichkeiten bewusst macht, wird diese richtig ausnutzen können. Nun zu den von Karmapa genannten Punkten.

Was beinhaltet die erste Aussage zu unseren gegenwärtigen Umständen? Sie unterstreicht, dass man eine Lebenslage erreicht hat, die sinnvolles Wachstum bis zur Erleuchtung ermöglicht. Man ist im Besitz der nötigen Bedingungen, um nicht nur älter zu werden wie jeder Mensch, sondern auch klüger. Das ist nicht selbstverständlich.

Heute leben bereits 85 Prozent der Menschheit unter Verhältnissen, die ihnen von den äußeren Gegebenheiten her kaum Möglichkeiten zur geistigen Entfaltung bieten. Auch in den reichen, freien Ländern schneiden sich die Menschen von den Möglichkeiten ab. Sie finden es ganz natürlich, dreizehn bis zwanzig Jahre in Schulen und Universitäten zu verbringen, nur um während der nächsten dreißig bis vierzig Jahre etwas mehr Geld zu verdienen, was sie nach dem Tod ohnehin nicht mit sich nehmen können. Äußerst wenige kommen dabei dem einzig dauerhaft Glückbringenden auf die Spur, das seit anfangsloser Zeit einem jeden Wesen möglich ist: der Erfahrung vom eigenen Geist. Die gegebenen Bedingungen zu nutzen, um Werte zu finden, die einen durch Krankheit, Alter und Tod tragen können, das macht ein kostbares Leben aus.

Das hier angeratene **Vertrauen** bedeutet nicht, sich einem Zwang zu unterstellen, die Augen vor den Tatsachen zu verschließen oder Dogmen »quer zu schlucken«. Der Buddhismus ist eine Erfahrungs- und keine Glaubensreligion. Buddha wollte keine Anhänger, sondern Ebenbürtige. Buddhist zu sein, heißt, sich mit jahrtausendealten, wirksamen Meditationen unter Freunden selbstständig zu entwickeln, bis wirkliche Erfahrungen vom Geist entstehen. Man kann sich tatsächlich den ganzen Weg bis in die Erleuchtung zweifeln, wenn man nur so klug ist, nicht ständig dasselbe zu bezweifeln, sondern jede gelöste Frage an die vorhergehende reiht, bis man ins Ziel kommt. Selbstverständlich ist der Weg aber viel schneller, wenn man zusätzlich auf die geprüften Erfahrungen anderer bauen kann. Wenn die Mittel und Ziele grundlegend überzeugen, kann der Verwirklicher seine Antennen ausfahren und mit aller Offenheit in neue, spannende Bereiche des grenzenlosen Geistes hineinspringen.

Mit **Fleiß** ist hier die Freude am Tun gemeint, ein grundlegend gutes Gefühl bei der Ausdehnung aus dem angenehmen Bereich des schon Beherrschten in den kühlen, aber unbegrenzten Raum des auch Möglichen. Es ist die Freude, dass sich etwas bewegt und entfaltet, dass die Welt größer wird. Von allen erworbenen Eigenschaften wird die Ebene der Tatkraft besonders ausgeprägt von einem Leben ins nächste mitgebracht. Wer sich heute also »cool« vor allem mit dem misst, was er nicht kann oder mag, findet leicht eine unnütze Wiedergeburt.

Wissen bedeutet bei der heutigen Flut von gemischten Auskünften aller Art vor allem die Fähigkeit zu unterscheiden. Man muss sich bewusst sein, aus welcher Ecke etwas kommt, wer einem etwas verkaufen will, wie das Umfeld und die Vorgeschichte einer Sache sind und ob man sie überhaupt wünscht. Es geht hier um ein klares Wissen von dem, was unter keinen Umständen vermischt werden darf, weil die Wege und Ziele verschieden sind oder weil ähnliche Bezeichnungen für Andersartiges verwendet werden oder umgekehrt. Vor allem im Bereich der spirituellen Angebote herrscht hier größte Verwirrung, wie es bei angeblich erleuchteten Lehrern und in der New-Age-Bewegung so sichtbar wird. Obwohl kritisches Denken unerlässlich ist, ebenso wie die chrliche Geistesfrische, auch in religiösen Dingen über Komisches und Gestelztes frei lachen zu können, muss der Buddhist hier glücklicherweise nicht im Sinne von »gut« und »böse« werten.

Auf einen geistigen Lehrer gestützt ... Wie ist dieser Rat in unserer Zeit, in der man von steinreichen Gurus und ihren Skandalen hört, zu verstehen? Wie ist dieser Rat zu verstehen? Er kommt aus einer Kultur, die dem Lehrer klar umrissene Aufgaben zuteilte. Im Osten passten – wenigstens früher – andere, Partner, Konkurrenten oder der eigene Lehrer, auf, dass er nur selten mit unverstandenen Ritualen, Schmeicheln, exotischem Verhalten, Angstmacherei zur Einschüchterung seines Umfeldes und dem Füllen der eigenen Taschen ohne wirkliche Gegenleistung davonkam.

In der großen Welt Fehler zu vermeiden, erweist sich aber auch beim vorauszusetzenden besten Willen als gar nicht leicht, wie es zurzeit selbst höchste *Karma-Kagyü*-Lamas unter dem Druck der Chinesen so peinlich vorführen. Sogar Lehrer, denen eine überpersönliche, alles befreiende Sicht nachgesagt wird, können auf praktischer Ebene offensichtlich jede Menge Fehler begehen. Deswegen bleiben westliche Werte wie Lebenserfahrung und mutige Auflehnung so wichtig. Jeder sollte selbstständig denken und mit seinen Handlungen dazu stehen. Tatsächlich kann ein Lama, der langfristig und mit Liebe arbeitet, Buddhas Lehre versteht und dessen Rede und Tun miteinander im Einklang stehen, anderen unendlich viel Gutes bringen. Das ist zumindest Karmapas Sichtweise. Der Lehrer ist die Voraussetzung für eine schnelle Entwicklung im Diamantweg, und bis heute hat sich trotz aller Skandale auch im Westen die gesunde Einstellung eingependelt, dass seine Stellung zu erhalten ist. Man muss aber jeden Einzelnen zunächst genau prüfen.

Weil der geistige Lehrer nirgendwo später in diesen Versen auftaucht, sei hier noch etwas zur Erfahrungsgrundlage des 3. Karmapa und seiner Zeit gesagt. Ohne eine solche Beschreibung wird der Text leicht unverständlich oder bleibt märchenhaft. Es muss schon eine bewusste

Entscheidung Karmapas sein, den Lama ohne Wenn und Aber zu erwähnen. Vor 700 Jahren, als diese Wünsche geschrieben wurden, unterschieden sich die zwischenmenschlichen Verhaltensweisen keineswegs so sehr von den heutigen: Obwohl der äußere Rahmen karg und einfach war, gab es z. B. genug Rüpel in Roben.[6] Tibets Geschichte ist voll von geistigen Würdenträgern, die sicher als Ausgleich für die fehlenden Nachtfreuden einen starken Stolz entwickelten und die Hingabe ihrer Schüler politisch ausnutzten. Erst wenn der Lehrer eine hohe menschliche Reife und Verwirklichung erlangt hat und ein öffentliches Auge über sein Tun wacht, ist der Schüler ausreichend geschützt. Es ist keineswegs einfach. Geht man ein Verhältnis zum Lehrer auf der Grundlage der äußeren Gelübde der Mönche und Nonnen ein, deren Handlungen stark eingeschränkt sind, hat man mehr Sicherheit. Der dabei erfolgende Austausch bietet jedoch einen sehr schmalen Rahmen und hat dadurch wenig Kraft.

Baut man die Verbindung auf das Bodhisattva-Versprechen der Laien auf, darauf, dass der Lama zum Besten aller Wesen hart, begabt und selbstlos arbeitet, bietet die Ebene der Begegnung viel mehr Spielraum. Es steht mehr Werkzeug zur Verfügung. Der Austausch mit anderen in diesem Rahmen ist der Entwicklung überaus förderlich, und das Wissen über die Leerheit und gegenseitige Bedingtheit aller Dinge lässt eine ungeheure Bandbreite zu.

Am kraftvollsten und schnellsten bei der Umformung der Erfahrungswelt der Schüler ist der Diamantweg. Als Verwirklicher hat der Lehrer hier eine große Verantwortung. Die leider häufigen Skandale und das begrenzte allgemeine Wissen über das vielschichtige Lehrer-Schüler-Verhältnis machen eine genauere Beschreibung sinnvoll. Der beste Rohstoff für eine schnelle menschliche Entwicklung war schon immer die Begeisterung. Nur sie bringt die Kraft für große Durchbrüche und deshalb muss bei der Wahl des Lehrers im Diamantweg, wozu das Große Siegel gehört, vor allem das Bauchgefühl stimmen. Bis sich ein steter Zustand der Freude und Sicherheit gefestigt hat und die kleiner und seltener werdenden Auf und Ab zu einem Teil des Weges geworden sind, ist Hingabe die stärkste Antriebskraft für geistiges Wachstum. Da man dabei, wie man weiß, auch »im Bett landen« kann, besteht jedoch die Gefahr einer Abhängigkeit. Lehrer wie Schüler müssen klar wissen, was sie wollen, und selbstverständlich gesund sein. Hingabe bedeutet an sich, Offenheit gegenüber dem Beispiel des Lehrers zu haben, wie es bei dem großen Verwirklicher *Milarepa*, der vor 900 Jahren in Tibet lebte, der Fall war. Sie baut auf die Fähigkeit auf, sich in sein Kraftfeld einzufühlen und es in die Welt zu bringen. Da die Schüler zu Beginn oft eher die eigenen Erwartungen als den vorhandenen Lama sehen, muss dieser, wenn er sie annimmt, von Anfang an verantwortungsvoll handeln. Kommen wenige, kann er einzeln auf sie eingehen.

Doch bei einer großen Zahl, was heute meistens der Fall ist, sollte ein moderner geistiger Lehrer auf dieser Ebene der Begegnung sofort Mut zeigen. Er sollte weder in Vorträgen noch in seinem Verhalten sein Liebesleben oder

seine politischen Ansichten verstecken. Dadurch können die Schüler sofort feststellen, ob sie überhaupt am richtigen Ort sind. Findet der Lama, dass eine Verbindung besteht, und zeigt sich dies zusätzlich an dem erwartungsvollen Verweilen der Schüler, fängt eine mühselige, mal harte, mal wonnige Arbeit an. Sie läuft weitgehend über die Gruppen, die seine Kraft tragen, bis auch der Schüler zur letztendlichen Sicherheit gelangt. Enttäuschungen sind dabei unvermeidbar. Der Diamantweg erlaubt z. B. nicht, sich in eine weiche, vergeistigte Welt zu flüchten, um frühere Niederlagen zu vergessen oder ungelöste Aufgaben im eigenen Leben nicht beheben zu müssen. Macht der Lama die Schüler nicht schnellstmöglich selbstständig oder sorgt dafür, dass nur Leute mit Überschuss zu ihm stoßen, wird er bald eine Schar von Schafen leiten. Nach einiger Zeit können die Schüler dann nicht in die Welt zurückkehren, die sie aufgegeben haben, oder sie finden keinen Zugang zu einem passenderen Lehrer. So stellt sich eine unterschwellige ungute Schwingung ein, wie sie in vielen Klöstern und Sekten zu finden ist, die dann wiederum neue Leute abschreckt.
Die Aufgabe des Schülers bleibt dabei immer, ehrlich zu sein. Es geht um sein Leben. Er sollte sich ohne Erwartung, Furcht oder uneingestandene Wünsche bei jeder ersten Öffnung einem Lehrer gegenüber ernsthaft fragen: »Vertraue ich ihm wirklich?«, »Ist er stark oder einfach nur ein glatter Typ?«, »Möchte ich in fünfzehn Jahren so sein wie er?« oder im Spaß: »Würde ich ein gebrauchtes Auto von ihm kaufen?« In solchen praktischen Bereichen muss das Verhältnis unter Männern

stimmen, während Frauen sich eher durch ihr Gespür für die Strahlkraft und das tägliche Verhalten des Lehrers leiten lassen.

Weil man die Schwingung samt den Eigenschaften des Lehrers immer übernehmen wird, sollten Männer wie Frauen darauf bestehen, dass ihr gewählter Lehrer, der Spiegel ihres Geistes, die letztendlichen Verwirklichungen des Mutes, der Freude und der ständigen Arbeit zum Besten aller besitzt. Fehlen diese, ist der Lama keine Zuflucht, denn er erlebt das Wesen des Geistes offenbar unvollständig. Wie zufrieden stellend ein tiefes Wissen von den Lehren Buddhas auch ist: Nur wer sie verwirklicht hat und die Erfahrung seiner inneren Kraft im Mark seiner Knochen hält, kann völlig und auf Dauer durch sein Beispiel überzeugen. Andere Lehrer bleiben eher »geistige Freunde«, können aber auch so sehr nützlich sein.

Die **wichtigsten Belehrungen** sind die über den Geist, den zeitlosen Erleber aller Dinge. Dies sind ausschließlich Erklärungen, die jenseits der Ich-Vorstellung führen und alle zweiheitlichen Vorstellungen wie Gott und Seele, Atman und Brahman, Selbst und Andere auflösen. Nur was unmittelbar auf die Einheit von Erleber, Erlebtem und Erleben zeigt, ist befreiend und erleuchtend. Götter und Teufel, Angenehmes und Leidvolles sind hingegen bedingte Bilder im Spiegel des Bewusstseins. Sie entstehen dort, ändern sich darin, werden davon erfahren und lösen sich dort auch wieder auf. Nur der zeitlose Geist selbst, seinem Wesen nach Raum, Klarheit und Unbegrenztheit, ist dauerhaft. Das, was durch die Augen der Wesen schaut und durch ihre Ohren hört, ist wahr.

Das Klare Licht, das sich aller Dinge bewusst ist und sie ermöglicht, ist als Einziges wirklich vorhanden. Die höchste Einsicht des Großen Siegels umfasst die Grundlage, den Weg und das Ziel aller Entwicklung und bezeugt die unmittelbare Erfahrung des Geistes von seiner ihm innewohnenden Freude und Kraft. Außer den einen Rahmen bildenden Versen am Anfang und am Ende dieses Buches enthalten Karmapas Wünsche Erfahrungen dieser letztendlichen Sichtweise.

Und schließlich – was sind die von Karmapa erwähnten **Hindernisse**, die einen vom Weg abbringen? Es gibt hier äußere, innere und geheime, und sie alle sind ernst zu nehmen.[7] Sie können einem für mehrere Leben das Bewusstsein trüben oder einen auf ein Abstellgleis schieben.

Hindernisse auf äußerer Ebene wären das Wegfallen der 18 Bedingungen, die eine bewusste Entwicklung ermöglichen. Sie sind in *Gampopas* »Juwelenschmuck der Befreiung«[8], einem wichtigen Grundlagenbuch zu buddhistischen Sichtweisen, sowie in meinem Buch zu den Grundübungen[9] in althergebrachter Weise aufgelistet.

Auf innerer Ebene wäre es der Verlust der Einstellung, zum Besten aller Erleuchtung zu erreichen. Und auf der wichtigsten Ebene der Sichtweise strauchelt man vor allem durch eine Störung in der Diamantweg-Beziehung zum Lehrer. Dieser muss bei aufkommenden Störungen sein Äußerstes tun, um die Lage wieder ins Lot zu bringen, oder diejenigen, die unzufrieden sind, mit guten Wünschen ziehen lassen.

ཐུང་རིགས་ཆོས་པས་མི་ཤེས་སྒྲིབ་ལས་གྲོལ། །

Das Kennenlernen der Lehren Buddhas und ihrer logischen Schlüsse befreit vom Schleier des Nichtverstehens;

མན་ངག་བསམ་པས་ཐེ་ཚོམ་མུན་ནག་བཅོམ། །

das Nachdenken über die Kernpunkte besiegt die Dunkelheit der Zweifel;

སྒོམ་བྱུང་འོད་ཀྱིས་གནས་ལུགས་ཇི་བཞིན་གསལ། །

durch das aus der Meditation erstrahlende Licht wird das Wesen der Dinge offenbar, so, wie es ist.

ཤེས་རབ་གསུམ་གྱི་སྣང་བ་རྒྱས་པར་ཤོག །

Möge sich das Erscheinen dieser drei Arten von Weisheit ausbreiten!

Vers 5

Hören, Nachdenken und Meditieren gemeinsam als Weisheiten vorgestellt zu bekommen, ist für Menschen im Westen ungewohnt. Betrachtet man aber die menschliche Entwicklung als die Entfaltung einer Ganzheit, enthält diese Sichtweise eine andere Art der Logik und bietet eine sinnvolle Ergänzung zu unserem Denken. Da sie Gedanken, Gefühle und Erfahrungen verbindet, kann sie eine Tür zu weiteren Bewusstseinsebenen öffnen. Tatsächlich lässt diese Auslegung viel Freiraum und macht vieles ganzheitlicher, während nur Begriffliches leicht die Frische des Geistes erstickt. Da Buddhas Lehre einem guten Kuchen vergleichbar ist, der erstklassig schmeckt, gleichgültig, wie man ihn auch schneidet, ermöglichen Werke wie dieser Text immer neue Unterteilungen des Inhalts, die unerschöpflich frische Einsichten hervorbringen.

Aber zurück zu den **drei Weisheiten**: Was ist nötig für eine harmonische Entwicklung? Zunächst das **Kennenlernen** der richtigen, klaren Belehrungen. Um die günstigen Umstände zum Lehren, die Buddha vor 2550 Jahren genoss, würde ihn jeder Lehrer beneiden. Erstens hatte er als Einziger von den bekannten Religionsstiftern genug Zeit. Er lehrte seit seiner Erleuchtung mit fünfunddreißig Jahren, bis er mit achtzig friedlich starb. Zweitens – und das war seit der Antike bis zum Beginn der siebzi-

Saraha

ger Jahre im Westen nicht wieder der Fall – suchten ihn jede Menge begabter, ausgebildeter und selbstständiger Schüler auf, die bei ihm blieben und ständig Dinge wissen wollten. Deswegen konnte er die 84000 befreienden Belehrungen geben, die heute Buddhismus heißen und in den 108 dicken Bänden des *Kanjur* gesammelt sind. Das klingt nach erschreckend viel Stoff, aber eine sinnvolle Beschäftigung damit erfordert weder Lesebrillen in steigender Stärke noch Allergiemittel gegen Bücherstaub. Selbst wenn kein Lama und keine Diamantweg-Gruppe in der Nähe sind, die einem die befreienden Meditationen und Sichtweisen vermitteln können, kann ein einfacher, aber klarer Überblick über Buddhas Lehre sehr nützen. Mit dem wachsenden Verständnis für die eigene Lebenslage, das daraus entsteht, und einem reifenden Überblick über Ziel und Weg wird man sich sinnvoll und zum Besten anderer entwickeln. Die richtige Einstellung ermöglicht einem früh, Zeitverlust und Verwirrung auf dem Weg zu verhindern. Gleichzeitig kann man dadurch die Schwerpunkte bestimmen, an denen man weiterkommen möchte.

Weil Buddha nur lehrte, wie die Dinge sind, um den Wesen zu helfen, aber nicht als Selbstzweck, und weil Erleuchtung die Entfaltung aller Fähigkeiten ist, einschließlich der grundlegenden des klaren Denkens und der Logik, sollen alle Fragen beantwortet werden können. Auch für den Buddhismus ist es nur von Vorteil, wenn man nachbohrt, bis man zufrieden ist, und nichts ungeklärt lässt. Es ist eine besonders leuchtende Freude, wenn das Leben an Sinn gewinnt und die dunklen Stellen des **Nichtverstehens** sich auflösen. Hier sollten sich die Menschen im Westen unter keinen Umständen so angepasst verhalten wie die Buddhisten im Osten. Die Chinesen z. B. stellen bei Vorträgen selbst dann keine Fragen, wenn sie dazu aufgefordert werden. Einige denken dabei, es sei dem Lehrer gegenüber unhöflich. Andere empfinden es als Gesichtsverlust, wenn bemerkt wird, dass sie etwas nicht verstanden haben. Sehr viele aber wollen ihre tiefsten Denkmuster einfach nicht unter die Lupe nehmen. Also »verbrauchen« sie lieber die Lehre, nehmen reihenweise Segen und *Einweihungen* für ein langes Leben oder Reichtum, anstatt zu meditieren oder auf andere Weise ihr Leben zu ändern. Kleine Gruppen junger Leute sind an manchen Orten freudige Ausnahmen dieses sonst festgefahrenen kulturellen Musters.

Das Kennenlernen der Lehre Buddhas. Die Vermittlung des buddhistischen Wissens gehört zum Bereich des »äußeren« Lehrers.[10] Danach fängt der »innere« Lehrer an, die Verarbeitung des Stoffes. **Das Nachdenken,** die zweite Weisheit, ist eine andauernde Auseinandersetzung mit dem Gelernten. Man prüft laufend das Gehörte in der Welt, so wird Wissen zur Gewissheit. Die Sicht wird weiter und der Verlauf äußerer und innerer Geschehnisse sowie die gegenseitige Bedingtheit aller Dinge immer klarer erkennbar: Allmählich sieht man Weg und Ziel unter praktischen Aspekten und kann das Nützliche aus Buddhas Lehre ins Leben mit einbeziehen. Die Bereitschaft, auch bei schwierigen eigenen Erfahrungen z. B. das Wissen über Ursache und Wirkung – Karma – nicht auszuschalten, bedeutet, dass **die Zweifel** reihenweise beseitigt werden. Das Leben kann von diesem Zeitpunkt an nur sinnvoller werden.

Den vollen Rutsch der Einsicht vom Kopf ins Herz und den Bauch bringt die dritte Weisheit, **die Meditation.** Sie ist der »geheime« Lehrer. Hier kommt die Dampfwalze der ganzheitlichen unmittelbaren Erfahrung ins Rollen. Die zeitlose Strahlkraft des Geistes leuchtet als ständige, selbst entstandene Aha-Erlebnisse immer unerschütterlicher durch jede Erfahrung hindurch. Sobald man die Sicht des Großen Siegels übernimmt, dass Erleber, Erlebtes und Erleben untrennbar sind und ihrem Wesen nach eins, sind Befreiung und Erleuchtung nur eine Frage von Ausdauer und Mut. Karmapas letzter Wunsch wird damit nur bekräftigt: Ohne geprüftes Wissen, richtiges Verständnis und selbst entstandene Einsicht würde man auf jeder Stufe unnötig viel Zeit verlieren.

རྟག་ཆད་མཐར་བྲལ་བདེན་གཉིས་གཞི་ཡི་དོན། །

Das Wesen der Grundlage ist die zweifache Wirklichkeit,
frei von den begrenzten Vorstellungen von Dauerhaftigkeit
und Nichtsein.

སྒྲོ་སྐུར་མཐར་བྲལ་ཚོགས་གཉིས་ལམ་མཆོག་གིས། །

Der hervorragende Weg besteht im zweifachen
Ansammeln, frei von den begrenzten Gewohnheiten
des Zuschreibens und Verneinens;

སྲིད་ཞིའི་མཐར་བྲལ་དོན་གཉིས་འབྲས་ཐོབ་པའི། །

dadurch wird die Frucht des zweifachen Nutzens erlangt,
frei von bloßer Ruhe und Verwirrung.

གོལ་འཁྲུལ་མེད་པའི་ཆོས་དང་ཕྲད་པར་ཤོག །

Mögen wir dieser fehlerfreien Lehre begegnen!

Vers 6

Wie später noch oft in diesen Versen nutzt Karmapa ein Leitwort, um eine ganze Reihe von Einsichten zusammenzuhalten. Durch die mehrfache Wiederholung davon festigt er den Hauptgedanken bei seinen Lesern. **Zweifach** wirkt hier in jedem Zusammenhang als das gewählte Bindeglied und verdeutlicht den Unterschied zwischen allgemeiner und erleuchteter Wahrnehmung. Buddhas Lehre zur **zweifachen** Wirklichkeit durchtrennt jahrtausendealte Knoten unzähliger Denker und Kulturen mit einem Hieb. Indem er jeweils die Gegensätze benennt und auf das zeigt, was sie sprengt, löst er die Fragen wortgewaltiger Materialisten wie auch Nihilisten im Handumdrehen. Zunächst deutet Karmapa auf die Grundlage, die Erscheinungswelt, hin. Er zeigt, wie alles Äußere und Innere seinem Wesen nach ist: bedingt, zusammengesetzt, in ständiger Veränderung begriffen, vergänglich und ohne Eigennatur. Danach wechselt er zu der Erfahrung unerleuchteter Wesen über, die die Welt als fest, dauerhaft und wirklich vorhanden erleben.

Wer sich in früheren Leben mit der Leerheit und der gegenseitigen Bedingtheit aller Erscheinungen beschäftigt oder besonders viel Gutes für andere getan hat, hat es heute leichter. Selbst die schwierigsten Ereignisse im Leben bleiben traumähnlich und Leiden prallen an einem ab, weil der Spiegel des Geistes nur noch leicht zu reinigende Stellen hat. In jedem neuen Körper müssen aber die inneren Energiebahnen neu belebt werden, denn nur so kann man sich wieder an die Einsicht von der Nichtdauerhaftigkeit aller Erscheinungen heranarbeiten, die man früher genossen hat. Sie muss wieder erkannt und durch Übung gefestigt werden. Die wichtigsten buddhistischen Belehrungen müssen zusätzlich in den Gedanken gegenwärtig sein, denn sie entsprechen ja nicht der augenblicklichen Sinneswahrnehmung. Vor allem die *Verschmelzungsphase* mit den Lichtbuddhas in der Meditation, wo Bewusstsein an sich voll tiefen Vertrauens und Dankbarkeit erfahren wird, ohne dass es sich durch etwas ausweisen muss, ändert den Übenden sehr. Lassen sie sich überhaupt darauf ein, werden selbst hartgesottene Materialisten mit gutem Karma von dieser frei machenden Wahrheit süchtig.

Buddhas gesamte Mittel zielen auf diese ganzheitliche Erfahrung der Dinge, jenseits von Begriffen. Sie nimmt Erwartungen wie Befürchtungen die Wurzel weg, entspannt und macht stark. Der Stellenwert solcher Belehrungen ist hoch, denn die Sichtweisen von Sein, **Dauerhaftigkeit** und **Nichtsein** steuern die Welt. Bis heute hat keine der beiden Einstellungen ihren Vertretern Zufriedenheit beschert. Hielten in einer Kultur die Menschen das Gegebene für wirklich, entstand erst viel Ausdehnung und Lebensnähe. Dadurch wurden aber auch die Leiden sichtbarer, und Krankheit, Alter, Tod und Verlust gewannen an Wirklichkeit. Wählten sie deswegen die entgegengesetzte Sicht, dass nichts wirklich sei, wurde jede Erfahrung grau. Man stand dann ohne Werkzeuge da, um die äußere und innere Welt zu gestalten. In beiden Fällen ist man verloren wie in einem unbekannten Land ohne Karte. Weder durch Sein noch durch Nichtsein lässt sich das Wesen der Dinge ausreichend erklären. Nach Karmapas Ratschlägen lebt es sich am besten wie in einem Hotel. Ohne Anhaftung genießt man das Vorhandene und nutzt es zum Wohle aller, weiß dabei aber genau, dass man nichts mitnehmen kann.

Auch viele Wissenschaftler wundern sich heute über Buddhas tiefes Verständnis vom Wesen der Dinge. Dass dieselben Einsichten in den Gesetzen der äußeren Welt auftauchen, ob man nun in der Vertiefung den eigenen Geist erkennt oder die Welt durch ein Fernrohr oder einen »Teilchenquetscher« untersucht, ist für sie sehr spannend. Solche gegenseitigen Bestätigungen ziehen Kreise und berühren viele Menschen. Beim Ausspruch »to be or not to be« eines heutigen Hamlet würde »to be and not to be« unterschwellig bereits mitschwingen. Im »Juwelenschmuck der Befreiung«[11] drückte es vor 850 Jahren der Lehrer des 1. Karmapa so aus: »Wer glaubt, die Dinge seien wirklich, ist so dumm wie eine Kuh. Wer denkt, sie seien nicht wirklich, ist noch dümmer.« Die Erfahrung von der Traumhaftigkeit aller Dinge löst sofort die Gegensätze von **Dauerhaftigkeit und Nichtsein** auf. Alles Äußere wie Innere entsteht aus dem Raum, entfaltet sich darin, wird davon erkannt und löst sich dort auch wieder auf. Ohne irgendeine Art von Eigennatur zu besitzen, erscheinen Welten, Wesen und Erfahrungen aus unzähligen Bedingungen und verschwinden wieder bei deren Wegfall.

Die Welt der Sinne und Begriffe als eine riesige gemeinsame Vorstellung aus den bedingten Erfahrungen unzähliger Wesen zu verstehen, wie sie in Vers 9 ausführlich erklärt wird, ist Buddhas Lösung dieser Gegensätze. Ist man dabei in der glücklichen Lage, die guten Träume durch das richtige Verständnis von Ursache und Wirkung zu verstärken und die üblen abzubauen, ist das überaus sinnvoll. Dann wird sich alles immer mehr ergänzen und bereichern und denselben Geschmack von Befreiung entwickeln. Hier begegnen sich Bedingtes und Letztendliches im Leben eines jeden: Aus den guten Zuständen kann man in die Befreiung und Erleuchtung erwachen, während die schlechten zusätzliche Enge bringen.

Das **zweifache Ansammeln** ist auch Buddhistenlatein, zeigt aber das Rückgrat der ganzen Lehre. Karmapa nennt es nicht ohne Grund den **hervorragenden Weg**. Diese Arbeitsweise ist bei jeder Belehrung Buddhas zu berücksichtigen. Sie ändert mit ihrer gesunden Vernunft die ganze Erfahrungsebene. Indem sie Störgefühle, Selbstbezogenheit und fehlende Begeisterungsfähigkeit abbaut, bringt sie Geistesruhe, ein reiches Innenleben und zeitlose Wonne. Man arbeitet sich ausgehend von der Ebene des Vermeidens über die Ebene der befreienden Weisheit bis in die Ebene der Rückkopplung vor, wo unzählige Buddhaformen, Schwingungen (Mantras), Atmungsweisen und Körperstellungen dem Geist seinen Reichtum widerspiegeln. Tatsächlich geht es auf jeder der Stufen aber nur um zwei Abläufe, die sich ständig ergänzen und wiederholen: um den Aufbau guter Eindrücke im Geist und die Steigerung seiner klaren Einsicht.

Nagarjuna

Man kann die erste Stufe der bewusst nützlichen Taten mit der Sonne vergleichen, die zum Zenit wandert, die zweite mit dem Entfernen der Wolken. Wenn beides gelungen ist, lässt sich alles genauestens erkennen. Ein anderes Sinnbild wäre das Emporsteigen auf einer Treppe. Erst tut man etwas Nützliches – der Geist findet Ruhe. Daraus entsteht eine unmittelbare Einsicht, eine Aha-Erfahrung. Sie zeigt einem, dass ein derartiges Verhalten richtig ist und den Wünschen der Wesen entspricht. Also tut man noch mehr Gutes und erfährt weitere Einsichten, bis der Geist ständig und überall Schönes erfährt, außen wie innen. Darum vertrauensvoll, wagt er den Sprung jenseits seiner Vorstellungen in den Raum des Erlebers und erfährt das, was alles erfährt. Obwohl die beglückende Wahrnehmung von dessen Strahlkraft erst nach Jahren gehalten werden kann, weiß man vom ersten Klaren Licht an, dass sie einem gehört.

Also arbeitet man fröhlich und mit größerem Einsatz weiter und schafft mehr von dem Guten, was zusätzliche Weisheit bringt. Da nichts der jedem innewohnenden Buddhanatur weitere Eigenschaften hinzufügen kann, bringt der Weg lediglich deren zeitlose Fähigkeiten zum Vorschein. Dabei lernt man, die Dinge so anzunehmen, wie sie sind. Man braucht ihnen keine Eigenschaften mehr zuzuschreiben oder vorhandene zu verneinen. Viele Entwicklungen sind einem schon im Geschehen zutiefst vertraut und ein echtes Geschenk. Irgendwie versteht der Geist immer besser, dass ihm etwas Gutes widerfährt und dass er dem Geschehen vertrauen kann. Er spürt eine selbstbefreiende Weisheit, die viel klarer, stärker und umfassender als alles Begriffsmäßige die Dinge augenblicklich ergänzt und ihnen Richtung gibt. So fallen unsichere und verknotete Verhaltensweisen weg, wodurch die gewohnte Ich-Vorstellung ganz und gar untergraben wird. Wenn diese endlich wegen fehlender Nahrung umkippt und nichts mehr bewiesen oder entschuldigt werden muss, steht dem eigenen Glück oder der Arbeit für andere kein Hindernis mehr im Wege. Man kümmert sich um das, was direkt vor einem liegt, und weil man sieht, dass die anderen so viele sind, wird der Vorteil meistens zuerst ihnen zuteil. So entsteht der in der nächsten Zeile erwähnte **zweifache Nutzen**. Buddhistisch gesehen bedeutet Leid, dass man etwas falsch gemacht hat. Am besten sollte das Leben ganz ohne Opferrollen ablaufen. Auch langfristig gewinnt dadurch jeder, weil man dem Wesen der Dinge entspricht. Eigentlich ist alles Spaß. Der zeitlose Vorteil für den Verwirklicher liegt darin, dass er die ganze Zeit über seinen Geist und die Ereignisse beobachtet und besser kennen lernt.

Anderen und sich selbst Gutes zu tun, ist etwas so völlig Richtiges, dass jede Berührung damit Glück bringend ist. Alle gewinnen durch diese Einstellung. Dass Karmapa nach der Grundlage und dem Weg in den vorhergehenden Zeilen nun die letztendliche **Frucht** nennt, zeigt, wie viele Ebenen von Störungen schon verschwunden sind. **Verwirrung** heißt auf Sanskrit *Samsara*, und **bloße Ruhe** wird das Kleine *Nirwana* genannt. Diese Begriffe werden oft sehr umständlich erklärt, was nicht nötig ist. Man kann sie ganz lebensnah verstehen, wenn man sich nur umschaut: Die meisten Wesen befinden sich mitten im erstgenannten Zustand.

Verwirrung entsteht, wenn der Erleber sich nicht selbst hinter den Erlebnissen erkennt. Man findet dann seine Mitte nicht, jagt deswegen den vergänglichen Eindrücken hinterher, hält Erlebtes für wirklich und leidet am Ende, weil alles vergeht. Es ist der große Marktplatz des Lebens, wo jeder etwas sucht. Geburt, Alter, Krankheit und Tod sind hier die Hauptbeschwerden. Zusätzlich versuchen die Wesen, das zu bekommen, was ihnen gefällt, das zu vermeiden, was sie nicht mögen, das zu bewahren, was sie haben, und mit dem zurechtzukommen, was sie nicht ändern können! Die im selben Satz erwähnte bloße Ruhe bleibt auch einseitig. Sie ist ein Zustand des Vermeidens, des Nicht-erleben-Wollens. Zu diesem Zweck wird die Ich-Vorstellung aufgelöst. Man sitzt dann wie im Bunker, umgeben von Stacheldraht, ohne Zeitung oder Fernseher. Man hofft, nicht zu leiden, indem man nichts erfährt, ist aber von wenig Nutzen und bleibt in der Entwicklung einfach stehen. Diese Verwirklichung wird das Kleine Nirwana genannt, das Aufhören der Störgefühle, die Befreiung und der *Arhat-Zustand*. Sie wurde in jahrtausendelangen Streitgesprächen von den südlichen Schulen des Buddhismus für das höchste Ziel erklärt, das in unserer Zeit überhaupt noch erreichbar sei.

Die volle Entfaltung des Geistes wird durch die zusätzliche Befreiung von allen einengenden Vorstellungen verwirklicht. Sie heißt das Große Nirwana, das Entfernen der Unwissenheit, die Erleuchtung und der Buddhazustand.

Diese Ebene umfasst sowohl das »Vom-Leben-gefangen-Sein« als auch die beschriebene bloße Ruhe, geht aber über beide hinaus. Unter Verwirklichern gerne das »nicht klebende Nirwana« genannt, ist der Geist hier in allem zu Hause, was geschehen oder nicht geschehen mag.

Und zuletzt: Warum nennt Karmapa die **Lehre fehlerfrei?** Weil sie immer das leistet, was sie soll. Weg und Ziel sind beide in ihr enthalten. Sie befreit und erleuchtet und bewirkt so dauerhaftes Glück. Dass man sie wünschen sollte, leuchtet ein!

སྦྱང་གཞི་སེམས་ཉིད་གསལ་སྟོང་ཟུང་འཇུག་ལ།

Die Grundlage der Reinigung ist der Geist selbst,
seine Einheit von Klarheit und Leerheit;

སྦྱོང་བྱེད་ཕྱག་ཆེན་རྡོ་རྗེའི་རྣལ་འབྱོར་ཆེ་བས།

das Mittel der Reinigung ist das Große Siegel,
die große Diamantübung;

སྦྱང་བྱ་གློ་བུར་འཁྲུལ་པའི་ལྟ་བའི་རྣམས།

das zu Reinigende sind die an der Oberfläche liegenden
Schleier der falschen Sicht.

སྦྱངས་འབྲས་དྲི་བྲལ་ཆོས་སྐུ་མངོན་གྱུར་ཤོག།

Mögen wir die Frucht der Reinigung, den vollkommen
reinen Wahrheitszustand, erlangen!

Vers 7

Die Grundlage der Reinigung ist der Geist selbst, seine Einheit von Klarheit und Leerheit. Der Begriff der Reinigung hält diesen Vers zusammen, der wieder vor Sinn strotzt. Es geht erst um die Grundlage der Erleuchtung, dann um die Mittel zu ihrer Verwirklichung und schließlich um die Frucht der Erleuchtung selbst. Auch Buddhanatur, Weg und Ziel genannt, bezeugen sie die letztendliche Freiheit aller Lebewesen. Da der Geist an sich erleuchtet ist und mit allem in Zeit und Raum verbunden, ist alles erreichbar. Man kann durch gezielte Arbeit zeitlose Befreiung und Erleuchtung erlangen. Obwohl die Erlebnisse ihrem Wesen nach unendlich sind, wie Bilder oder Wellen, bleiben der Spiegel und das Meer unverändert. Die Tibeter vergleichen deshalb die Wahrheit mit dem Mond, den jede Pfütze widerspiegelt. Da der Geist immer schon Raum und leuchtende Klarheit war, ist auf den Erleber der Dinge wirklich Verlass, und es kann ihm auch nichts Schädliches widerfahren. Diese frohe Gewissheit kommt in der ersten Zeile des Verses zum Ausdruck.

Wie der Surfer im Meer gelassen eine kleine Welle vorbeilässt, weil immer eine bessere folgt, so rät Karmapa seinen Lesern, trotz all ihrer undurchsichtigen Erfahrungen der zeitlosen Grundlage des Geistes zu vertrauen. Da der Erleber Raum ist und an sich vollkommen und

Shavaripa

unzerstörbar, ist alles sein Geschenk an sich selbst. Also muss man auch aus der Klarheit dieses Raumes – den inneren und äußeren Spielen des Geistes – kein Drama machen.

Im Westen wirkt diese Sichtweise zurzeit sehr befreiend. Sie entkrampft die während der späten sechziger Jahre dem Hinduismus entlehnte Vorstellung, dass man während der Vertiefung gar nicht denken dürfe, und hilft dem Christen, der es nicht schafft, nur Gutes zu denken. Wie verschroben und unerschöpflich die auftauchenden Erfahrungen mitunter auch sein mögen: Eigentlich kann überhaupt nichts unrein sein, denn Äußeres wie Inneres sind ihrem Wesen nach Geist. Alles entsteht in seinem leuchtenden Raum, ändert sich darin, wird davon erfahren und löst sich dort auch wieder auf.

Wer den Reinheitsbegriff der Glaubensreligionen von Unberührtheit und Unerfahrenheit gewohnt ist, einen Zustand, der viel vom Leben ausschließt und immer schutzbedürftig bleibt, kann hier tief durchatmen und sich entspannen. Buddha wünscht der Welt etwas ganz anderes. Es geht bei ihm um eine kraftvolle Reinheit, die sich bewusst aus den bunten Erfahrungen des Lebens ernährt und zum Besten aller Einsicht gewinnt. Als Sinnbild wäre nicht ein Jüngferlein angebracht, das von Erlebnissen abzuschirmen ist, sondern eine reife Frau, die aus der Fülle ihrer Erfahrungen die Welt klar durchschaut.

Der Geist ist also an sich leer, kein Ding, und zugleich in seinem Ausdruck klar, reich und bewusst. Wenn ihm die Reinheit nicht innewohnen würde – wie sollte man den Geist überhaupt reinigen können? Ein Stück Kohle wird beim Säubern nur kleiner, während ein Diamant immer mehr glänzt. Obwohl mit einer wirksamen Seife das Waschwasser vorübergehend sehr schmutzig werden kann: Der Geist verhält sich deutlich wie der Diamant.

Die Gewissheit, dass der Raum, das Erscheinende und die Wahrnehmung untrennbar eins sind, sich gegenseitig beeinflussen und die freie Entfaltung desselben Geistes darstellen, ist die Anschauung des Großen Siegels. Wer sie besitzt, kann genüsslich sowohl im Meer als auch in den Wellen verweilen. So wird man feststellen, wie sich jeder Eindruck gleichzeitig befreit und aus eigener Kraft reinigt. Weil er als Raum und Klarheit seinem Wesen nach immer rein ist, braucht der Geist das nur einzusehen.

Drei Meter groß ist der Gegner übrigens nicht, auch wenn man ihn noch nie besiegt hat: Man muss einfach die Kette seiner Verstrickungen verstehen und entweder ins Leere laufen lassen oder an der gewünschten Stelle durchtrennen. Ihre Ursache ist die anfangslose Unfähigkeit des Geistes, sich als allumfassend zu erkennen. Dadurch entstehen Störgefühle und aus ihnen heraus klotzige Taten und Worte. Wenn deren Ergebnisse reifen und man sich in einer beengten Lage voll schwieriger Gewohnheiten und schlechter Erfahrungen befindet, werden diese – uneingesehen und unbehandelt – zu weiterem Leid bringenden Verhalten führen.

Obwohl sie die Erlebniswelt unbefreiter Wesen seit anfangsloser Zeit beherrschen, bleiben die Störzustände aber oberflächlich. Sie können der letztendlichen Leerheit,

Klarheit und Unbegrenztheit des Geistes nichts anhaben. Denn – und dies ist für die besonders Reuegeschädigten – wie sollte das sündig oder schmutzig sein können, was aus der Reinheit des offenen Raumes entsteht, darin herumspielt, durch seine Klarheit verstanden wird und schließlich in den zeitlosen Raum zurückkehrt?

Wenn man verstärkt versteht, dass Störgefühle nur Drama sind, wird schwieriges Verhalten immer weniger zwingend. Auch Khomeini, Pol Pot, Hitler, Stalin und Mao hatten die Buddhanatur. Ihre krankhaften inneren Zustände und äußeren Taten geschahen im selben offenen Raum wie bei jedem anderen, wurden durch dieselbe grundlegende Begabung gespeichert und werden jetzt von diesen Herren in derselben Unbegrenztheit ausgebadet. Der Unterschied zu gesunden Menschen war, dass sie von ihrem Hass völlig beherrscht waren, und das Unglück ihrer Zeit geschah aufgrund von viel schlechtem Karma der Menschen, die wegen ihrer Unwissenheit und eigenen Störgefühle mitmachten.

Wer eingesehen hat, dass die Gefühle früher nicht da waren, später nicht da sein werden und sich gerade jetzt unentwegt ändern, besitzt mit dem Diamantweg fast unbegrenzte Mittel, um mit ihnen umzugehen. Trugbilder, die einfach die verwirrte Beweglichkeit des Geistes ausdrücken, können geschickt umgestaltet und sogar in Weisheit und Tatkraft verwandelt werden. Der Sinn eines jeden Heilsweges sollte sein, bewusst den kraftvollen, aber noch ungeschulten Geist zu erkennen, zum Besten aller.

Das zu Reinigende sind die an der Oberfläche liegenden Schleier der falschen Sicht. Auf der höchsten Ebene geht es um das Nichtbeurteilen. Störende Gedanken und Gefühle reinigen sich am wirksamsten dadurch, dass sie nicht beachtet werden. Lässt man sie einfach mit dem, was sonst anliegt, nebenherlaufen, geht ihnen bald die Luft aus. Man sollte sich dabei aber den Spaß nicht entgehen lassen, die vorbeiziehenden Trips gelegentlich anzuschauen. Manche kommen einem mittelguten Film gleich. Man kann hinzulernen, wenn einem etwas Besonderes geboten wird. Aus diesem Blickwinkel wahrgenommen, lehrt einen der gemischte Zoo der eigenen wechselnden Gefühle, wie anderen zu helfen ist. Während man darüber den Kopf schüttelt, dass man sie jemals hat ernst nehmen können, werden die inneren Tiger sichtbar dünner, und den Krokodilen fallen die Zähne aus. Störgefühle leben von der Bestätigung, die ihnen geschenkt wird. Bleibt diese aus, schwindet allmählich ihre Kraft.

Schwierigkeiten haben nur die Macht, die man ihnen gibt. Diese Einsicht befreit die grundsätzlich nur an der Oberfläche liegenden Geistesschleier, und es entsteht genug Freiraum für die beglückende Gewissheit, dass furchtlose Weisheit, selbst entstandene Freude und tatkräftige Liebe das wahre Wesen des Geistes ausmachen. Eine sicherere Fährte zur Erleuchtung kann es nicht geben. So wird der Raum zum Behälter, ist nichts Trennendes mehr, und aus seiner alles einschließenden Offenheit entsteht spontan alles Benötigte. Jede Art von Einsicht, Freude und Mut entspringt ihr mühelos. Am Ende erkennt sich der Geist als Spiegel und Bilder zugleich und erfährt sich als zeitlos, leuchtend, mitfühlend und langfristig weise. Im Zustand höchster Erfüllung ist er mit allem eins, was äußerlich und innerlich geschieht. Er ist und weiß alles, und alles drückt seinen strahlenden Reichtum aus.

Ohne die Frucht der Reinigung jemals zu verlieren, schenkt sie der Verwirklicher an die Welt weiter. Seine selbst entstandene Mühelosigkeit, im Hier und Jetzt zum Besten aller tätig, lässt andere die Vollkommenheit des Raumes erkennen. Wie ein ins Wasser gezeichnetes Bild sich augenblicklich wieder auflöst, ist im Großen Siegel alles vollkommen und zugleich befreit.

གཞི་ལ་སྒྲོ་འདོགས་ཆོད་པ་ལྟ་བའི་གདེངས།

Sicherheit in der Anschauung wird erlangt durch das Abschneiden der Zweifel an der Grundlage;

དེ་ལ་མ་ཡེངས་སྐྱོང་བ་བསྒོམ་པའི་གནད།

Kernpunkt der Meditation ist es, diese Anschauung unzerstreut aufrechtzuerhalten;

སྤྱོད་དོན་ཀུན་ལ་རྒྱལ་སྦྱོང་སྦྱོང་བའི་མཆོག

hervorragendes Verhalten besteht darin, die Erfahrung der Meditation in allem geschickt zu üben.

ལྟ་སྒོམ་སྤྱོད་པའི་གདེངས་དང་ལྡན་པར་ཤོག

Mögen wir Sicherheit in Anschauung, Meditation und Verhalten haben!

Vers 8

Das Ziel der Erfahrungslehre Buddhas ist es, das Wesen der Dinge zu erkennen. Für ihn zählt, was wirklich ist. Zwar beweist die Wissenschaft mit fast jedem Durchbruch weitere seiner Aussagen, aber sollte sie einmal mit einer Behauptung deutlich Recht haben und der Buddhismus falsch liegen, sollte man der Wissenschaft vertrauen. Buddha selbst würde das wünschen! Denn bei ihm geht es nicht um Glaubenssätze. Sogar bei der genauesten Untersuchung müssen seine Lehren also logisch nachvollziehbar und im Leben anwendbar bleiben. Fragen – auch bohrende – sind deswegen notwendig, bedeuten aber erfahrungsgemäß, dass man noch nicht genug gelernt hat oder inhaltslose, lediglich formale Aussagen sucht, die Buddha und seine Lamas ungern geben.
Hat man es geschafft, an rein buddhistische Lehren heranzukommen, lauert ohne die Hilfe eines zum Durchschneiden fähigen Lehrers eine weitere Quelle der Verwirrung. Es ist die Vermischung der Belehrungen von Weg und Ziel: nämlich wie die Dinge einem erscheinen – die bedingte Ebene – und wie sie ihrem Wesen nach tatsächlich sind – die letztendliche Ebene. Sogar gut ausgebildete Menschen im Westen sind im Bereich der Religionen keine Klarheit gewohnt, vermissen sie deshalb auch nicht und entdecken erst allmählich, wie

befreiend es ist, Verstand und Gefühl zugleich für die Entwicklung einsetzen zu können. Buddhas Lehre kann also durch eine tiefgründige Untersuchung nur gewinnen. Wie bereits in Vers 4 erwähnt, ist es sogar möglich, den gesamten Weg in die Erleuchtung zu zweifeln, auch wenn diese Vorgehensweise einen nicht unbedingt fliegend ins Ziel bringt. Man muss nur so klug sein, eine gelöste Frage an die vorherige zu reihen und nicht ständig dasselbe zu bezweifeln.

Nichts macht einen jedoch menschlicher, als wenn man sich eine Grauzone leistet, ein Feld, wo nicht sofort beurteilt werden muss. Hier können sich die Eindrücke laufend ergänzen und von selbst heranreifen, bis alle ernsten Zweifel beseitigt sind. Das daraus entstehende wunderbare, satte Gefühl, erwachsen und aus reifer Überzeugung handeln zu können, weil einfach alles stimmt, ist auch sehr gut für das Umfeld: Nichts hat zu mehr Leid und Unterdrückung geführt als der Versuch von Religionen und Weltanschauungen, ihre Anhänger nach ihren Lehren von Richtig und Falsch zum sofortigen, unüberlegten Durchgreifen zu zwingen. Buddha hat offensichtlich als Einziger unter den Religionsstiftern ein grundlegendes Vertrauen in die Wesen gehabt, und das ist schade. Es gibt nichts Schöneres als freie Menschen. Entsprechend gibt es bei ihm keinen Druck, dieses oder jenes zu glauben. Man soll nur das tun, was einen selbst überzeugt. Jede echte Entwicklung kann nur auf der Grundlage von Verständnis und Vertrauen geschehen. Buddha wollte weder Schafe noch Mitläufer. Wer seine Erklärungen zum Wesen der Dinge versteht und diese in der Meditation anwendet, wird die Erfahrung von der eigenen Buddhanatur immer **unzerstreuter** halten können. So werden durch Übung die Belehrungen zum Großen Siegel zu starken Erfahrungen, und was sich noch an **Zweifeln** melden möchte, wird in der Vertiefung zu Einsicht. Durch das bloße Verweilen in der erlangten Gewissheit löst sich jeder Knoten. Zorn wird überzeugend zu der Fähigkeit, klar und ungestört wahrzunehmen. Schwindender Stolz lässt einen bemerken, wie vielschichtig und reich alles ist. Sich auflösende Begierden bringen einem das Unterscheiden bei. Eifersucht verschwindet im Aneinanderreihen von Erfahrungen, und wo Unwissenheit und Verwirrung die Sicht trübten, entstehen an ihrer Stelle immer häufiger freudvolle Augenblicke von unmittelbarer Einsicht.

So bringen die Diamantweg-Meditationen den Geist mit seiner zeitlosen Kraft in Verbindung. Jenseits von Hoffnung und Furcht, von Festhalten und Widerwillen, führen sie ihn zu letztendlicher Gewissheit. Wie eine Tasse Kaffee zur Ruhe kommt und die Dinge widerspiegelt oder Haken von Belehrungen die Ringe der den Wesen innewohnenden Weisheit fangen, so erscheint der Erleber immer dauerhafter. Zwischen und hinter den Erlebnissen sowie durch sie hindurch zeigt er sich als das Licht des Geistes.

Wieder sind Buddhas Belehrungen einmalig und bieten eine ganz besondere Ebene der Sicht. Statt zu versuchen, Gedanken zu verhindern, was erfahrungsgemäß zu innerer Mattscheibe führt, oder schöne Erfahrungen festzuhalten, was bis jetzt niemandem gelungen ist, rät

Karmapa, wirkliche »Masse« aufzubauen durch das Verweilen in dem Zustand des Bewusst-Seins. Dieses letztendliche Vertrauen in den Erleber selbst ist ein Merkmal von Buddhas Lehre und wird von Verwirklichern seit seiner Zeit gelehrt.

Wenn Milarepas Schüler sich über Gedanken oder Gefühle ärgerten, antwortete er: »Wie könnt ihr über Büsche und Wellen klagen, wenn ihr die Unendlichkeit von Bergen und Meer kennt?« Andere Lehren zum Großen Siegel vergleichen den Geist mit einem Elefanten und die Gedanken mit Dornen. Sie stechen zwar, aber der Elefant hat eine sehr dicke Haut.

Wer bewusst in dem ruht, was verstanden und als wahr anerkannt wurde, meditiert wirklich. Wenn der Geist sich dadurch reinigt und an Kraft gewinnt, wird man einfach ein besserer Mensch. Der Begriff Meditation ist heute im nichtbuddhistischen Umfeld ein Sammelbegriff geworden für Übungen, die vor allem starke Erlebnisse hervorbringen sollen. Sie sind oft ohne klare Richtung, wie z. B. die Übersäuerung des Blutes durch hektisches Atmen, das hingerissene Schreien von HU-Silben, bloßes Sitzen ohne Erklärungen zum Geist, nacktes Wandern im Wald, Rückführungen oder vergeistigtes Handlesen, während alle buddhistischen Meditationen nur ein Ziel haben: Sie sollen ein *müheloses Verweilen* in dem, was ist, ermöglichen. Dies bedeutet weder ein tiefgeistiges Nachsinnen noch ein krampfhaftes Vermeiden von Gedanken, was einen abstumpft, und auch nicht ein Festhalten von angenehmen Geisteszuständen, was sowieso nicht möglich ist. Stattdessen sollen sie alle Fähigkeiten

Maitripa 1007–1088

des Geistes zur Entfaltung bringen. Seine freigesetzte, ihm innewohnende Einsicht wird als ein zutiefst erfreulicher Zustand erlebt. In ihm entsteht zwanglos jeder innere Reichtum, und Handlungen aus diesem Überschuss heraus sind überzeugend sowohl für andere als auch für einen selbst.

Das genau bedeutet **hervorragendes Verhalten**: aus der Fülle des Möglichen zu schöpfen mit der Gewissheit, dass höchste Wahrheit gleichbedeutend mit höchster Wonne ist und der Raum an sich grenzenlos. Dieser frische Mut, der alles befreit, entsteht durch das Schleifen vom Juwel des Geistes. So fällt, was im Kopf als richtig erkannt wurde, ins offene Herz. Von innen erlebt, ist es ein Zustand von Selbstverständlichkeit und In-der-Mitte-Sein bei allen Geschehnissen. Andere bemerken eine unmittelbare Raum-Freude, werden bereichert durch eine in sich ruhende Ergänzung von Mitgefühl und überpersönlicher Einsicht. Ausgelebt sind sie das zwanglose gute Verhalten, das jeden beglückt. Um die für den Alltag sinnvolle, aber als eng erlebte Sicht von Entweder-oder herum legt sich so der weite, befreiende Rahmen des Sowohl-als-auch.

Wer die Bande zu seinem Diamantweg-Lehrer halten konnte, dem Geber der zu dieser Entwicklung nötigen Mittel, bekommt so unendlich viel geschenkt. Während sich die erleuchteten Kraftkreise in der Umwelt mit denen zusammen entfalten, die dem eigenen Körper innewohnen, wird er keine Grenze finden können für sein Glück.

Und **Meditation in allem?** Eigentlich bedeutet es, das

Bewusstsein von dem, was wahrnimmt, nicht zu verlieren. Viele spüren, wie wichtig das ist, aber leider trauen es sich wenige zu. Es ist auch nicht leicht. Es geht hier lange um bewusste Anstrengung, um ständiges Wiederholen von Übungen zur Sichtweise, bis der Erleber das Gefühl von sich selbst nicht mehr verliert, auch nicht im Strom der stärksten Erfahrungen. Wenn alles traumähnlich frei bleibt und überall Weite erlebt wird, ist man schon gut auf dem Weg. Die Unwissenheit war jedoch immer da, und der Streit gegen einen so zähen Feind zieht sich hin.

Jeder Einsatz lohnt sich hier, vor allem langfristig. Wem es gelingt, täglich zwanzig oder mehr Minuten für hochwirksame Meditation, wie das Verschmelzen mit seinem Lama oder der Lichtform einer Buddhagestalt (Yidam), zu finden, wird die erreichte Ebene halten und verbessern können, wenn er nicht gerade in einem Schlachthof arbeitet oder harte Drogen verkauft. Jedes Mantra ist sinnvoll, jedes Auffrischen der Sichtweise zum Großen Siegel nützt. Wenn **Anschauung, Meditation und Verhalten** sich im Leben ergänzen, melden sich die erwünschten Ergebnisse. Mit Staunen nimmt man wahr, wie sich die seit anfangsloser Zeit im Speicherbewusstsein der Wesen angestauten Eindrücke in erleuchtende Weisheiten umwandeln.

ཆོས་རྣམས་ཐམས་ཅད་སེམས་ཀྱི་རྣམ་འཕྲུལ་ཏེ།

Alle Dinge sind Trugbilder des Geistes;

སེམས་ནི་སེམས་མེད་སེམས་ཀྱི་ངོ་བོས་སྟོང་།

der Geist ist nicht als »ein« Geist vorhanden,
er ist seinem Wesen nach leer;

སྟོང་ཞིང་མ་འགགས་ཅིར་ཡང་རུང་བ་སྟེ།

obwohl leer, erscheint gleichzeitig alles ungehindert.

སེམས་ནི་སེམས་མེད་སེམས་ཀྱི་ངོ་བོས་སྟོང་།

Mögen wir durch genaues Untersuchen
sein eigentliches Wesen erkennen!

Vers 9

Alle Dinge sind Trugbilder des Geistes. Alles Innere wie Äußere ist das Spiel des Geistes. Dass die Wahrnehmung der Welt von den Gefühlen und inneren Zuständen des Erlebers abhängt, weiß mittlerweile im Westen fast jeder »Gelegenheitspsychologe«, wenigstens wenn es die anderen betrifft. In eigener Sache ist man meistens nicht so hellsichtig, obwohl fast jeder gerne bestätigt, dass man bei guter Laune irgendwie all den netten Leuten begegnet. Ist man hingegen verstimmt, erscheinen miese Gestalten, Fehler und Schwierigkeiten überall. Himmel und Höllen geschehen offensichtlich im eigenen Geist, und jeder erschafft seine Welt. Man entscheidet also selbst fortlaufend durch die Eindrücke, die man für wichtig hält und in sich speichert, ob man künftig durch die rosa oder die schwarze Brille schauen wird. Dieses Gesetz heißt auf Sanskrit »Karma«, auf Tibetisch »Lä«, und nach Buddhas Lehre sind diese bedingten Zustände ohne Anfang. Sie haben aber nur Kraft, bis der Geist seinen zeitlosen Raum erkennt, den unzerstörbaren Spiegel hinter seinen Bildern.

Hierbei wirkt Buddhas Einsicht, dass höchste Wahrheit gleichbedeutend mit höchster Freude ist, befreiend. Andere Religionen machen aus der Tatsache, dass jede Entfaltung des Geistes an sich Reichtum und Freude ist, wenig. Buddha besteht aber darauf, dass Raum an sich

Freude ist, und diese Sicht erlöst alles. So sieht die innere Ebene von Karmapas Aussage aus.

Dass alles vom Geist erschaffen ist, bezieht sich aber im gleichen Maße auf die äußere Welt. Bereits vor 2550 Jahren sagte Buddha einige der wichtigsten Entdeckungen der heutigen Weltsicht voraus, die Karmapa hier auf einen Punkt bringt: nämlich dass auch die gemeinsam erfahrene Welt ein Spiel des Geistes ist, dass sie nur die Wirklichkeit eines gemeinsamen Traumes besitzt. Inzwischen hat man aus Licht Teilchen entstehen lassen, die Trennung zwischen Sein und Nichtsein ist aufgehoben, sie werden als zwei Seiten derselben Ganzheit verstanden. Richtig erklärt, bedeuten solche Worte das Ende aller Einengungen in Zeit und Raum. Sie zeigen, was letztendlich und was bedingt ist, wo die Sichtweisen des Sowohl-als-auch und des Entweder-oder sinnvoll sind, und ermöglichen dadurch die völlige Freiheit des Geistes.

Wie kann man aber das Entstehen und Vergehen von Universen mit den gegebenen zweiheitlichen Begriffen erklären? Hier die Erklärung Buddhas dazu:

Nach dem Verbrennen einer Welt – in der Beschreibung übrigens dem sehr ähnlich, was sich Sternforscher in zehn Milliarden Jahren für die unsere vorstellen – gesellen sich die noch unbefreiten Bewusstseinsströme der Wesen, die keine Erfahrung von ihrer Natur hatten, zu denen von Bewohnern anderer vergangener Welten irgendwo im unendlichen Raum.

Wenn so ein genügendes Maß an geistigen Eindrücken – Karma – zusammengekommen ist, verdichtet sich eine

neue Welt. Das geschieht selbsttätig. Da die Leerheit kein schwarzes Loch ist, sondern alle Möglichkeiten enthält, ist dazu nichts in sich Widersprüchliches wie z. B. ein außen stehender Schöpfer nötig. Der Vorgang kann aus reiner sowie aus unreiner Sicht gesehen werden, aber die erste Möglichkeit ist erleuchtend und zeitlos wahr, während die zweite aus grundlegender Unwissenheit entsteht. So lässt die Weisheit vom Reichtum aller Dinge – der gemeinsame Stolz der unerleuchteten Wesen – alles Feste entstehen, und die spiegelähnliche Weisheit – ihr Zorn – alles Fließende. Ihre unterscheidende Weisheit – die Anhaftung der Wesen – zeigt sich als Hitze, und die Erfahrungsweisheit – ihre Eifersucht – wird zur ständigen Bewegung wie der Wind. Die alles durchdringende, spontan entstehende Weisheit – als grundlegende Unwissenheit verkannt – lässt Raum als Trennung und Abstand erscheinen. Man erkennt ihn dann nicht als Behälter, sieht nicht, dass es immer viel mehr Weite hinter den Dingen gibt als zwischen ihnen, dass der Raum alles umfasst. Während sich der äußere Rahmen – die Welt – aus dem gemeinsamen Bewusstsein der Wesen verdichtet, zeigt sich zugleich ihr Karma als ihre Erfahrung davon, als ihre Körper und Wahrnehmungen. Deswegen ist die Belehrung, dass der Geist alles erschafft, ein Hauptpfeiler im Buddhismus. Nicht nur unser Erleben von der Welt ist Geist, sondern die Welt selbst ist es auch.
Wenn die Entwicklung der Wesen letztendliches Wissen über den Geist ermöglicht, drückt sich die grenzenlose Liebe und Kraft des Raumes im Erscheinen von Buddhas aus, die die Wege zu Befreiung und Erleuchtung lehren.

Wo und wann es die Bedingungen zulassen, werden in zahllosen Welten Erleuchtete geboren, die sich der Vergangenheit, Gegenwart und Zukunft bewusst sind. Alles in ihrem Leben ist ein Beispiel, und ihr Ziel ist ausschließlich, alle Wesen von Unwissenheit und Leid zu befreien. Ihr Einfluss währt oft mehrere Jahrtausende.

Zu Beginn ihrer Lehrperiode werden die Buddhas unmittelbar verstanden. Dann folgt eine Zeit, wo ihre Mittel vor allem ganzheitlich in der Meditation verwendet werden. Danach werden die Texte vom Kopf her gedeutet und gelernt. Später sind die Menschen mit inhaltsleeren Bräuchen und Roben zufrieden. Zuletzt, nach einer Zeit weiteren Verfalls, werden sogar Ursache und Wirkung allgemein vergessen, und der Einfluss dieses Buddhas ist verschwunden. Die Leute werden grob anderen und sich selbst gegenüber, und erst nach vielen unnötigen Schwierigkeiten sind sie wieder bereit, so viel Platz zwischen die Störgefühle zu lassen, dass sich ein weiterer Buddha zeigen kann. Durch seine Lehren wiederholt sich dann dieselbe Welle von geistigen Angeboten. Wieder befreien oder erleuchten sich viele, bis die letztendliche Sicht nochmals verloren geht und ein neues dunkles Zeitalter anbricht.

Tatsächlich hörten in Asien diese fünf Zeitabschnitte, die unser jetziger Buddha Shakyamuni als je 500 Jahre lang vorausgesagt hatte, vor fünfzig Jahren auf. Es ist unangenehm, wenn schlechte Voraussagen sich so genau bestätigen, aber um diese Zeit gingen die meisten althergebrachten buddhistischen Kulturen entweder an die Gier des Materialismus verloren, wie in Japan, Thailand und bei vielen Chinesen in Übersee, oder wurden von kommunistischer Gleichschaltung im Norden und vom Nationalismus im Süden Asiens zerstört. Heute halten dort nur der Staat Bhutan und die tibetischen Flüchtlinge Buddhas Belehrungen der Diamantweg-Schulen am Leben.

Genügend Menschen mit geeignetem Karma scheinen aber ihre Wiedergeburt im Westen gefunden zu haben. So kann das entscheidende Wissen über das Wesen des Geistes jetzt in den freien europäischen Kulturen um die Welt genutzt werden und eines Tages vielleicht von dort erfrischt nach Asien zurückkehren. Das war der Sinn von Karmapas erster Aussage, durch das Fernrohr gesehen. Wie erscheint sie unter der Lupe? Das zeigen die weiteren Zeilen.

Nachdem die Außenwelt zu Geist erklärt wird – **Alle Dinge sind Trugbilder des Geistes** – verschwindet auch alles Dingliche, wenn man den Geist selbst sucht. Hier gibt es tatsächlich nichts, was man Geist nennen könnte. Er hat weder Größe noch Breite, weder Form noch Geschmack, weder Voltstärke noch ist er »feinstofflich«, wie mancher mit wenig Vertrauen zum Raum ihn gerne sehen möchte, – was auch immer das bedeuten mag. Er besitzt kein Merkmal, wodurch er nachgewiesen werden könnte. Seinem Wesen nach ist er einfach leer – kein Ding. Dass dieser unendlichen Weite Bewusstsein innewohnt, wie auch der Nichtmeditierende bei plötzlichen Eingebungen erfährt, ist der Wahrheitszustand[12] des Geistes.

Obwohl leer, erscheint gleichzeitig alles ungehindert.

Diese Zeile zeigt auf die Eigenschaften, die als Klarheit und Grenzenlosigkeit des Geistes erfahren werden. Sie umfasst die Ebenen des Freudenzustandes und des Ausstrahlungszustandes, der durch kraftvolle, in die Zukunft gerichtete Tat gekennzeichnet ist. Er drückt sich durch die Wesen aus, die zum Besten anderer bewusst oder aufgrund von früheren Versprechen wiedergeboren werden. Obwohl der Geist, wie beschrieben, frei von eigenen Merkmalen ist, entsteht dennoch alles Äußere wie Innere als sein ihm innewohnender Reichtum. Freuden und nützliche Handlungen entspringen seinem Raum, spielen dort frei, werden durch seine Klarheit erkannt und verschwinden wieder mühelos in seine Unbegrenztheit zurück.

Obwohl nicht an sich feststellbar, zeigt der Geist endlose Vielfalt. Er lässt alles entstehen, umfasst und erfährt, was im äußeren wie im inneren Raum geschieht und geschehen kann.

Dieser Vers ist ein riesiges Tor zu ungewohnten erleuchteten Bewusstseinsebenen und sollte von mehreren Seiten betrachtet werden. Zusammenfassend – was ist der Kern von Karmapas Sicht? Er lässt sich am überzeugendsten mit dem Sinnbild des Traumes erklären. Eine Außenwelt, die sich ständig ändert, ist der gemeinsame Traum aller Wesen, und dass dieselben Verläufe je nach Erbmasse, Laune, Hintergrund und Ausbildung unterschiedlich erfahren werden, ist der eigene.

Eine mangelhafte Wahrnehmung ist aber vermeidbar. Die Wesen müssen nicht dem Bedingten überlassen bleiben, sondern haben Weg und Ziel und können sich entwickeln. Aus guten Träumen gibt es ein Aufwachen in Zustände von Befreiung und Erleuchtung, während die Ergebnisse von schädlichen Taten einen durch wachsendes Leid immer stärker binden. Dieses an sich nicht Wirkliche umfasst sowohl das Wesen von Gedanken und Gefühlen als auch die scheinbar so feste Sinneswelt. Wie die Wissenschaft neuerdings feststellt, obwohl sich materialistische Weltanschauungen nicht daran erbauen: Die kleinsten Teile von Atomen verschwinden in der Kernschleuder und sind nicht mehr feststellbar, während sich völlig geleerte Versuchsbehälter selbsttätig mit Teilchen wieder auffüllen. Der durch die Sinne erlebte und bis heute gelehrte Gegensatz zwischen Sein und Nichtsein kann also nicht letztendlich gültig sein. Erscheinung und Nichterscheinung sind am besten als Seiten derselben Ganzheit zu verstehen. In einer Welt voller Gebote und Dogmen gibt diese Einsicht angenehm viel Raum. Sie zeigt einem die Bedingtheit aller Dinge und macht einen reif. Man versteht, dass nur ihr Erleber, die Raum-Klarheit-Unbegrenztheit des Geistes, wirklich und wahr ist, während alles Erlebte entsteht und wieder vergeht. Die Welt als das Ergebnis der gespeicherten Eindrücke und Gefühle ihrer Bewohner nachweisen zu können – so weit ist unsere Wissenschaft noch nicht.

Der Schlusswunsch Karmapas, durch **genaues Untersuchen** das Wesen des Geistes zu erkennen, setzt sich in den weiteren Versen fort. Ohne Schönfärberei zeigt er den Wesen sowohl die zu verbessernde Erscheinungswelt als auch die letztendliche Wahrheit, die ihr Wesen ist.

ཡོད་མ་མྱོང་བའི་རང་སྣང་ཡུལ་དུ་འཁྲུལ།

Der Eigenausdruck, den es als solchen nicht gibt,
wird als etwas Dingliches missverstanden;

མ་རིག་དབང་གིས་རང་རིག་བདག་ཏུ་འཁྲུལ།

aufgrund von Unwissenheit wird Eigenbewusstheit
als ein Ich verkannt;

གཉིས་འཛིན་དབང་གིས་སྲིད་པའི་ཀློང་དུ་འཁྱམས།

das Festhalten an dieser Zweiheit bewirkt das Umherirren
in der Weite der bedingten Welt.

མ་རིག་འཁྲུལ་པ་རྩད་ནས་ཆོད་པར་ཤོག །

Mögen wir die Wurzel der Täuschung, die Unwissenheit,
ausreißen!

Vers 10

Die ersten beiden Zeilen lassen zunächst den modernen Diamantweg-Buddhisten aufhorchen. Im Gegensatz zum heutigen Brauch weist Karmapa erst auf die Klarheit des Geistes und dann auf seine Raumnatur hin. Er nennt die Bilder vor dem Spiegel, die Wellen vor dem Meer und betont so die Erlebnisse mehr als den Erleber selbst. Warum wohl? Einerseits fördert es das Verständnis, die Dinge aus einem unerwarteten Blickwinkel zu betrachten, und andererseits wollte er sicher auf die geringe Abstraktionsfähigkeit vieler seiner Schüler eingehen. Im Leben stehende, einfache Menschen erleben die Erscheinungswelt ihrer vergänglichen Erfahrungen immer als sehr wirklich.

Der Eigenausdruck, den es als solchen nicht gibt, wird als etwas Dingliches missverstanden. Die immerwährenden Spiele des Geistes, die äußerlich als die wahrgenommenen Welten und Umstände erscheinen und innerlich als die unerleuchteten Gedanken und Gefühle, werden wegen grundlegender Unwissenheit als wirklich und an sich vorhanden erlebt. Man denkt: Das gibt es. Diese Lage, diese Erfahrung ist wahr. Der Hauptgrund für diese Deutung der Welt ist die Trägheit unserer Sinne. Schaut man aber genau in der äußeren wie inneren Welt nach, ist nichts fest. Alles wackelt und wandelt sich die ganze Zeit, seien es Welten, Atome, Gedanken oder

Gefühle. Ständig befindet sich das, was man als wirklich erlebt, in einem Strom von Änderungen. Erst ist z. B. ein Glas Wasser ein äußerer Gegenstand. Trinkt man es, wird es ein Teil von einem, und etwas später kann der hinzugefügte Stickstoff hoffentlich ein paar Blumen zum Wachsen bringen. Auch die inneren Zustände wechseln in ähnlicher Weise, mal haben die Wesen mehr Abstand dazu, mal sind sie völlig davon gefangen. Obwohl die Filme sich ständig ändern, hält man bis zur Befreiung dennoch das ganze Disneyland für wirklich.

Im selben Zuge, wie der Ausdruck des Geistes – seine Klarheit – **als etwas Dingliches** und somit als etwas Getrenntes **missverstanden** wird, verkennt sich seine Fähigkeit zum Bewusst-Sein – der Erleber – als ein Selbst oder Ich. **Aufgrund von Unwissenheit wird Eigenbewusstheit als ein Ich verkannt.** Diese Zweiheit ist aber letztlich nur eine Vorstellung. Die alten Texte verwenden das Sinnbild von der Luft in einem Tonkrug: Wird der Krug zerschlagen, verschwindet jede Grenze zwischen Luft draußen und drinnen – die Trennung vorher war also nur scheinbar. Was wirklich sein soll, muss eine dauerhafte Wirklichkeit aufweisen. Nur der erlebende Raum erfüllt diese Bedingung. Leer, wie er seinem Wesen nach ist, und frei von allen einengenden Merkmalen, ist er unbegrenzt durch Ort und Zeit und enthält alle vollkommenen Eigenschaften. Da er zugleich tatkräftig liebevoll handelt, bietet er eine wirkliche Zuflucht. Die ersten beiden Zeilen greifen auf Vers 2 zurück und beschreiben die Quellen aller Leiden. Da Karmapas Wünsche auf dieses Leben ausgerichtet

sind, hier noch einmal ausführlicher die Gründe dafür und die Möglichkeiten daraus:
Vor 2550 Jahren erklärte Buddha seinen Schülern immer wieder neu, wie Störungen den sonst so fähigen Geist befallen. Er verglich ihn mit einem Auge, das alles Äußere klar erkennt, aber sich selbst nicht sieht. So wird sein erlebender Raum – die Wahrheitsebene des Geistes – als ein Ich verkannt. Obwohl weder der Körper dauerhaft ist noch die Gefühle oder Gedanken auffindbare Eigenschaften wie Größe, Farbe oder Form besitzen, ist diese Fehleinschätzung durch zeitlose Gewohnheit gefestigt. Die Anhaftung des Geistes an seine wechselnden Erfahrungen macht aus seiner Klarheit, aus allem, was er außen wie innen erlebt, ein Du oder etwas Eigenständiges. Weil man bis zur Erleuchtung unfähig ist, den Raum und dessen Begabung, Erleber und Erlebtes, als Seiten seiner Unbegrenztheit zu verstehen, erscheinen zuerst die Grundstörgefühle von Verwirrung, Anhaftung und Widerwillen. Aus ihnen entstehen ausschließender Stolz, Gier und Neid, und aus deren vielfältigen Verknüpfungen insgesamt 84000 mögliche Geistesschleier. Obwohl alle bedingt und veränderlich, werden sie als wirklich erlebt und führen deswegen zu klotzigen Gedanken, Worten und Taten. Wenn die dadurch gesäten unguten Eindrücke als neue Schwierigkeiten heranreifen, außen wie innen, schiebt man deren Ursachen gewohnheitsmäßig anderen zu und schafft sich so die Gründe für weiteres schwieriges Verhalten.
Könnte man diese Störzustände als das sehen, was sie wirklich sind, wäre alles leicht. Man würde sie dann so-

fort als schlechte Filme auf der eigenen inneren Leinwand erkennen, die der Kluge einfach vorbeilaufen lässt, ohne hinzuschauen. So ist es aber nicht. Nicht erleuchtet zu sein, bedeutet eben an sich eine grundlegende Unfähigkeit, erwünschte Zustände auszuwählen und schwierige nicht zu beachten. Man erlebt die auftauchenden Gefühle als wirklich. Meist fehlt dabei das Verständnis, dass man sie selbst verursacht hat und dass jeder unentwegt sein eigenes Leben und Karma schafft. Also handelt man wieder kurzsichtig und gegen andere gerichtet und kommt so aus dem Rad der Geschehnisse nicht heraus.

Das Festhalten an dieser Zweiheit bewirkt das Umherirren in der Weite der bedingten Welt. Das Festhalten an irgendeiner Art von Zweiheit war immer ein Merkmal der nichtbuddhistischen Weltanschauungen. Man sieht nur das Erfahrene, und die Dinge geschehen mit einem. Ohne wahrzunehmen, dass allein der Erleber wirklich und mit allem eins ist, hält jeder an dieser begrenzten Sicht bis zur Befreiung fest. Deshalb hilft es vielleicht, sie hier genauer zu untersuchen.

Der erlebende Raum und seine von ihm erfahrenen Gefühle, Gedanken und Welten werden als voneinander verschieden erlebt. Eine genaue Untersuchung zeigt jedoch, dass sie eher mit den Wellen oder Strömungen eines Meeres vergleichbar sind, oder aber mit Wasserdampf, Wolken und Regen als verschiedenen Erscheinungsformen von Wasser. Sie sind Ausdruck derselben Ganzheit. Die Frage über das Sein oder Nichtsein der Geschehnisse wurde über die Jahrtausende immer wieder gestellt. Dabei standen sich die Sichtweisen meis-

tens viel ebenbürtiger gegenüber, als die letzten hundert Jahre im Westen es vermuten lassen. Z. B. war für die alten Griechen – wie für die neuen – das Traumähnliche, nicht Greifbare, etwas Bedrohliches. Allgemein beunruhigten sie die Belehrungen zur Leerheit von allem Inneren wie Äußeren, die von Buddha aus Indien kamen. Sie brauchten etwas dinglich Bestätigendes und führten deswegen die Vorstellung eines »Atomos« oder Atoms ein. Das Wort bedeutet »unteilbar« und gab ihnen somit wenigstens begriffsmäßig etwas Sicherheit: Denn wenn man die Dinge ewig teilen könnte, wäre nach ihrer Vorstellung am Ende vielleicht wirklich gar nichts übrig, und sie stünden vor einem schwarzen Loch. Man bestand also einfach auf etwas Unteilbarem, um sich vor Unbekanntem zu schützen, und damit nicht alles in blauem Dunst verschwinden konnte. Sie wehrten sich auch gegen die Sicht vom Lehrer als einem abstrakten geistigen Beispiel, das für sie unfassbar war. Schon zu Beginn unserer Zeitrechnung stellten sie deswegen, so wird heute angenommen, die sinnlich erfahrbaren Nachbildungen ihres Liebesgottes Apollo als erste Buddhastatuen auf.[13]
Etwa bis zu Karl Marx und den sich heute allmählich verabschiedenden materialistischen Sichtweisen wechselten sich über die Jahrtausende hinweg verschiedene Anschauungen zur Wirklichkeit der Dinge ab, ohne jemals richtig zufrieden stellend zu sein. Obwohl es kurzfristig ein Gefühl der Kraft gab, die Erlebnisse als wirklich zu erfahren, wurden es Krankheit, Alter, Tod und Verlust dadurch auch, und Leid war somit grundsätzlich unvermeidbar. Die entgegengesetzte Sicht war

aber auch nicht befriedigend. Die Entscheidung, es gäbe die Dinge gar nicht, linderte keinen Schmerz. Zusätzlich wurde alles grau, die Welt verlor ihren Sinn, und es gab keine Hebel, womit man sie verbessern könnte. Deswegen schaukelten die Sichtweisen von Materialismus bis Nihilismus hin und her, bis die moderne Wissenschaft entschied, die dingfestere der beiden Möglichkeiten beweisen zu wollen.

Bis in die sechziger Jahre des 20. Jahrhunderts kam deswegen alles der Vorstellung von der großen Maschine immer näher. Die Wesen schnürten beharrlich ihre Weltsicht immer enger. Die innere wie äußere Vielfalt wurde als eine riesige Häufung von Zufällen und Bedingungen ohne letztendliche Bedeutung erklärt. Sinn gebende Einstellungen zum Geist und zur Welt konnten nur in den Ecken überleben, die noch nicht hochgradig materiell belegt waren. Z. B. musste man aus der allgemein verbreiteten Sichtweise vom Gehirn als dem Urheber des Bewusstseins schlussfolgern, dass bei dessen Zerstörung auch der Geist verschwindet. Diese Vorstellung brachte wenig Freude, sie würde das unerwünschte Nichts nach dem Tod bedeuten und wurde immer wieder angezweifelt, weil sie so vielen Wahrnehmungen und Wünschen der Wesen widersprach. Deswegen waren, nachdem die Trümmerfrauen die zerstreuten Backsteine neu gestapelt hatten und es im Westen dreißig Zahnpastamarken zur Auswahl gab, so viele zu einem Riesensprung bereit.

Zuerst erschienen als Eisbrecher die bewusstseinserweiternden Drogen wie das LSD mit für ihre Verbraucher überzeugenden, aber leider nur vorübergehend Glück

Marpa 1012–1097

bringenden Wirkungen. Unsere jenseitigen, wonnevollen Einsichten in die Einheit von Bewusstsein und Außenwelt wurden seither durch Forschungsergebnisse untermauert. Mit immer genaueren Messungen werden sowohl die kleinsten Teilchen als auch das Weltall laufend weiter erforscht, aber eigentlich bestätigt sich alles wieder als raumgleich, und diesmal vielleicht auf Dauer. Die Sichtweise, dass alle Erscheinung Geist ist und er seinem Wesen nach offener Raum, scheint unanfechtbar.

Innerlich sieht es folgendermaßen aus: Der Erleber kann sehr überzeugend als bewusster Raum verstanden werden, als das, was weiß und versteht. Die Geistesströme der Wesen sind dann Bewegungen darin, so wie Strömungen im Meer. Durch die Vorstellung von einem Selbst seit anfangsloser Zeit zusammengehalten, ist es nicht schwierig, nachzuempfinden, was ein unerleuchteter Geist erfährt: Da er das Unbedingte und Zeitlose seines Erlebers nicht erkennt, findet er keinen Weg durch Ursache und Wirkung hindurch und strebt entsprechend seiner Gewohnheit nach dem Wegfallen eines Körpers in einen weiteren eingeengten Zustand. Dabei könnte es so leicht sein! Der Geist besitzt keine dinglichen Merkmale, er ist wie der Raum, ohne Anfang und uferlos. Bis er das aber versteht, wird er den Strom seiner Eindrücke als wahr erleben und **umherirren in der Weite der bedingten Welt**.

Diese Traumähnlichkeit gilt, wie beschrieben, nicht nur für die inneren Erfahrungen. Auch die Welt, der allgemein als wirklich gesehene äußere Rahmen, ist nicht wirklich vorhanden. Die Teilchen, aus denen sie besteht, verschwinden ebenso wieder im Raum, wie sie daraus entstehen. Ohne Einengung durch die Vorstellungen von Sein und Nichtsein, von Erscheinung und Raum, entfalten sich selbsttätig alle erleuchteten Eigenschaften von Körper, Rede und Geist, eine Tatsache, die die Verwirklicher der buddhistischen Karma-Kagyü-Zentren ohne abgehobene Fachsprache häufig so zum Ausdruck bringen: Wenn nichts da ist, außen wie innen, ist das der Raum des Geistes. Wenn etwas erscheint, seien es äußere Welten oder innere Erfahrungen, ist das seine Klarheit, sein freies Spiel. Dass beides da sein kann, ist seine Unbegrenztheit. Dass Raum und Klarheit ungehindert spielen und untrennbar sind, zeigen die unendlichen Möglichkeiten des Raumes. Das ist die moderne Weise, es auszudrücken. Vor 2550 Jahren lehrte Buddha dies mit folgenden Worten: »Form ist Leerheit, Leerheit ist Form, Form und Leerheit sind untrennbar.« Schon damals setzte er diese letztendlich befreiende Einsicht in die Welt. Wer versteht, dass alles Geist ist, muss nur aus seiner Weisheit heraus leben. Er hat alle **Wurzeln der Unwissenheit** herausgerissen.

Es kann aber nur das entfernt werden, was der erleuchtenden Erfahrung im Wege steht. Dem unbegrenzten, klaren Raum des Geistes selbst kann keine Wahrheit genommen oder hinzugefügt werden. Obwohl ihn Gelehrte seit Jahrtausenden durch Begriffe zu fassen suchen, kam er immer erst durch das Wegfallen aller Vorstellungen zum Vorschein. Trotz der Beispiele von so vielen großen Verwirklichern scheint dies für viele eine schwierige

Einsicht zu sein. Logische sowie ganzheitliche Geistesschulungen haben hier ihren Sinn; tatsächlich kann man sich nur aus geordneten Sichtweisen und angenehmen Eindrücken heraus genügend entspannen und zu der unmittelbaren Erfahrung vom Geist wechseln. Keineswegs sollte man sich aber wie in diesem recht verstaubten Kinderwitz verhalten: Eines Nachts trifft ein Mann einen Freund beim Suchen unter einer Laterne. Er will wissen, was der andere dort sucht. Der Freund antwortet: »Schlüssel weg.« Der Mann fragt: »Wo?«, und der Freund zeigt in eine Richtung: »Da drüben.« »Warum suchst du dann hier?«, fragt er daraufhin. »Nun, hier ist das Licht!«

Ähnlich geht es demjenigen, der den Geist in seinen Gedanken, Vorstellungen und Gefühlen sucht. Er entdeckt gar nicht, dass der Suchende das Gesuchte ist. Es ist der Geist, der sieht und wahrnimmt. Daher Karmapas Wunsch, die **Wurzeln der Täuschung** zu finden und herauszureißen. Je mehr man aus dieser Sicht heraus die Welt betrachtet, desto sinnloser wird jede zweiheitliche Einstellung. Geschehen und Raum sind dann Seiten derselben Ganzheit. Sie spielen in Erscheinung wie auch Nichterscheinung in unendlicher Vielfalt. Auch wenn viele, um Überraschungen zu vermeiden, gerne diese Weisheit vom Kopf her angehen wollen, verbreiten sich nach der Begegnung mit einem Verwirklicher die Sicht wie auch die Erfahrung bald unwiderstehlich über alle Erfahrungsebenen. Die Kraft eines solchen Sowohl-als-auch-Bewusstseins ist so stark und erfüllend, dass Öffnungsängste verschwinden. Dadurch verschmelzen sogar höchste Fähigkeiten des Unterscheidens und glasklares Denken mit dem Augenblick des Erlebens.

Auch in unserer Zeit zeigen Vertreter des Diamantweges, wie sich jede Lage mühelos in selbst entstandene Freude umformen lässt. Für viele, die solche Lehrer kennen, sind sie das sichere Beispiel, dass Erleuchtung unerschütterlich und unbegrenzt ist und jenseits aller Begriffe liegt. Man spürt etwas Kostbares, alles Umfassendes und Kraftvolles.

ཡོད་པ་མ་ཡིན་རྒྱལ་བས་ཀྱང་མ་གཟིགས། །

Er ist nicht vorhanden, denn sogar die Buddhas sehen ihn nicht;

མེད་པ་མ་ཡིན་འཁོར་འདས་ཀུན་གྱི་གཞི། །

er ist nicht nicht vorhanden, denn er ist die Grundlage von allem, von Verwirrung wie von Einsicht.

འགལ་འདུ་མ་ཡིན་ཟུང་འཇུག་དབུ་མའི་ལམ། །

Dies ist kein Widerspruch – es ist der Mittlere Weg der Einheit.

མཐའ་བྲལ་སེམས་ཀྱི་ཆོས་ཉིད་རྟོགས་པར་ཤོག །

Mögen wir die Wirklichkeit des Geistes, die frei von Begrenzungen ist, erkennen!

Vers 11

Hier drücken wieder wenige Zeilen eine ganze Weltsicht aus. Was sich so knapp und vollendet liest, sind erleuchtete Einsichten der höchsten Ebene. Karmapas einfache Worte zeigen unmittelbar auf das Wesen des Geistes.

Sehr deutlich wird hier, dass in der Kagyü-Linie der Lehrer sogar Kopf steht, damit bei den Schülern das letztendlich befreiende Wissen ankommt. Um die alles entscheidende Einsicht in das Wesen des Geistes zu vermitteln, zeigt Karmapa in diesem Vers wie üblich zuerst auf dessen Raum. So will er steife Vorstellungen vom Wesen der Dinge entfernen und allen ermöglichen, jenseits der Begriffe von Sein und Nichtsein wahrzunehmen. Es ist ein unbeschreiblicher Reichtum, im Augenblick verweilen zu können und in allem zu Hause zu sein. Es geht hier um stärkste Erfahrungswerte. Eine ganzheitliche Entwicklung ist wie Autorennen: Fliegt man aus der Kurve, war man zu schnell. Bleibt man drin, war man zu langsam. Wie gut, dass im Großen Siegel die Entwicklung im Kraftfeld der Zuflucht geschieht!

Der Geist ist nicht als irgendetwas Dingliches auffindbar; er ist nicht als etwas Wahrnehmbares vorhanden. Die Erleuchtung des jungen Siddhartha Gautama geschah, als er erkannte, dass es keinen eigenen, abgetrennten Geist gibt. So fielen Hoffnung und Furcht, Einengungen

Milarepa 1052–1135

durch Morgen und Gestern, Anhaftung und Widerwillen weg, und die ungehinderte Entfaltung seines Bewusstseins machte ihn zu einem Buddha. Weil der Geist bei jeder Untersuchung frei von Gewicht, Gestalt, Farbe, Geschmack und Größe bleibt, bezeichnete Buddha ihn als »leer«, also leer von solchen Merkmalen. Dem heutigen Verständnis wären wohl Beschreibungen wie »raumähnlich« oder »kein Ding« zugänglicher. Die Japaner, ihrer Neigung folgend, sprechen von »no mind«. Sie betonen damit die schlichte Wahrheitsebene des Geistes, seinen Raum, während die spielerische Vielfalt der Freudenebene vor allem die drei »alten« oder Diamantweg-Schulen Tibets begeistert. Es geschieht ja auch alles Mögliche. Ständig entstehen und vergehen die Welten und Erfahrungen äußerlich wie innerlich. Dass beides sein kann, der Raum sowie sein Inhalt, ist kein Widerspruch, sondern zeigt die Unbegrenztheit des Geistes, in der alles zusammenkommt.

Wer sich vor allem darauf einstellt, dass der Geist wie der Raum ist, wird zunächst furchtlos. Was seinem Wesen nach kein Ding ist, kann auch nicht zerstört werden. Das heißt nicht, dass man leichtsinnig wird und durch dumme Fehler sein Leben wegwirft. Der Begriff zeigt eher auf eine tiefe Unerschrockenheit, die bis ins Mark reicht. Hier weiß und spürt man sicher, dass der Erleber aller vergänglichen Erscheinungen an sich unzerstörbar ist. Die wachsende Erfahrung, dass der Geist seinem Wesen nach Raum ist, schafft diese letztendliche Sicherheit. Und weshalb ändert sie in so hohem Maße die Menschen? Weil man früher schutzlos war.

Am Anfang der geistigen Entwicklung denkt fast jeder, er sei sein Körper. Dadurch werden aber Krankheit, Alter, Tod und Verlust sehr wirklich, und Leid ist unvermeidbar. Sattelt man also um und denkt lieber, man wäre seine Gedanken und Gefühle, hilft auch das wenig. Weil bedingt, sind sie ihrem Wesen nach veränderlich und haben keinen Bestand. Angenehme Zustände kann man nicht festhalten, während es einen verwirrt, dass unangenehme stärker werden, wenn man sie zu bekämpfen versucht.

Indem man erkennt, dass der Geist unbegrenzte Möglichkeit bedeutet und an sich unvergänglich ist, wird seine Vielfalt von Erscheinungen zur Freude. Dann erfahren sich Äußeres wie Inneres als sein Reichtum, und alles ist an sich frisch und neu. Sein Bewusstsein verbindet und umfasst alles, und man handelt aus dieser Weisheit heraus im Hier und Jetzt. Verwirrung und bedingte Einsichten erscheinen, spielen frei herum und lösen sich im unendlichen Raum wieder auf. Deshalb beschreibt Karmapa den Geist als **nicht vorhanden** und zugleich **nicht nicht vorhanden**.

Was verbindet diese beiden Aussagen über den Geist ohne Widerspruch? Die Erkenntnis, dass beide, Raum und Klarheit, voneinander untrennbare Seiten derselben Unbegrenztheit sind. Im **Mittleren Weg der Einheit** – dem nicht klebenden Nirwana jenseits von Verwirrung und Anhaftung an bloße Ruhe – ergänzen sich die vorhergehenden Zeilen. Sie zeigen das uferlose Wesen des Geistes. Obwohl nur als grenzenloser, bewusster Raum beschreibbar, umfasst und erfährt dieser Raum alles. Die

Erkenntnis, dass dies so ist, heißt Erleuchtung. Die Unfähigkeit, es zu erkennen, ist die allen unerleuchteten Wesen eigene Verwirrung, die zum Erleben der vergänglichen Zustände und Leiden einer bedingten Welt führt. Wer statt der wechselnden Bilder den Spiegel erkennt und das zeitlose Meer unterhalb seiner Wellen nicht verliert, wer den Erleber durch alle Erfahrungen hindurch wahrnehmen kann, wird unaufhörlich und ohne Zweifel zum Besten aller Wesen arbeiten. Zugleich sieht man Leid und Glück mit demselben freudvollen Staunen, einfach weil solche Erscheinungen möglich sind. Die Erkenntnis, dass der Geist ohne Einengungen ist, macht frei. Man genießt dann Erwartetes ebenso wie Unerwartetes und verliert keine Kraft. Die Meditationen des Diamantweges zielen genau auf diesen Zustand.

འདི་ཡིན་ཞེས་པ་གང་གིས་མཚོན་པ་མེད།

Man kann ihn nicht aufzeigen, indem man sagt:
»Das ist er«;

འདི་མིན་ཞེས་བྱ་གང་གིས་བཀག་པ་མེད།

man kann ihn nicht verneinen, indem man sagt:
»Das ist er nicht.«

བློ་ལས་འདས་པའི་ཆོས་ཉིད་འདུས་མ་བྱས།

Die Wirklichkeit, jenseits des Verstandes,
ist nicht zusammengesetzt.

ཡང་དག་དོན་གྱི་མཐར་ནི་ངེས་པར་ཤོག།

Mögen wir Gewissheit in der letztendlichen
Bedeutung erlangen!

Vers 12

Karmapa führt hier die umfassende Mahamudra-Erfahrung vom Wesen des Geistes weiter, das Herzstück der Karma-Kagyü-Linie. Er erläutert nochmals die Hauptlehren des Großen Siegels, die oft entweder mit zu vielen Worten überdeutet und kopflastig beschrieben werden oder unklar bleiben. Durch das Auflösen der Vorstellungen, die dem unmittelbar Erlebten der Einheit im Wege stehen, will er die seinen Schülern innewohnenden Eigenschaften zur vollen Erleuchtung reifen lassen.

Man kann ihn nicht aufzeigen, indem man sagt: »Das ist er.« Auch dieser Vers ist 700 Jahre alt und klingt doch völlig modern. Karmapa betont erneut dieselben befreienden Hauptpunkte. Der Geist kann nicht als ein Etwas beschrieben werden, weil er dingliche Merkmale einfach nicht besitzt. Aufgrund der ständigen Erfahrungen kann man ihn aber auch nicht verneinen, es geschieht ja immer etwas, außen wie innen, was Unerleuchtete tatsächlich für wirklich halten. Der Geist als Erleber ist der zeitlose Raum. Was äußerlich wie innerlich entsteht, sich ändert, wahrgenommen wird und wieder verschwindet, ist dessen Klarheit. Dass es beides gleichzeitig geben kann, in ständigem Austausch begriffen und ohne sich gegenseitig zu behindern, zeigt seine Unbegrenztheit. Der Geist kann sich ohnehin nur jenseits aller Begriffe wirklich erkennen. Dies geschieht am schnellsten durch die ganzheitlichen Gefühle von Dankbarkeit, Vertrauen und Offenheit, früher Hingabe genannt. Ein so hautnahes Streben nach Erfüllung lässt Erwartung und Befürchtung immer weniger Raum. So werden Vorstellungen von Sein und Nichtsein wurzellos, und der Geist muss sich erfahren.

Ein überzeugenderes Beispiel für die Kraft dieses alles einschließenden und umgestaltenden Weges als der große Verwirklicher Milarepa ist wohl schwer zu finden. Obwohl er seine Laufbahn vor 950 Jahren in Tibet mit dem Töten von 35 Feinden im Auftrag seiner Mutter begann, verschwand er nach dreißig Jahren, in denen er Mittel und Sichtweise des Großen Siegels anwendete, in einem Regenbogen. Dazwischen brachte er zahllose Wesen auf den Weg zu ihrer vollen Erleuchtung, handelte furchtlos, ungekünstelt und immer im Hier und Jetzt.

Warum verwendet Karmapa bereits mehrere Verse, um dasselbe zu erklären? Es gibt keine andere Vollkommenheit, als den eigenen Geist zu erfahren. Ein begriffliches Verstehen reicht hier nicht aus. Nur durch die Wiederholung derselben einfachen Grundsätze gehen solche Lehren ausreichend in die Tiefe und bringen die unerschütterliche innere Reife, auf die Verlass ist. Jede oberflächliche Einsicht oder das Wiedergeben von nur angelerntem, nicht erfahrenem Wissen ist viel zu wenig und beschränkt.

Es ist nicht schwierig zu erkennen, dass man sich erst auf dem Weg zu einem dauerhaften Zustand befindet. Obwohl es selbstverständlich das Ergebnis von sehr gutem Karma ist, überhaupt herausgefunden zu haben, dass alles Glück im Geist zu finden ist, gibt es auf dem

Weg noch einiges zu bedenken. Die Hauptstörquelle der Unerleuchteten ist die falsche Wahrnehmung, man wäre ein von der Ganzheit getrenntes Selbst oder hätte ein eigenes, bestehendes Ich. Daraus entsteht der Wunsch, diese Vorstellung mit bleibenden, angenehmen Eigenschaften auszustatten, was gar nicht möglich ist, weil alles dem Bereich des Bedingten angehört.
In diesem Wettlauf möchten einige mutig sein. Sie machen deshalb einen Fallschirmsprung, lernen eine »wilde« Frau oder einen spannenden Mann kennen oder kaufen sich ein schnelles Motorrad. Andere sehen die große Bedeutung von Großzügigkeit ein und spenden ihrem buddhistischen Zentrum etwas. Wer Weisheit erwerben will, versucht es mit ein paar Büchern über Weltanschauungen. Doch bei jedem Versuch, diesem nicht wirklichen Ich genießbare Fähigkeiten hinzuzufügen, lohnt sich der Aufwand nur kurzfristig. Wenn man Teilentwicklungen anstrebt, die das Ich zusätzlich steuern möchte, bleibt tatsächlich das Gesamtbild immer recht unausgeglichen. Es gibt vor allem viel unentschlossenes Hin und Her. Man denkt häufig: »Wenn ich jetzt diese Eigenschaft als die meine anerkenne, müsste ich jene, die auch wertvoll ist und die ich mir schon einverleibt habe, aufgeben.« So entsteht ein ständiger ungewollter Pferdehandel, bei dem man blinde Pferde gegen zahnlose eintauscht, ohne einen dauerhaften Vorteil zu gewinnen. Der erworbene äußere Mut bringt vielleicht im inneren Bereich wenig. Weil man die neuere Kagyü-Geschichte nicht mitverfolgte, kommt die Großzügigkeit jetzt den Rotchinesen zugute. Und vielleicht stellt sich eines Tages heraus, dass

man dummerweise die verkehrten Bücher gelesen hat. Wer versucht, aus einem nicht vorhandenen Selbst oder Ich zusätzlich ein »vergeistigtes Selbst« oder ein »hohes Ich« zu machen, wird seine Mitte nicht finden. Auch bei ständiger Anstrengung ist es unmöglich, durch den eigenen Willen alles rund zu machen, schließlich ändern sich die äußeren Bedingungen die ganze Zeit.

Die Wirklichkeit, jenseits des Verstandes, ist nicht zusammengesetzt. Ein tiefes Vertrauen in das Hier und Jetzt bringt dagegen alles zur vollen Blüte. Man kann dieser tollen Erfahrung das Dach aufsetzen, sobald die nötigen Grundmauern und Wände von Verhalten und innerer Einstellung stehen. Hier wird erkannt, dass höchste Wahrheit gleichbedeutend mit zeitloser Freude, Kraft, Zuversicht und Liebe ist, dass alle vollkommenen Eigenschaften von selbst aus dem leuchtenden Raum entstehen. Jenseits aller Zweifel wird klar, dass alle Wesen – man selbst wie auch andere – Buddhas sind, die es nur noch nicht erkannt haben, dass wir umgeben sind vom Bereich höchster Freude, wo jedes Teilchen vor Erfüllung schwingt und von Liebe zusammengehalten wird. Auf den Ebenen des Großen Siegels muss niemand woandershin gehen, um Buddhas zu begegnen, oder sterben, um in ein »Reines Land« zu kommen: Die Reinigung der Wahrnehmung genügt! Sogar die schönste Erwartung oder der netteste Tagtraum verblasst völlig neben dem Reichtum des tatsächlich Geschehenden. Die Erfahrung des Geistes von seiner Raum-Klarheit-Unbegrenztheit ist Erleuchtung. Ab da erscheinen alle ihm innewohnenden vollkommenen Eigenschaften ohne Ende.

Gampopa 1079–1153

Und was ist die **letztendliche Bedeutung**, die Erleuchtung genannt wird? Da Karmapa diesem Zustand fünfundzwanzig Verse widmet, hier nochmals ein paar Aussagen dazu:
Eigentlich ist das Große Siegel nichts als die stete, bewusste, ungehemmte Entfaltung des gereinigten Geistes. Die Grundlage dazu bildet die zeitlose Buddhanatur aller Wesen. Die Wege dorthin führen von der Arbeit mit Ursache und Wirkung über die Entwicklung von Mitgefühl und Weisheit zur Verschmelzung mit der Erleuchtung, wenn möglich früh durch den Turbolader der höchsten Sicht verstärkt. Das Ziel besteht in dem selbst befreienden, mühelosen Ausdruck aller Möglichkeiten des Raumes, und dessen Verwirklichung zeigt sich in den drei Ebenen, den vier Tatbereichen und den Fünf Weisheiten.
Wie drückt sich dieser Geisteszustand im Leben aus? Wenn ein Mensch erkannt hat, dass sein Wesen Raum ist, vermittelt sein Verhalten unentwegt Einsicht und Sicherheit. Freudenzustände und Dankbarkeit, die ohne äußere Ursachen entstehen, zeigen seine Erfahrung von der spielerischen Klarheit des Geistes. Sein Verweilen in dessen Unbegrenztheit drückt sich schließlich durch tatkräftiges, humorvolles und auf die Zukunft zielendes Mitgefühl aus.
Wer Erleuchtung erreicht hat, handelt ohne die Wahrnehmung von einer Trennung zwischen Handelndem, Gegenstand und Tat. So führt man je nach den Bedürfnissen und Fähigkeiten der Wesen die befriedenden, bereichernden, begeisternden und kraftvoll schützenden Taten aus, die ihnen weiterhelfen.

Auch die erleuchteten Weisheiten erscheinen von selbst im Hier und Jetzt, ohne jede Anstrengung. Sie sind nichts als die wahre Sicht der Störgefühle und ihre für das tägliche Wohlbefinden so sinnvolle Umformung verdient es, mehrmals erwähnt zu werden. Zorn wird als ein spiegelähnlicher Zustand erkannt, Stolz wird zur ausgleichenden Weisheit, Anhaftung zur Fähigkeit zu unterscheiden, Eifersucht verwandelt sich in die Kraft, Erfahrungen aneinander zu reihen, und sogar Verwirrung wird zur alles durchdringenden Einsicht. Dass Karmapa seinen Lesern diese letztendliche Bedeutung als wahres Ziel empfiehlt, ist nicht schwer zu verstehen!

འདི་ཉིད་མ་རྟོགས་འཁོར་བའི་རྒྱ་མཚོར་འཁོར།

Erkennt man das Wesen des Geistes nicht,
treibt man im Meer der Verwirrung umher;

འདི་ཉིད་རྟོགས་ན་སངས་རྒྱས་གཞན་ན་མེད།

erkennt man es, ist Buddhaschaft nicht woanders;

ཐམས་ཅད་འདི་ཡིན་འདི་མིན་གང་ཡང་མེད།

dann gibt es kein »Er ist das, er ist das nicht« mehr.

ཆོས་ཉིད་ཀུན་གཞིའི་མཚང་ནི་རིག་པར་ཤོག

Mögen wir die Natur der Wirklichkeit, die Grundlage von allem, erkennen.

Vers 13

Erkennt man das Wesen des Geistes nicht, treibt man im Meer der Verwirrung umher. Die Erfahrung bedingter Welten sowie jedes andere Leid der Wesen haben nur die eine Ursache, dass der unerleuchtete Geist sich nicht selbst erfährt. Wer den Spiegel hinter seinen Bildern nicht wahrnimmt, wer das Meer unterhalb seiner Wellen verkennt, wird Bedingtes und Vergängliches für wirklich halten. Dadurch wird der Geist hin- und hergezogen von schönen und unschönen Erlebnissen und vergeudet seine Kraft in Hoffnung und Furcht. Es wird sich nicht vermeiden lassen, dass er in Vergangenheit und Zukunft festhängt. Unfähig zu verstehen, dass Erleber, Erlebtes und Erleben sich gegenseitig beeinflussen und verschiedene Seiten derselben Ganzheit sind, erfährt sich der Raum des Geistes als ein Ich und nimmt seine Klarheit – sein freies Spiel – als ein Du oder etwas von ihm Getrenntes wahr. Aus dieser erlebten, aber nicht vorhandenen Zweiheit entstehen die grundlegenden Störgefühle von Verwirrung, Anhaftung und Widerwillen, die weitere schwierige Zustände wie Geiz, Eifersucht und den ausschließenden, nicht den diamantenen, einbeziehenden Stolz nach sich ziehen. Wie früher erwähnt, spricht Buddha von 84 000 möglichen Verbindungen dieser Grundübel, deren Gegenmittel seine ebenso zahlreichen Belehrungen sind.

Genau betrachtet ist die Erfahrung von Störgefühlen eine Selbstreinigung des Geistes, so, wie alle anderen Leiden auch. Man wird Belastungen los. Schafft man es, solche Zustände vorbeiziehen zu lassen, ohne sich dadurch in neues Unheil zu verwickeln, bedeuten sie eine Loslösung von schwierigen, unterbewussten Eindrücken. Somit stellt ihr bloßes Erscheinen eine Reinigung des Geistes dar. Aus ihrer Beobachtung wächst die Kraft, anderen in ähnlichen Lagen zu helfen.

Das Tückische an Störgefühlen ist, dass man sie trotz ihrer Unbeständigkeit für wirklich hält und ihnen entsprechend handelt. Bis zur Befreiung ist das so. Werden sie nicht gereinigt, reifen die ihretwegen durch Körper, Rede und Geist gesäten unguten Samen später als äußere und innere Schwierigkeiten heran. Wenn sie dann auftreten – und sie treten immer auf, sofern nicht vorher durch Meditation entfernt –, will sie niemand verursacht haben. Also handelt man wieder uneinsichtig, schädigt andere durch seine Worte und Taten und kann sich aus eigener Kraft kaum aus diesem Kreislauf befreien.

Solange man das Wesen des Geistes nicht erkennt, bleibt jede Erfahrung durch die innere Einstellung gefärbt und in Ort und Zeit begrenzt. Weil nur die Abfolge der eigenen Erlebnisse wahrgenommen wird und nicht der zeitlose Raum des Bewusstseins, reißt somit auch die Kette bedingter Wiedergeburten nicht ab. Sogar die glücklichsten unerleuchteten Wesen ruhen nicht in sich, sind nicht aus sich heraus wunschlos zufrieden. Auch sie greifen nach Glück und versuchen, jedes Leid zu vermeiden. Sie bemühen sich vergeblich, Angenehmes festzuhalten und um alles Schwierige herumzukommen, was grundsätzlich nicht möglich ist.

Erkennt man es, ist Buddhaschaft nicht woanders. Den Geist so zu verstehen, wie er ist und immer war, befreit einen augenblicklich. Es ist das Ende jeder einengenden Zweiheit. Die Störgefühle entknoten sich dann von selbst. Klotzige Taten und Worte verlieren ihre Wurzel und eigene leidvolle Erfahrungen sowie komisches Verhalten werden nur noch bestaunt. Dafür erscheinen alle zeitlosen und vollkommenen Eigenschaften aus der Weite des Geistes. Die Erfahrung, dass der erlebende Raum unzerstörbar ist, dass er sich unendlich reich ausdrückt und in seiner Vielfalt durch nichts behindert werden kann, lässt alle Erwartung und Befürchtung wegfallen. Wenn die leuchtende Kraft des Geistes sich immer stärker hinter seinen wechselnden Eindrücken erkennt, zeigen sich furchtlose Allwissenheit, selbst entstandene Freude und tatkräftige Liebe. Der Buddhazustand ist nichts anderes als das. Alles Bedingte ist in ständigem Fluss begriffen. Sein wie Nichtsein, Erscheinung wie Nichterscheinung sind Ausdruck derselben Ganzheit. Deswegen ist weder die äußere noch die innere Welt durch die Entweder-oder-Sicht erfassbar. Obwohl man auf der bedingten Ebene so handeln muss, als wäre die gerade erfahrene Erscheinungswelt wahr, ist aus letztendlicher Sicht alles Äußere wie Innere zusammengesetzt und vergänglich.
Buddha selbst nannte die Erscheinungswelt eine Wahnvorstellung, einen Regenbogen, eine Luftblase im Wasser, ein Trugbild usw. Eine moderne Sicht wäre die von einem äußeren Rahmen, der sich aus den unzähligen

gemeinsamen Neigungen der Wesen laufend verdichtet, gesehen durch die gefärbten Brillen der eigenen wechselnden Einstellungen. Beide sind karmisch bedingt, beruhen auf Ursachen und Wirkungen, und man kann sich daraus befreien. Die Auflösung der eigenen gefühlsbedingten Verfärbungen der Welt heißt Befreiung, das zusätzliche Wegfallen aller steifen Vorstellungen ist dann die Erleuchtung. Hier arbeitet und genießt der Geist ohne jedes Hindernis.

Die aus der letztendlichen Sicht des Großen Siegels als freies Spiel des Möglichen erscheinenden und aus bedingtem Verständnis heraus den Neigungen der Wesen entsprechenden Welten sowie die eigenen Wahrnehmungen davon sind also beide Geist. Sie bestehen aus dem, was Vererbung, die Sinne und wechselnde Launen der Wesen aus dem Raum entstehen lassen und was sie dadurch erleben. Weil all das keine Beständigkeit besitzt, eröffnet einem die Einsicht, dass der Geist an sich klares Licht ist, sofort den zeitlosen Zustand einer ungefärbten Erfahrung. Diese Einsicht entlarvt Einengungen durch Morgen und Gestern, durch Festhalten und Wegschieben als bedingt und nicht notwendig. Das Wegfallen aller begrenzten Sichtweisen ist die Vervollkommnung an sich. Wer sich weder beweisen noch entschuldigen muss, sondern in allem den Reichtum des Geistes ausdrückt, hat sich schon verwirklicht. Kein Wunder, dass Karmapa den Wesen das wünscht!

Wenn Buddhas Schüler sich echten Fragen zum Wesen der Dinge stellten und zugleich eine menschliche Reife aufwiesen, die der Ebene der Lehren entsprach, gab er freudvoll seine höchsten Einsichten weiter. Wollten die Fragenden aber nur ihre Gelehrtheit zeigen, Buddha aufs Glatteis locken oder sich altklug zu etwas äußern, wurden seine Belehrungen plötzlich viel hautnaher. Er fragte dann in einer bekannten Unterhaltung: »Was würdest du tun, wenn du von einem vergifteten Pfeil getroffen wärst? Dem Schützen viele Fragen stellen, wer er ist, wo seine Sippe wohnt usw., oder den Pfeil herausreißen?« Nach der zu erwartenden Antwort fuhr Buddha fort: »Vergiss nicht, dass du schon getroffen bist. Du wurdest geboren und wirst deshalb sterben. Was willst du jetzt mit deiner Zeit anfangen? Viele Fragen zu Dingen stellen, die dir nicht helfen können, oder den Pfeil entfernen? Bring jetzt deinen Geist auf eine Ebene, die durch Krankheit, Alter und Tod nicht mehr zu erschüttern ist!«

སྣང་ཡང་སེམས་ལ་སྟོང་ཡང་སེམས་ཡིན་ཏེ།

Erscheinung ist der Geist, und so ist Leerheit;

རྟོགས་ཀྱང་སེམས་ལ་འཁྲུལ་ཡང་རང་གི་སེམས།

Erkenntnis ist der Geist, und Verblendung ebenfalls;

སྐྱེས་ཀྱང་སེམས་ལ་འགགས་ཀྱང་སེམས་ཡིན་པས།

Entstehen ist der Geist, und Auflösen auch.

སྒྲོ་འདོགས་ཐམས་ཅད་སེམས་ལ་ཆོད་པར་ཤོག།

Mögen wir jedes Zuschreiben und Verneinen
in Bezug auf den Geist durchschneiden!

Vers 14

Erneut zeigt Karmapa auf die grenzenlose, widerspruchslose Weite des Erlebers: Alles ist **Geist**, ob es durch Vorstellungen und Begriffe erfasst wird oder nicht. Aus immer neuen Blickwinkeln erläutert er, dass der, der in sich selbst ruht, schon alles hat. Wer nicht am Morgen oder Gestern festhängt, wer Erleber, Erlebtes und Erleben eine Einheit sein lassen kann, wer nicht hofft oder fürchtet, dem steht jede Einsicht und selbst entstandene Tatkraft zur Seite. Gegen die wachsende Gewissheit, dass alles an sich wahr ist und sich mühelos ergänzt, kann sich auf Dauer kein Ich-Wahn wehren. Also zerfällt der von ihm beherrschte Bereich, und die erleuchteten Eigenschaften des Geistes treten natürlich hervor. Wie schon in früheren Versen stellt Karmapa hier wieder das Wahrgenommene vor den Raum, den freudigen Ausdruck vor die Wahrheitsebene, aus der er entsteht.
Erscheinung bezeichnet die Klarheit des Geistes, seinen Reichtum und seine Vielfalt. Wie wirklich die Dinge auch erlebt werden, nichts bleibt dauerhaft erhalten. Alles ist bedingt und zusammengesetzt, ob von innen oder von außen betrachtet. So, wie jede Wahrnehmung in den Raum zurückkehrt und nicht bleiben kann, fehlt auch allem Dinglichen ein an sich bestehender Baustein, der es wirklich machen würde. In Kernschleudern aufeinander geschossen, verschwinden sogar die kleinsten

Teilchen und die ganze Welt entpuppt sich als der schon beschriebene gemeinsame Traum.

Leerheit weist auf die Raumnatur des Geistes hin, auf seine zeitlose Grundlage. Sie zeigt auf den Erleber selbst und das Noch-nicht-Geschehene. Ihrer Weite wohnen alle Möglichkeiten inne. Kein Karma, keine gespeicherten Eindrücke können sie einengen; sie ist, war und wird immer völlig frei sein.

Erkenntnis ist Geist. Das Wort bezeichnet hier den Zustand, in dem der Geist sein eigenes Wesen erfährt. Wo das Auge in den Spiegel schaut und sich selbst sieht ... Wo das Meer sich unterhalb seiner Wellen bewusst wird und der Erleber sich als zeitloses Klares Licht erkennt. In diesem Augenblick werden die endlosen, ungehinderten Eigenschaften des Geistes hervorstrahlen. Ungestört von äußeren Einflüssen und inneren Vorstellungen, werden sie ständig vermitteln, dass Erleuchtung nichts anderes ist als die Erkenntnis von der Leerheit, Klarheit und Unbegrenztheit des Bewusstseins.

Verblendung bezeichnet dagegen den Zustand des Geistes, bevor er seine letztendlichen Eigenschaften erkennt. Hier wird nicht der zeitlose Spiegel gesehen, sondern nur seine Bilder. Wer ohne die letztendliche Sicherheit des Raumes lebt, wird vergängliche Erlebnisse sowie eigene Vorstellungen für wirklich halten und je nach Gemütslage mit ihnen schwanken. Man ist dann wie ein Auge, das nur die Eindrücke wahrnimmt, jedoch sich selbst nicht. Da sich aber alles ständig ändert, je nachdem, welche gemeinsamen und eigenen Eindrücke – Karma – heranreifen, führt das mal zu bedingten Freuden und mal zu vergänglichem Leid. Man erntet zwar nur, was man an Gedanken, Worten und Taten selbst gesät hat, aber da die Früchte zeitlich versetzt heranreifen und von einem Leben zum nächsten weiterwirken, verstehen die Wesen häufig nicht, warum ihnen bestimmte Dinge widerfahren. Sie bleiben verwirrt.

Entstehen benennt die freie Entfaltung des Geistes, sein Spiel, den Ausdruck seiner Fähigkeiten. Diese Kraft wird erfahrungsbereichernd für die *Entstehungsphase* (tibet.: Kyerim) der Diamantweg-Meditationen verwendet. Sie lässt die Licht-Energie-Buddhas und ihre Kraftfelder erscheinen, Ebenen reinen Gewahrseins. Aus diesen heraus gelingt der weitere endgültige Schritt in den *Wahrheitszustand* viel leichter als aus dem gefühlsbeladenen Alltagsbewusstsein der Wesen.

Auflösen bedeutet das selbst befreiende Zurückkehren der Erscheinungen und Wahrnehmungen in den Raum. Kann man sich währenddessen des Erlebers bewusst bleiben, ohne auf äußere oder innere Mittel angewiesen zu sein, ist das die alles durchdringende Einsicht. In einer Diamantweg-Meditation wird das ganzheitlich durch eine gelungene *Vollendungsphase* erreicht, wobei Buddhagestalten oder der Lama mit den Übenden verschmelzen und uferloser, zeitlos strahlender Raum entsteht. Dies ist dann die Stufe der Vervollkommnung (tibet.: Dzogrim).

Vor 2550 Jahren erklärte Buddha die ganze Sachlage mit dem bekannten Satz: »Form ist Leerheit, Leerheit ist Form, Form und Leerheit sind untrennbar.« Das Große Siegel, erst 1500 Jahre auf Sanskrit »Mahamudra« und seit 1000 Jahren auf Tibetisch »Chagchen« genannt, bezeichnet gerade diese Erfahrung. Sie besiegelt, dass beide, Erleber wie Erlebtes, Raum wie Erscheinung, gegenseitig bedingt, aber zugleich ohne Eigennatur oder dauerhafte Merkmale sind. Dasselbe gilt für die Unbegrenztheit, die beide ermöglicht. Alle drei sind sich ergänzende Seiten des Wesenszustandes, der furchtlose Wahrheit, selbst entstandene Freude und vorausschauende, kraftvolle Tat untrennbar verbindet. Sie sind Wasserdampf, Wolken und Regen vergleichbar, die alle Wasser sind.

Im Erfahrungsbereich der Verwirklicher, jenseits allen **Zuschreibens und Verneinens,** entfaltet der Geist seine Eigenschaften unentwegt und mühelos. Es gibt nichts Edleres. Karmapa unterstreicht deswegen immer wieder, dass dem Geist alles entspringt. Seinem Wesen nach ist er selbst entstandene Erleuchtung, sie wohnt ihm anfangslos inne. Was auch erscheint, außen wie innen, entsteht aus seinem Raum, entfaltet sich darin, wird durch seine Klarheit erkannt und löst sich in seiner Unbegrenztheit auch wieder auf. Karmapa rät uns, diesen Vorgang gelassen und ohne Zögern zum Besten aller zu beeinflussen, mit vollem Vertrauen in die Unzerstörbarkeit und letztendliche Vollkommenheit von dem, was handelt und erfährt.

Diese Gewissheit vom Wesen des Raumes, dem grundsätzlich nichts genommen werden kann, ist die Grundlage für wahrhaft Großes. Dass sogar hinter wildesten Wellen und spannendsten Bildern Meer und Spiegel in ihrer Kraft noch viel sinnreicher und strahlender sind, ist die Einsicht der drei Diamantweg- bzw. »Rotmützen-

1. Karmapa, Düsum Chenpa, 1110–1193

Schulen« des tibetischen Buddhismus. Ihr Weg verbindet die Sichtweise vom Raum als Freude mit ganzheitlichen Rückkopplungserfahrungen. Durch sehr wirksame Meditationen drücken sie unzählige Knöpfe im Speicherbewusstsein des Übenden und bringen über wenige Jahre Veränderungen hervor, für die er beim bloßen Studieren viele Leben hätte verwenden müssen. Weil der Diamantweg die Ganzheit der Wesen belebt und Gefühle, Triebe und Träume in den Erleuchtungsvorgang mit einspannt, entsteht die gesuchte letztendliche Reife sehr schnell. Durch ihn erlebt man das Zeitlose, das alles hervorbringt, weiß und kann, und sieht, was hinter und zwischen den Gedanken ist. Hierdurch wird einem mit schier unbeschreibbarer Wonne klar, dass der Geist bewusst sein kann, **ohne sich einer Sache** bewusst zu sein, und dass seine vollkommenen Eigenschaften keineswegs vom Erleber entfernt werden können. Wer die Mittel zu solchen Erfahrungen einsetzen kann, sollte sich glücklich schätzen: Er wird nur glücklicher werden.

Wie kann man das **Zuschreiben und Verneinen** vermeiden, das einem die Frische dieser Erfahrung stiehlt? Buddha rät einen Angriff auf Trägheit und Gewohnheiten, der äußere, innere und geheime Fronten umfasst. Es bedeutet nach außen hin, das zu vermeiden, was Leid bringt, zusätzlich ein reiches Innenleben voller Mitgefühl und Weisheit zu entwickeln und sich auf der geheimen Ebene der Sichtweise in allem wie ein Erleuchteter zu verhalten.

Eine sinnvolle Anwendung der höchsten Lebenskunst wäre es, gleichzeitig auf allen drei Ebenen zu arbeiten.

Am wichtigsten ist dabei die geheime Ebene der Sicht, der Augenblick der ursprünglichen Frische. Das erste »Aha« einer spannenden Einsicht soll so selten wie nötig durch Beurteilungen, Vorstellungen oder Begriffe überdeckt werden, stattdessen belässt man das strahlend Neue bei jeder Erfahrung ungestört. Während der Zustand des unmittelbaren Erlebens ohne Einengung bleibt, ist man sich gleichzeitig der karmischen Bedingtheit seiner Erfahrungen und Sinne bewusst und nutzt sein Wissen und seine Freiheit, um das Wahrgenommene auf die letztendliche Einsicht vom Wesen der Dinge abzustimmen und diese zu vertiefen.

Das augenblicklich Zeitlose darf also nicht verwelken, während man zugleich die bedingte Welt genießt und zum Besten anderer beeinflusst. Man erfreut sich zutiefst der erstaunlichen Vielfalt selbst entstandener Erfahrungen, die von dieser Ebene aus gesehen nur Sinn und Entfaltung ist, fährt aber gleichzeitig den Werkzeugkasten der weltlichen Weisheiten neben sich her, um aus befreiter Sicht heraus die Erscheinungswelt möglichst dauerhaft zu verbessern. Solange die Wesen ihre vergänglichen Zustände als wirklich missverstehen und durch sie bedingt Glück und Leid erfahren, ist das wichtig. Wie früher schon festgestellt, ist es nicht nur im Alltag sinnvoll, Nützliches zu tun und Störendes zu vermeiden. Obwohl der Geist letztendlich zeitlos und alles Bedingte vergänglich ist, kann man aus einem guten Traum in Befreiung und Erleuchtung aufwachen. Aus einem schlechten Traum gerät man nur in immer mehr Leid hinein!

Nichts ist wahrer als der ungekünstelte Strom nackter Erfahrung, den ein unerschrockener Geist erfährt. Er enthält den ganzen Reichtum von Liebe und Abenteuer. In ihm verschwinden Trennung, Vergangenheit und Zukunft im Erlebnis von der Kraft des Möglichen.

Wenn man seiner selbst sicher wird, die Dinge weitgehend ungefärbt von Störgefühlen wahrzunehmen, bekommen Ausdrücke wie »Erster Gedanke – bester Gedanke!« oder eher »Erste Einsicht – wahrste Einsicht!« Sinn. Gedanken sind ja bereits die Teilverarbeitung eines Erlebnisses und geschehen aus einigem Abstand.

Buddhas Lehre ist bekanntlich ohne Glaubenssätze und jeden anderen Zwang. Deswegen gehören begabtes Zweifeln und kritisches Beobachten für viele zum Erleuchtungsweg. Man versteht dadurch selbst immer mehr und schärft den durch die Lehre geschulten Blick für das, was anliegt. Das ermöglicht einem, später anderen zu helfen. Weil nichts unklar bleibt, wird die Entwicklung der Schüler weder durch undurchsichtige noch durch nicht erfahrbare Behauptungen gestört.

Bei Menschen, die eigenverantwortlich und ohne einen richtenden Gott im Nacken leben wollen, beruhen Schwierigkeiten mit Buddhas Lehre meistens auf mangelnden Kenntnissen. Man hat entweder noch nicht genug oder nicht das für einen Sinnvolle gelernt. Die Vielfalt der Mittel bietet jedoch jedem etwas. Wer in die Lehren tiefer eindringt, wird feststellen, dass Buddha auf mehreren Ebenen zeigt, wie die Dinge sind. Seine Schüler sollen nicht glauben, sondern wissen und selbstständig werden. Wenn man versteht, was letztendlich und

was bedingt ist, wird man sowieso zum Besten aller arbeiten.
Deshalb liegt man mit allem Gestelzten und Gezwungenen daneben. Es engt die Welt ein und bindet einen an Vergangenheit und Zukunft. Jede spontan entstehende, mühelose Einsicht ist ein Blick in die Erleuchtung. Er trübt sich aber, sobald der erste gekünstelte Gedanke für wirklich gehalten wird. Das ist unnötig. Außerhalb des ganzheitlichen Zustandes gibt es ohnehin nichts wirklich Sinnvolles. Wer dem Ungeschehenen in der gegebenen Lage nicht vertraut, wird die unendlichen selbst befreienden Möglichkeiten des noch nicht Geschehenen kaum wahrnehmen können.
Im uferlosen Augenblick des Erlebers zu verweilen – und eine andere erleuchtende Lösung gab es nie –, ermöglicht die Erfahrung aus der eigenen Mitte heraus. So wird offenkundig, dass Raum gleich Wissen ist, dass er zeitlos alles umfasst und verbindet.

བློས་བྱས་རྩོལ་བའི་སྒོམ་བྱེས་མ་བསླད་ཅིང་།

Unverschmutzt von angestrengter Meditation,
die sich in geistigem Erschaffen müht,

ཐ་མལ་འདུ་འཛིའི་རླུང་གིས་མ་བསྐྱོད་པར།

und nicht umhergetrieben vom Wind allgemeiner Geschäftigkeit,

མ་བཅོས་གཉུག་མ་རང་བབ་འཇོག་ཤེས་པའི་

mögen wir verstehen, wie man den Geist in seiner Ungekünsteltheit belässt,

སེམས་དོན་ཉམས་ལེན་མཁས་ཤིང་སྐྱོང་བར་ཤོག།

und im Erleben des Geistes geschickt und ausdauernd sein!

Vers 15

Der Vers fängt dramatisch an. Unverschmutzt ist ein starkes Wort im Munde eines Erleuchteten, es weist auf höchste Gefahrenstufe hin, und das ist hier auch der Fall: Genau die unmittelbar danach erwähnten Punkte sind es, die der Vollkommenheit und dem Glück aller Wesen im Wege stehen.
Nach der freudvollen Einsicht der vorhergehenden Verse, dass alles Geist ist, geht es hier um die Absicherung dieser Erfahrung, um die Festigung des Erreichten. Nachdem Karmapa in den ersten beiden Zeilen zwei wesentliche Hindernisse für eine wirksame Vertiefung aufgezeigt hat, eben das Verkrampftsein und das Zerstreutsein, erklärt er danach, wie der Verwirklicher jede Erfahrung überschauen und zu einem Schritt auf dem Weg zur Erleuchtung machen kann.
Zunächst zielt er mit allen Geschossen auf die innere Ebene: **Unverschmutzt von angestrengter Meditation.** Was meint er damit? Sie ist gar keine! Meditation bedeutet nicht, etwas erschaffen zu wollen, sondern umsichtig im augenblicklichen Vertrauen zu verweilen, in der Erfahrung von dem, was ist. Man bleibt also in der Mitte der vorhandenen Kraftkreise, ist entspannt in der Vielfalt der Geschehnisse, verweilt fröhlich und bewusst im Augenblick des Erlebens. Hier muss nichts entschuldigt oder bewiesen werden, kein Festhalten oder Weg-

schieben hätte Sinn. Man ruht mit offenen Sinnen in der Gegenwart, ist mit dem eins, was ist. In wahrer Vertiefung wird die anfangslose Weite des Geistes erfahren. Jenseits aller Vorstellungen und ohne jeden Zweifel wird wahrgenommen, dass Bewusstsein gleich Raum ist. Man versteht, dass jede Erfahrung seine Klarheit ausdrückt, und dass das Vorhandensein beider seine Unbegrenztheit ausmacht. Statt ruhelos sein Heil in ständig neuen Ablenkungen zu suchen, was oft für Glück gehalten wird, strahlt der Geist von sich aus. Seine Leuchtkraft ist nichts anderes als seine ihm innewohnende Fähigkeit zur Wahrnehmung. Sie erscheint ungetrennt vom Erleben selbst.

In echter Meditation sind Gedanken kein Feind. Was ihr Inhalt auch sein mag, man sieht sie aus eigener Kraft entstehen und lässt sie ebenso entspannt vorbeiziehen und sich wieder auflösen wie den Anblick spielender Kinder. Hätte der Geist die Gedanken nicht, wäre er ärmer! Wenn sie weder Anhaftung noch kopflastige Vorstellungen auslösen, stören sie keineswegs. Im entgegengesetzten Fall, wenn nichts erfahren wird, glaubt man jedoch auch nicht, in ein schwarzes Loch gefallen zu sein.

Im Hier und Jetzt verweilend, wird das Bewusstsein wie ein Glas lehmiges Wasser, in dem sich die Teilchen abgesetzt haben. Seine Klarheit benötigt nichts von woanders und zeigt äußere wie innere Geschehnisse immer deutlicher.

Da die Erfahrung vom Geist im Diamantweg und vor allem für das Große Siegel unentbehrlich ist, hier noch etwas zur ersten Zeile: Was geschieht eigentlich bei einer Vertiefung? Es entsteht eine bewusste Offenheit. Über längere Zeiträume hinweg und immer überzeugender wird Raum als das wahrgenommen, was hinter und zwischen den Erlebnissen liegt und die wechselnden Geschehnisse versteht. Man erkennt ihn dabei als die zeitlose Grundlage aller Dinge und als an sich wahr. Befreiende Einsichten und Buddhas erscheinen ohne Anstrengung und als Ausdruck der ihm innewohnenden Erleuchtung, seiner unendlichen Weite, wo und wann immer sich der Geist erfährt.

Die Unterschiede zu den Mitteln und Sichtweisen anderer Religionen sind also grundlegend, auch wenn es viele nicht hören mögen. Einsgerichtete hinduistische Konzentration und das Streben nach Gedankenleere sowie christliche Kontemplationen und Gebete, die Gedanken und Speicherbewusstsein drillen sollen, sind in Weg und Ziel völlig verschieden.

Das Große Siegel arbeitet ohne Druck. Es baut auf bewusstes, nicht beurteilendes Zulassen der Eindrücke. Der Erleber erkennt sich durch müheloses Verweilen in dem, was ist. Es gibt zwar im Buddhismus das tiefe Nachdenken als wichtiges Lernwerkzeug, aber es wird grundlegend der Begriffsebene zugerechnet. Es dient der gedanklichen Verarbeitung und Aufnahme unterschiedlicher Sachverhalte und ist vor allem bei den riesigen Lehrgebäuden des Großen Weges nützlich. So wird die Auseinandersetzung mit dem Stoff von einer Ebene der inneren Sammlung aus ermöglicht.

Denken sowie jedes andere Festhalten an Vorstellungen

während der Meditation sind vor allem für den Diamantweg nicht geeignet. Es ist, wie wenn ein Finger auf den Mond zeigt. Obwohl die Richtung hoffentlich gewiesen wird, ist der Finger selbst nicht der Mond. Durch Begriffe sucht man den Geist dort, wo er nicht gefunden werden kann. Weil sich diese Gewohnheit so leicht in die Vertiefung einschleicht, vor allem bei unreifen und in ihrem Leben unerfüllten Übenden, bezeichnet Karmapa diesen Vorgang so dramatisch als Schmutz. Er rät zu erleuchtenden Meditationen, die jenseits von Worten und Tagträumen liegen. Sie führen zu Rückkopplungen, die Körper, Rede und Geist entwickeln. Sowohl die selbst erlösenden Einsichten des Großen Siegels als auch die verschiedenen Buddhaformen der Diamantweg-Meditationen erscheinen selbsttätig aus der dem Raum innewohnenden Weisheit. Entsprechen sie den durch Segen oder Einweihungen übertragenen Lichtformen und Einsichten, kann man ihnen auch voll vertrauen. Sie sind der Reichtum des Geistes und brauchen keine weitere Bestätigung. Im Kraftfeld eines Lamas, der die Einheit hinter jeder Zweiheit unerschütterlich verkörpert, und herangereift durch die vier richtunggebenden Gedanken, die Zuflucht und die Grundübungen, sollten Meditationen auf dieser Diamantweg-Ebene ohne Druck oder Zwang weitgehend von selbst ablaufen. Selbstverständlich holt man den Geist wieder herbei, wenn er sich irgendwohin verirrt, aber ohne viel Aufhebens. Der Weg zur Erleuchtung bleibt grundlegend wie das Kennenlernen einer schönen Frau: Läuft man ihr nach, ruft sie die Polizei. Parkt man jedoch seinen Porsche und legt sein dickes Scheckbuch obendrauf, kommt sie von selbst.

Gedanken, auch wenn sie noch so störend sind, sind das freie Spiel des Geistes und eigentlich freudiger Ausdruck seiner Kraft. Als Mittel zur Wahrheitsfindung verwendet, können sie aber nur auf mögliche *Erleuchtungszustände* aufmerksam machen oder begriffliche Hindernisse zu deren Verwirklichung entfernen. Die unmittelbare Erfahrung des Geistes liegt weit jenseits von ihrem Bereich. In dem Augenblick, in dem man seinen Vorstellungen Wirklichkeit verleiht, braucht die Meditation schon erste Hilfe. Obwohl Gedanken für die bedingten Belange des Lebens so nützlich sind, sind sie während der Vertiefung als solches nicht im Dienst. Hier verschmelzen stattdessen Erleber und Erlebnis. Es bleibt nur ein ganzheitliches Gewahrsein.

Schon in früheren Versen warnte Karmapa vor Gedanken und Begriffsbildungen in der Meditation, nun weitet er seine Warnung auf alles **Angestrengte,** Verkrampfte und Enge aus. Das mühelose Verweilen ist in dem Augenblick vorbei, in dem ein Teil des Geistes zum Polizisten wird, der dann das Verhalten seiner Vorgänge begutachtet. Das Große Siegel soll uferlos sein wie ein unendliches Verliebnis. Man soll sich fühlen wie im freien Fall, bevor der Fallschirm sich öffnet, oder wie wenn man eine schöne kurvige Straße ohne Radarfallen auf einem schnellen Motorrad hinunterjagt. Es geht hier um die Erfahrung vom Bewusstsein selbst, nicht um dessen Inhalte. Es gibt keine größere Freude. Sie sprengt jede Vorstellung, wird als wirklicher als alles andere erkannt und erfasst jede Zelle des Körpers. Der Wunsch, eigene Erfahrungen zum Besten aller einzusetzen, verbunden mit der Gewissheit, dass der erlebende Raum unzerstörbar ist, ermöglicht eine mutige, überpersönliche, alles befreiende Einstellung. In ihrem Licht werden unangenehme Zustände zu Reinigungen, die die Ursachen von sonst später erfahrenen schweren Leiden auflösen, während alles Angenehme zu einem Segen wird, den man mit anderen teilen kann. So lernt der Geist sich Schritt für Schritt besser kennen. Mit dem Großen Siegel wird man nicht nur älter, was jeder schafft, sondern bestimmt auch klüger.

Nicht umhergetrieben vom Wind ... Einem Verwirklicher wie Karmapa, immer und ungetrübt mit dem Erleber eins, fallen die inneren Störungen der Wesen zuerst auf. Sie verursachen ja die äußeren Hindernisse und werden lange als sehr wirklich erlebt. Er sieht aber auch sehr deutlich, was sie auf täglicher Ebene ernährt, eben das Hin-und-hergerissen-Sein eines allgemeinen Lebens. Solche Zustände mitsamt der daraus entstehenden Hoffnung und Furcht haben viel Kraft. Sie dauern an, bis man die Ebene erreicht hat, auf der alles Bedingte als traumähnlich und vergänglich erkannt wird. Nach dieser enormen Befreiung folgen die Erleuchtungsstufen, die sich vertiefende Sicht des Großen Siegels. So wird alles, auch jede Störung, immer mehr zur freien Entfaltung des Geistes. In seinem Spiegel wird sowohl die erreichte Ebene als auch ihre Bedeutung als Ausdruck höchster Weisheit erkannt. Hier wird jedes Vorkommnis als Lehrstück erfahren, als immer neue Mittel, die dem Geist seine Vielseitigkeit zeigen. Die gewohnheitsmäßigen und oft als sinnlos erlebten Tätigkeiten eines unbewussten Lebens wachsen so zum Motor für Entwicklung und Kraft heran.

»Schaffe, schaffe, Häusle baue, Steuer zahle, sterbe« – viele alltägliche Belange hören auch für den Meditierenden nicht auf. Auch er liebt, isst und kleidet sich, damit ihm der Körper Freuden statt Leiden bereitet. Das Große Siegel ermöglicht einem, alle im Leben entstehenden Eindrücke zu nutzen und auch im Alltag die Erfahrung des Geistes weiterzuführen. Sogar während der Vertiefung muss der Verwirklicher nichts gegen den Fluss der Dinge unternehmen. Wer schnell ein paar Worte niederschreibt, wenn etwas Wichtiges auftaucht, und dann umgehend mit dem Gefühl weitermeditiert, nichts unterbrochen zu haben, genießt die Fülle der Freiheit. Im Diamantweg geht es darum, das Reine Land nicht zu verlassen und Meditation und Nachmeditation so selten wie möglich zu trennen. Im Westen sagte man früher: »In der Welt, aber nicht von der Welt sein.« Man arbeitet also geschickt mit den Gegebenheiten, ohne sich von ihnen fangen zu lassen. Das Leben entfaltet sich wie in einem Hotel, das mit anderen geteilt wird. Alles wird frei genutzt, aber man weiß sehr gut, dass am Ende nichts mitgenommen werden kann.

... den Geist in seiner Ungekünsteltheit belassen ... Im Zustand der endlosen Freiheit wird alles furchtlos genossen. Zugleich kann aber auch über alles laut gelacht werden, wie ein früherer *Nyingma*-Lama es gerne ausdrückte, weil sowieso nichts anderes da sein könne als der unzerstörbare und an sich vollkommene Geist. Die wachsende Erfahrung, dass jede Erscheinung auch mit einem selbst verbunden ist, schafft Verantwortung und Mitgefühl im Alltag. Sie entwickelt die zahllosen, einem jeden innewohnenden Fähigkeiten im Hier und Jetzt.

Laut Buddhas Lehre sind edelste Zustände wie weise Furchtlosigkeit, selbst entstandene Freude und vorausschauende Liebe weder etwas Wesensfremdes noch Gebote, die einem von Göttern oder Gesellschaftsordnungen auferlegt werden. Sie zeigen einfach, dass der Geist sich erkennt. Deshalb ist es großartig, ihnen zu vertrauen und ihre Kraft in den Augenblicken zu leben, wenn wenig Störgefühle den Erleber verschleiern. Jenseits von Erwartung und Befürchtung und ohne Einengung durch Morgen und Gestern geht es um die Entfaltung seiner Eigenschaften zum Besten aller. Weil niemand morgen oder gestern erleuchtet wird, sondern immer gerade jetzt, zielt jede Lehre Buddhas auf den ungekünstelten Augenblick der Wahrheit.

Da der Erleuchtungsweg selbstständig gegangen werden muss, bleibt das eigene Gewissen der endgültige Richter. Ein Leben verläuft richtig, wenn man sich gerne morgens in die Augen schaut, weil man zu seinen Taten stehen kann. Deswegen unterscheidet sich das zwanglose Wachstum durch Buddhas Lehre, wo sich äußere, innere und geheime Versprechen nach eigenem Ermessen und den wechselnden Lagen entsprechend ergänzen sollen, so sehr von den starren Geboten der Glaubensreligionen.

... **im Erleben des Geistes geschickt und ausdauernd sein** ... bedeutet aus der Sicht des Großen Siegels, seine

Mitte nicht zu verlieren und sich nicht aufgrund ständig vergehender Gedanken zu beurteilen. Stattdessen verweilt man im immer frischen Reichtum, im zeitlosen Spiel des Geistes. Viele müssen jedoch noch lange tapfer die Dinge auf Abstand halten, sich ihrer Vergänglichkeit bewusst bleiben oder öfters Berichte über andere Erdteile, das Leben der Frauen im Islam und die Überbevölkerung lesen, um eine richtige Einschätzung der eigenen Wehwehchen zu gewinnen. Allmählich wird einem dadurch dann bewusster, wie dick die eigene Haut eigentlich ist. Am Ende erscheinen sogar große Schwierigkeiten als eine Herausforderung, als an sich spannend und neu. Hier geht der rote Faden des Bewusstseins inmitten der Geschehnisse nicht wieder verloren – und man ist in allem zu Hause. Bei Spannung, Gefahr und Liebe sowie im alltäglichen Leben bewusst zu bleiben, das ist wahre Ausdauer. Wer es schafft, den klaren Raum des Erlebers durch die Erlebnisse hinweg zu wahren, wird sowohl stärkste als auch ermüdendste Gewohnheiten und Zweifel zu Meilensteinen auf seinem Weg zur Erleuchtung machen, und alles bekommt tiefen Sinn. Nichts ist ermutigender für die Wesen, als die Überwindung solcher Hindernisse zu beobachten. Sie versuchen es dann auch im eigenen Leben.

ཕྲ་རགས་རྟོག་པའི་དབའ་རླབས་རང་སར་ཞི།

Die Wellen der feinen und groben Gedanken
kommen in sich selbst zur Ruhe,

གཡོ་མེད་སེམས་ཀྱི་ཆུ་བོ་དང་གིས་གནས།

und der Strom des unerschütterlichen Geistes
ruht in seinem Wesen.

ཞིང་རྒྱགས་རྟོག་པའི་དྲི་མ་དང་བྲལ་བའི།

Mögen wir im stillen Meer der Geistesruhe,

ཞི་གནས་རྒྱ་མཚོ་མི་གཡོ་བརྟན་པར་ཤོག

frei vom verunreinigenden Schlamm der Dumpfheit,
gefestigt sein.

Vers 16

Nach der höchsten Sicht des Großen Siegels über so viele Verse hinweg folgt jetzt ein stiller, für jeden verständlicher Inhalt. Der 3. Karmapa erläutert in allen vier Zeilen die festhaltende und beruhigende Vertiefungsweise, die auch in anderen Religionen bekannt ist. Auf Sanskrit heißt die in diesem Vers erwähnte Stufe der Beruhigung »Shamatha« und die dann hoffentlich daraus entstehende Einsicht »Vipashyana«, während die Tibeter diese beiden »Shine« und »Lhaktong« nennen.

Es liegt nahe, die Erläuterung dieses Verses in einem geschichtlichen Rahmen zu betrachten. Das könnte diesen Einschub über Geistesruhe mitten in der Beschreibung der höchsten Sicht erklären. Wie viele vortreffliche Bücher zum Großen Siegel belegen, wurde schon in Indien die Einsicht des Lehrers sofort auf den Schüler übertragen, wenn dieser den nötigen Zustand der Offenheit erreicht hatte. Es ist zwar eine von Gampopa, dem Lehrer des 1. Karmapa, niedergeschriebene, aber eigentlich schon seit Buddhas Zeit ständig wiederholte Erfahrung, dass jenseits des sonst gelobten stufenweisen Vorgehens einige Schüler einen sehr schnellen Weg gehen können. Durch Hingabe und Vorurteilslosigkeit übernehmen sie sehr geschickt und unmittelbar die Einsichten und Eigenschaften ihrer Lehrer. Der Höhepunkt einer solchen

Übertragung in der Karma-Kagyü-Linie ist seit dem 5. Karmapa das Zeigen seiner *Schwarzen Krone*. Wiederholt ist diese Lehre von anderen Schulen mit weniger Vertrauen in den Raum als gefährlich unter Beschuss gekommen. Die Karmapas scheinen dann die Belehrungen für einige Zeit zurückgezogen oder ergänzt zu haben. Das ist eine sehr asiatische Art und Weise, viel Gerede auf Gebieten zu vermeiden, die sowieso nur für wenige zugänglich sind. Man spricht ja auch nicht mit Blinden über Regenbogen.

In seiner Magisterarbeit beschreibt Ulrich Kragh, wie schon im 13. Jahrhundert Anzweiflungen des Sakya Pandita die frühen Kagyü-Schulen in eine solche Lage brachten.[14] Über die Jahrhunderte lagen die weltanschaulichen Auseinandersetzungen in Tibet aber viel mehr an den unterschiedlichen Menschentypen – den braven Studierenden und den wilden Verwirklichern – als daran, dass ein Weg richtig und ein anderer falsch gewesen wäre.

Während des 16. Jahrhunderts begegneten die Kagyüpas dem Druck, indem sie den Großen Weg wieder stärker betonten. Sie stellten die Fülle der besonderen Diamantweg-Mittel sowie den nur durch ihre Linie übertragenen Erfahrungsweg des Großen Siegels zurück. Im 17. Jahrhundert verstärkte sich dieser Trend. Die Übungen des Großen Weges wurden zur Hauptpraxis innerhalb der Kagyü-Schule – vielleicht weil die Kagyüpas ihre geheimen Belehrungen vor weiteren Angriffen der Mongolen schützen wollten, die die politischen Kräfte der *Gelug-Schule* unter der Leitung des 5. Dalai Lama ins

Land geholt hatten. Die Gelugpas konnten oder wollten deren Soldaten über dreißig Jahre hinweg nicht stoppen, während diese die drei anderen alten Schulen des Buddhismus in Zentraltibet weitgehend zerstörten. Also schoben die Kagyüpas die Mahayana-Übungen der Geistesruhe und Einsicht, Shine und Lhaktong, unüblicherweise zwischen die Grundschule und das Große Siegel als Zwischenstufe ein, um weniger Aufsehen zu erregen.

Also ein Vers zum Abkühlen, aber er wird auch so nicht langweilig. Da Wachstum und Freude in Buddhas Lehre untrennbar sind, kann man dem Leser auf Dauer sogar die Vergänglichkeit aller bedingten Erfahrungen schmackhaft machen. Karmapa nimmt die Rückkehr von groben und feinen inneren Zuständen in den Raum als Beispiel. Sicher entspringt sein eigener Blickwinkel dabei dem Großen Siegel. Er verweilt in der bewussten Strahlkraft, die zwischen und hinter den Gedanken und Gefühlen liegt, und erlebt deshalb diese Vorgänge als selbst befreiend. Von dieser Sichtweise aus ist der Geist sowohl die Fähigkeit zur Wahrnehmung als auch jede Erscheinung und kann durch nichts an Raum oder Freiheit verlieren. Seine Worte wirken aber auf jeder Bewusstseinsebene erleichternd. Das für alle Erlösende dabei ist, dass die Entwicklung jenseits von Moralismus und anderen ungesunden Geisteslagen abläuft. Unbeurteilt und in ihrem Wesen belassen, kommen die Eindrücke aus eigener Kraft zur Ruhe. Aus letztendlicher Sicht kann die Wahrheit weder durch Festhalten noch durch Wegschieben geändert werden. Sobald der Erleber sein zeitloses Wesen erkennt, treten Furchtlosigkeit, Freude und Liebe von selbst als seine wahren Eigenschaften hervor.

Auch in diesem Vers wählt Karmapa für seine Bildersprache das Wasser. Er verdeutlicht durch das Fließende und grundlegend Reine die Arbeitsweise des Geistes. Wenn die Wellen der oberflächlichen Eindrücke sich erschöpfen und zur Ruhe kommen, verliert der Geist dadurch keineswegs an Bewusstheit oder Tatkraft, noch wird er einfach dumpf. Stattdessen verweilt er unerschütterlich in seinem Wesen, ist das Meer und die Möglichkeit für Wellen zugleich. Die aus dieser Erfahrung entstehende Sicherheit und unerschütterliche gute Laune gehören zu den edelsten menschlichen Eigenschaften überhaupt. Wer diese Gewissheit besitzt, dem gehört bereits alles.

In anderen Texten zum Großen Siegel werden wechselnde innere Zustände mit Bildern im Spiegel verglichen. Sie sind ihrem Wesen nach ständig frisch, aber an sich unfähig zu verweilen. Deshalb verlagert sich die Aufmerksamkeit im Zuge der Entwicklung von den Erscheinungen, die sich sowieso wieder auflösen, auf den zeitlosen Erleber. Die Erfahrung von seiner Unendlichkeit erweckt dabei die Tatkraft der Erleuchtung. Ohne Handelnden, Tat und Gegenstand zu trennen, befriedet, bereichert, begeistert und schützt man die Wesen dauerhaft. Auf den Entwicklungsebenen, auf denen der Geist noch Begriffe einsetzt, um seiner Entfaltung folgen zu können, erkennt er sein ständig wachsendes Mitgefühl sowie die spiegelähnlichen, ausgleichenden, unterscheidenden, erfahrungsmäßigen und alles durchdringenden Weisheiten, die sich immer fließender dazugesellen. Aus der eigenen Mitte heraus wird immer mehr gesehen, und am Ende durchstrahlt die Kraft des Erlebenkönnens alles. Der zeitlose Raum des Möglichen geht nicht wieder verloren, er ist und weiß alles und erlebt sich als mit allem verbunden.

Als Meer versinnbildlicht, wünscht Karmapa den Zustand herbei, bei dem jenseits aller Unachtsamkeit und anderer Hindernisse ständig wahrgenommen wird, was ist. Hier im **tiefen Meer der Geistesruhe** werden Erleber, Erlebtes und Erleben immer mehr als eins erfahren. In der ständigen Wahrnehmung eines riesigen »Aha« spielen Äußeres und Inneres zugleich, lösen sich wieder auf, und jede Zelle im Körper erfährt 10000 Volt unaufhörlicher Wonne. Einsicht, Kraft, Mut, Weisheit und Mitgefühl ergänzen sich in ihrem Wachstum. Höchste Wahrheit ist von höchster Freude nicht zu trennen, und unerschütterlich nützt das in seiner Tiefe ruhende Bewusstsein jedem.

Seinem Wesen nach Raum, entfaltet der Geist zugleich eine Begabung, die im Hier und Jetzt ihre Erfüllung findet und sowohl das Letztendliche als auch das Bedingte erkennt. Sie kann die nichtdingliche Leerheit des Geistes wahrnehmen und sich gleichzeitig des Spiels der Ursachen und ihrer Wirkungen bewusst bleiben. Auf dem Erleuchtungsweg wird zunehmend erkannt, dass die Strahlkraft des Bewusstseins noch viel reizvoller ist als dessen spannendste Bilder. Es wird einem dauerhaft bewusst, dass die Erfahrung von der reifen Tiefe des Erlebers viel bedeutungsvoller ist als alles, was der Raum an Bedingtem hervorbringen könnte. Diese Überzeugung führt den Verwirklicher in seine unzerstörbare Mitte.

Es geht aber nicht um ein Entweder-oder, sondern die Wellen und das Meer ergänzen und bereichern sich gegenseitig. Wenn das Bewusstsein erst das Zeitlose entdeckt und sich allmählich dahin verlagert hat, wird alles zum Geschenk. Gleichzeitig der Spiegel und die Bilder, das Meer und die Wellen, zeitloser Erleber und vergängliche Eindrücke und Vorstellungen des Geistes zu sein, das ist das Ziel. Die spielerische, selbst entstandene Mühelosigkeit, die daraus entspringt, bringt alles Vollkommene hervor.

Doch die sich ausdehnenden Augenblicke höchster Wonne, in denen alles einfach stimmt und die Härchen sich auf den Armen aufstellen, sind nicht das Ergebnis einer allgemeinen Glücks- oder Sinnsuche. Kein Streben nach angenehmen Eindrücken oder Wegschieben von Schmerz wirkt auf Dauer. Man erntet nichts als Gestelztes, wie beflissen man auch nach der Erfüllung außerhalb der eigenen Mitte jagt. Jeder Versuch, seinem Körper und Geist durch bedingte Einflüsse zum Dauerglück zu verhelfen, kann nur danebengehen.

Nur jenseits von Erwartung und Befürchtung kann der Geist seine Strahlkraft erkennen. Wer sich auf Vergangenheit und Zukunft einstellt, statt einfach und ungekünstelt im Hier und Jetzt zu verweilen, wird von seinem zeitlosen Wesen wenig erfahren. Der Geist ist wie das bekannte Glas lehmiges Wasser: Lässt man das

Glas einfach stehen, sinken alle schweren Teilchen nach unten, und das Wasser wird klar. **Der verunreinigende Schlamm der Dumpfheit,** wie Karmapa so einladend die Unwissenheit benennt, ist gleichermaßen zu entsorgen!

Wenn der Geist doch immer seinem Wesen nach zeitlose Klarheit und vollkommen an sich war, warum dann überhaupt Begriffe für seine vergänglichen Schwächen schaffen? Weshalb erwähnt Karmapa Schlamm, Verunreinigung und Dumpfheit, die so schlecht zum edlen Stil seiner sonstigen Wünsche passen? Es kann nur aus Verantwortung und Mitgefühl sein: So härtet er seine Schüler, die noch gewöhnliche Bewusstseinsebenen erfahren, gegen das Leben ab. Er gibt ihnen auf, auch in der Bewältigung von unangenehmen und sehr alltäglichen Aufgaben ihren Geist zu beobachten und dabei etwas Sinnreiches zu erleben. Weil die beschriebenen Bewusstseinsschleier sich unangenehm anfühlen und zugleich der Erleuchtung der Wesen im Wege stehen, hat es doppelten Sinn. Durch ihre Aufdeckung wird es möglich, sie zum Besten aller umzugestalten.

Bereits im vorherigen Vers erwähnte Karmapa den **Wind der allgemeinen Geschäftigkeit,** der einen herumtreibt. Nun wünscht er den Wesen **Geistesruhe** ohne **Dumpfheit.** Dumpfheit und Geschäftigkeit bestimmen häufig ganze Meditationssitzungen und sind besonders hinderlich auf dem formlosen Weg. Sie sind grundlegende Neigungen des unerleuchteten Geistes, die meist erst während der Vertiefung wahrgenommen werden.

Stört einen Schläfrigkeit bei der Meditation, liegt der

Energiepegel zu tief im Körper. Hier können entweder ein paar Tassen Kaffee helfen oder man stellt sich vor, man wäre von einem durchsichtigen, zähflüssigen Öl aufgefüllt. Auf Herzenshöhe mitten im Körper lässt man dann eine Luftblase entstehen, die sich stetig aufwärts bewegt. Man bleibt sich ihrer einsgerichtet bewusst, auch wenn sie an der Schädeldecke austritt, bis sie irgendwo zwischen den Wolken verschwindet. Man kann sich auch einen schillernden Punkt zwischen den Augenbrauen vorstellen, durch den man schauen will oder den man sonst festhält. Beides macht frisch.

Hat man viele Störgefühle und findet keine Ruhe, ist die Energie zu weit oben. Hier hilft es kurzfristig, etwas Schweres zu essen. Man kann sich aber auch aufgefüllt mit durchsichtigem, schwerem Öl erleben. In diesem Fall stellt man sich mitten in der Brust eine kleine schwarze Kugel vor, die an sich schwer ist. Vom Öl getragen, fällt diese allmählich durch die Körpermitte hinunter, verschwindet durch die hintere Öffnung in der Erde, und irgendwo im Urgestein verliert man auch sie. Man kann auch einen schwarzen Punkt festhalten, den man vier Handbreit vor seinen »edlen Teilen« auf dem Boden erscheinen lässt. Beides beruhigt den Geist.

Im stillen Meer der Geistesruhe gefestigt, wird einem plötzlich alles geschenkt. Jetzt entdeckt der Geist mit ständigem Staunen und Wonne, dass er trotz seiner Nichtdinglichkeit kein Nichts ist. Er ist weder ein schwarzes Loch, in dem nichts geschieht, noch verkennt er sich als eine weiße Wand, die einfach das darauf Gestrahlte wiedergibt. Stattdessen erwacht der grenzenlose Reichtum des Großen Siegels, dessen Einsichten Karmapa in diesen Erleuchtungswünschen mit der Welt teilt. Hinter jeder wechselnden Erfahrung strahlt immer das Klare Licht, das alles ermöglicht.

བལྟར་མེད་སེམས་ལ་ཡང་ཡང་བལྟས་པའི་ཚེ།

Blicken wir immer wieder auf den nicht sichtbaren Geist,

མཐོང་མེད་དོན་ནི་ཇི་བཞིན་ལྷུག་གེར་མཐོང་།

sehen wir sein nicht sichtbares Wesen –
vollkommen und genau so, wie es ist;

ཡིན་མིན་དོན་ལ་ཐེ་ཚོམ་ཆོད་པ་ཉིད།

dies durchschneidet die Zweifel über Sein
und Nichtsein des Geistes.

འཁྲུལ་མེད་རང་ངོ་རང་གིས་ཤེས་པར་ཤོག

Mögen wir – frei von aller Verwirrung – unser
eigenes Wesen erkennen!

Vers 17

In diesem Vers geht Karmapa wieder an die Grenze dessen, was Worte ausdrücken können. Wer ihm aber folgt und sich den begriffsfreien Raum gönnt, den seine Worte zwischen den gewohnten Vorstellungen freilegen, wird viel Freude haben. So ist es eben, das Große Siegel. Der Geist kann nicht gefunden werden, weil er kein Ding ist. Es gibt nichts, was an ihm sichtbar gemacht oder untersucht werden könnte. Da er ohne Größe, Gewicht oder Farbe ist, ohne Mitte und in jeder Weise leer und unbegrenzt, kann er sich auch nicht von irgendwo anders her beobachten. Der Seher und das Gesehene sind beide der Geist.

Wer das versteht und aufhört, irgendetwas als vom Geist getrennt beweisen oder wahrnehmen zu wollen, wird immer häufiger die Klarheit des Bewusstseins erfahren. Dadurch erwacht jede ihm innewohnende Einsicht und Kraft, und der Geist erfährt sich in seiner Ganzheit. Dieses Verweilen im zeitlosen Erleber, diese ständige Einheit von dem, was gerade jetzt sieht und erfährt, mit allem, was äußerlich wie innerlich geschieht, ist das Ziel. Es bringt den Zustand hervor, der jede Erfahrung als höchste Erfüllung wahrnimmt.

Der schnelle Weg zur Reinen Sicht erfordert echtes Verwirklichertum. Man weiß, dass letztendlich alles ein *Reines Land* ist und dass nur die eigenen Schleier einen davon abhalten, das auch wahrzunehmen. Deswegen strebt man bewusst nach der Reinen Sicht, erlebt nach Möglichkeit alles auf höchster Ebene und macht ständig das Beste aus den gegebenen Bedingungen. Der zu erreichende Zustand dabei ist der eines Kindes, das erwartungslos die Tür zu einem riesigen, leuchtenden Saal aufstößt und völlig hingerissen nur noch »Wow« sagen kann. Diese ursprüngliche Frische darf nicht im alltäglichen Verschleiß verloren gehen, sondern soll sich durch jede Erfahrung ernähren und stärken können zum Besten anderer. Auf bedingter Ebene braucht man zwar einen Werkzeugkasten für die Welt, vor allem um seinem Umfeld zu nützen, aber der Kluge trägt ihn nicht vor den Augen und verdeckt sich dadurch die Sicht. Er behält ihn neben sich auf seinem Weg, benutzt völlig frei, was an Hämmern und Sägen vonnöten ist, und genießt währenddessen die Vielfalt von dem, was im unendlichen Raum erlebbar und möglich ist.

Genau diese Fähigkeit zum Bewusst-Sein ist das Licht des Geistes. Es besteht aus einer nicht abreißenden Folge von ständig frischen Aha-Erfahrungen, und es gibt kein anderes Licht als das. Auch wenn die selbst entstandene Freude der Erleuchtung einen zutiefst ändert und das Herz zu groß macht für den Brustkorb: Es ist alles der eigene Geist.

Auf dem Weg zu diesem Dauerglück verschwinden **alle Zweifel über das Sein oder Nichtsein des Geistes.** Die gegenseitige Bedingtheit von Welt und Bewusstsein wird einem zur Gewissheit. Erscheinung und Geist sind von da an eins, und man lebt erfüllt im Hier und Jetzt. Jenseits aller Erwartung und Befürchtung erledigt man selbstsicher, was direkt vor einem liegt. Der Schlüssel dazu ist eine Wahrnehmung ohne geistige Schleier. In ihrer letztendlichen Sicht der Reinheit vergeht jede Störung. Mit großer Spannung wird wahrgenommen, dass die Welt sich als der gemeinsame Traum der Wesen entfaltet und gleichzeitig über genügend Raum für Veränderungen durch starkes eigenes Karma der Wesen verfügt, und dass Segen und einsgerichtete Meditationen bis zum vollen Heranreifen der Eindrücke ganze Ketten von Ursachen und Wirkungen umlenken können. Es ist traurig, wie sich die Wesen die dazu nötige Klarsicht durch ihre Launen trüben. Könnten sie die Einmaligkeit ihrer Erlebnisse wahrnehmen, wäre jedes Drama ein Freudenfest! Unbefangen und reich an Mitteln, spürt der Kenner des Großen Siegels den Wunsch der Wesen nach Glück. Ohne vergängliche Freuden auf dem Wege zu vermeiden, leitet man sie dabei zu der einzig wirklichen Quelle. Das Verweilen in der eigenen Mitte lässt einen mit Dankbarkeit entdecken, dass alles heranreift, was mit dieser Einstellung nur berührt wird. Also vertraut man der Güte des Ungeschehenen, handelt ganzheitlich und nützt den Wesen durch Körper, Rede und Geist. Nichts zeigt die Möglichkeiten des Raumes so klar wie die gelungene Tat.

ཡུལ་ལ་བལྟས་པས་ཡུལ་མེད་སེམས་སུ་མཐོང་།

Blickt man auf die Dinge, sind keine Dinge da,
man sieht auf den Geist;

སེམས་ལ་བལྟས་པས་སེམས་མེད་ངོ་བོས་སྟོང་།

blickt man auf den Geist, ist kein Geist da:
er ist seinem Wesen nach leer;

གཉིས་ལ་བལྟས་པས་གཉིས་འཛིན་རང་སར་གྲོལ།

durch das Betrachten beider löst sich
das Festhalten an Zweiheit in sich selbst auf.

འོད་གསལ་སེམས་ཀྱི་གནས་ལུགས་རྟོགས་པར་ཤོག།

Mögen wir die Natur des Geistes, das Klare Licht,
erkennen!

Vers 18

Ein Vers wie dieser versetzt jeden Verwirklicher in höchste Wonne. Mit wenigen Worten vermittelt Karmapa eine voll erleuchtende Sichtweise. Wer sie versteht, braucht nichts Weiteres auf seinem Weg. Allerdings sind hier viel Arbeit und Vertrauen in den Geist nötig, um von klaren Worten zur letztendlichen Gewissheit zu gelangen. Nur ein frisches Gemüt mit Weite und jeder Menge guter Laune schafft bekanntlich eine solche Öffnung.
Und was besagen die Worte des 3. Karmapa? In aller Bescheidenheit machen sie alles Innere wie Äußere zu Geist, und dieser wird wieder zu Raum. Sie entlarven alle Zweiheit als an sich unwahr und beantworten die Grundfragen zahlloser Gelehrter seit Tausenden von Jahren in nur vier Zeilen. Das gelingt Karmapa ohne den Druck, etwas beweisen oder ablehnen zu müssen, nur durch eine schlichte Untersuchung des letztendlichen Wesens der Dinge.
Schaut man genau auf die Erscheinungen, sind sie als etwas dauerhaft Bestehendes tatsächlich nicht auffindbar. Dies bezieht sich nicht nur auf die eigenen Erfahrungen, die so deutlich einfach entstehen, sich ändern und wieder vergehen. Es gilt zugleich, wenn auch weniger wahrnehmbar, für die mit anderen geteilte äußere Welt.

Die Erlebnisse, die für so wirklich gehalten werden, sind in ständigem Fluss. Mit »Form ist Leerheit« umschrieb Buddha diese Tatsache, die aber auch nur teilweise zutrifft: Jeder leere Raum, sei es im eigenen Bewusstsein oder im Labor, füllt sich von selbst wieder auf. Also fügte Buddha im selben Atemzug hinzu: »Leerheit ist Form.« Mit seiner dritten Aussage »Form und Leerheit sind untrennbar« holt er schließlich seine sich von Zweiheiten befreienden Schüler aus jeder Kopflastigkeit heraus. So lässt er sie die unbegrenzte Weite des Geistes genießen.

Da sogar Hochgelehrte und -betitelte jahrtausendelang über Fragen zu Sein und Nichtsein gestritten haben, ist es ganz in Ordnung, nicht alle Aussagen im ersten Durchgang zu verstehen.

Tatsächlich ist die Verwirklichung dieser Einsicht erst vollständig, wenn man sich auf Wunsch in einen Regenbogen auflösen kann! Da Karmapas so schlichte Worte den täglichen Sinneserfahrungen und Sichtweisen der Wesen völlig widersprechen, ja ganze Karmagebilde umstoßen, die Unerleuchtete in ihren Welten festhalten, könnten wohl die meisten auf diesem Gebiet noch etwas Hilfe über die rein begriffliche Erklärung hinaus gebrauchen.

Nur in der Vertiefung, bei der alle Ebenen des Geistes beteiligt sind, sind solche letztendlichen Aussagen wirklich nachvollziehbar. Beruft man sich bei der weiteren Suche nach etwas wirklich Vorhandenem auf den Geist, hilft das nicht weiter. Auch dieser ist nicht auffindbar, sondern leer von Merkmalen. Obwohl er die Grundlage jeder Erfahrung und Erscheinung bleibt, ist er in keiner Weise greifbar. Um ihn zu erobern, bleiben dem Mutigen immer weitere Sprünge in den Raum des vollen Vertrauens. Wem die letztendliche Verschmelzung gelingt, der braucht nichts anderes mehr zum Glück. Die *Reine Sicht* zu verwirklichen und im Klaren Licht des Erlebers zwischen und hinter den Gedanken zu Hause zu sein, heißt, ständig und grenzenlos belohnt zu werden. Alle inneren wie äußeren Geschehnisse sind also Reichtum und Fähigkeiten des Geistes. Geht man ihnen aber auf den Grund, bleibt nur der Erleber. Wer diesen als ein Etwas kursiv sucht, findet nur Raum. Er erlebt eine uferlose, freudige Weite, die alles enthalten kann und zulässt. So verschwindet die Trennung zwischen Erleber und Erlebtem von selbst. Diese Erfahrung hilft schnell und spürbar im Bereich der eigenen Gefühle, der die Wesen aber noch lange einfangen kann und erst dann seine Macht ganz verliert, wenn die Wahnvorstellung eines Ich zerbricht. Bis dahin hält man wechselnde innere Zustände teilweise oder vorübergehend für wirklich und erlaubt ihnen, durch Verfärbung der Sicht Rede und Taten zu beeinflussen.

Wenn angenehme Eindrücke aus dem Speicherbewusstsein oder dem Umfeld heranreifen und es einem gut geht, erlebt man die Welt als schön und angenehm und handelt dementsprechend. Taucht jedoch Unverdauliches auf, sieht man stattdessen Leiden und Einengungen überall und verhält sich schwierig. Beides legt Samen für die Zukunft. Zusätzlich begrenzen die Reichweiten der Sinnesorgane, anerzogene Anschauungen und Erziehungsmuster die Erlebnisse. Neuere Untersuchungen aus der Psychologie zeigen, dass allgemein bei Nichtmeditierenden sogar nur 20% einer Erfahrung tatsächlich auf Wahrnehmung beruhen. Die restlichen 80% fügt der Geist aus früher gespeicherten Eindrücken selbst hinzu. Dass bei den großen kulturellen und genetischen Unterschieden zwischen den Völkern dieser überwiegende Teil der Deutungen sehr verschieden ausfällt, liegt natürlich am unterschiedlichen Karma der Wesen und ist wohl der Hauptgrund dafür, dass Integrationsversuche weltweit nicht gelingen und Beziehungen zwischen Menschen mit allzu verschiedenen Hintergründen so häufig leidvoll enden. Entstehen Kinder aus den Beziehungen, sind sie oft besonders benachteiligt und finden zwischen den Kulturen keinen Halt.

So weit zum Erleber. Das Erlebte ist aber ebenso spannend. Der gemeinsame Traum, der sich aus dem Speicherbewusstsein und dem Karma der Wesen aus dem Raum verdichtet, ist nichts als Geist, und der selbst ist Raum.

Bis hierher machte dieser auf den Grund gehende Vers die Leerheit alles Äußeren und Inneren verständlich und zeigte jede erfahrene Zweiheit als eine Wahnvorstellung. Wie drückt sich dieser neu geschaffene Freiraum aus? Als Klares Licht und höchste Freude! In der Tat muss man weder sterben, um Reine Länder zu besuchen, noch woanders hingehen, um Buddhas zu begegnen. Benötigt wird die Bereitschaft, zu sehen, was ist, um die Schleier der Störgefühle und der Unwissenheit vom Geist zu entfernen. Dann wird erkannt, dass alles höchsten Sinn hat, einfach weil es geschieht oder nicht geschieht, dass jeder Gedanke Weisheit ist, bloß weil er vorkommen kann. Man erfährt, dass jedes Teilchen vor Glück schwingt und von Liebe zusammengehalten wird.

Für Erleuchtete ist die Welt nicht das Ergebnis von Störgefühlen, sondern der Ausdruck von Fünf Weisheiten. Sie nehmen ununterbrochen und überall Reine Länder wahr. Sie sehen Kraftkreise strahlender Buddhas in jedem Atom. Alles ist sinnvoll, wahr und spannend an sich. Statt Zorn leuchtet bei ihnen eine Weisheit, die klar ist wie ein Spiegel. Anstelle des arm machenden Ich-bin-besser-als-du-Stolzes erscheinen überall Reichtum und Vielfalt. Anhaftung wird hier zu unterscheidender Weisheit, man nimmt die Dinge zugleich einzeln und mit ihrem Umfeld wahr. Durch die Umformung dessen, was allgemein Eifersucht heißt, wird klar durchgeschnitten: Man kann jetzt Vergangenheit, Gegenwart und Zukunft als im Fluss sehen und Einsichten häufen sich von selbst. Schließlich, durch das Wachstum der vier vorherigen Weisheiten zermürbt, wird so selbst der Hauptfeind – Dummheit – zur alles durchdringenden Weisheit.

Schon von der Ebene der Befreiung an, bei der die Ich-Vorstellung wegfällt, erlebt man das Leid der Welt als traumähnlich und nicht wirklich bindend. Mit der weiteren Entwicklung wächst das Erleben der reinen Bewusstseinsbereiche.

Ab der Befreiung erfährt man die Wesen als Buddhas, was diese nur noch nicht erkannt haben. Was auch geschieht, es drückt die befriedenden, bereichernden, begeisternden und schützenden Buddhataten aus. Alles ist reich und zugleich selbst erlösend. Obwohl kein Sehender auffindbar ist, wird viel gesehen. Den Seher sich selbst sehen zu lassen, ist das erleuchtende Geschenk, das uns Buddha gibt.

Durch das Betrachten beider löst sich das Festhalten an Zweiheit in sich selbst auf. Dass sogar begabte Leute oft wenig Freude aus dieser höchsten Sicht ziehen können, ist verständlich. Ohne eine unerschütterliche Verbindung zu einem kraftvollen Lehrer wagen sie nicht, einfach dem Raum zu vertrauen. Stattdessen erfinden sie bevormundende, schöpfende Götter oder behaupten, etwas »Feinstoffliches« – wie auch immer sie sich so etwas vorstellen mögen – sei die Ursache der Erscheinungen.

Obwohl beides im ersten Augenblick eher der allgemeinen Erfahrungswelt entspricht als Buddhas Erklärungen zur letztendlichen Leerheit alles Äußeren wie Inneren, bereiten ihren Vertretern solche Scheinlösungen ständig Beweisschwierigkeiten. Ihren Lehren zufolge müssten ihre Götter begrenzt und der Geist ein Ding sein. Weil nicht mit allem eins und überall vorhanden, wären schöpfende und von der Ganzheit getrennte Götter zusammengesetzt, gemacht, geschaffen, geboren oder von irgendwo hergekommen. Sie müssten deswegen ihrem bedingten Wesen nach wieder auseinander fallen, sterben, verschwinden oder weggehen, und auch die sie erlebende persönliche »Seele« wäre begrenzt in Zeit und Raum.

Die Einsicht hinter einer wirklichen Furchtlosigkeit dagegen ist, dass der Geist nichts Dingliches ist, sondern Raum. Deshalb ist er unzerstörbar. Das, was die Dinge erlebt, ist im Kern zeitlos und mit allem verbunden, ob es wahrgenommen wird oder nicht: Im Wesen sind alle Buddhas, umgeben von selbst entstandenen Kraftkreisen höchster Freude.

Ein alter, vor den Kommunisten geflohener Chinese, der uns 1970 im Himalaja in sein Zurückziehungshaus einlud, drückte es so aus: »No mind – no worry.« Oder anders: Wenn der Geist nicht auffindbar ist, muss man auch nicht besorgt sein, dass er verschwinden oder sterben könnte.

Dadurch, dass man die höchste Sicht hält, wie fern der allgemeinen Erfahrungswelt sie auch sein mag, wird man nicht abgehoben und Fehler macht man dann auch nicht mehr. Weil tiefste Weisheit auch Rede und Körper durchdringt, wird jedes Verhalten mühelos und stimmig im Hier und Jetzt. Auch wenn noch schweres Karma auftaucht, wird eine solche Einstellung ein Meistmögliches an Unangenehmem abfedern und es zum Nutzen anderer umwandeln. In diesem größten aller Segenskreise entsteht alles rechtzeitig. Weder zu früh noch zu spät wird einem alles Weltliche, das man für seine Entfaltung braucht, geschenkt. Von dieser abgesicherten Ebene aus erfahren, werden die Geschehnisse Ausdruck eines grundlegenden Reichtums – und an sich frei und spielerisch. Statt in schwierigen Lebenslagen der Stier zu sein, der vor der Scheune steht und nur sieht, dass das Tor geschlossen ist, nimmt man aus dieser Sicht den Raum als Möglichkeit wahr. Man kann sich die Zugänge hinten, oben und an den Seiten des Baus vorstellen, aber auch das Zertrümmern des ganzen Stalls, und arbeitet aus dieser Freiheit heraus.

So sind auch die Worte Karmapas zu verstehen: Durch das Betrachten beider löst sich das Anhaften an Zweiheit in sich selbst auf. Wer sowohl die äußere Welt als auch den eigenen Geist erkundet, wird beide als Raum erkennen und dadurch aufhören, zwischen Erleber, Erlebtem und Erleben zu trennen. Die so gewonnene Einsicht vom Geist und der Welt vereint den Sehenden, das Gesehene und das Sehen. Alles bedingt sich gegenseitig und fließend, ist aber zugleich von allen dauerhaften Merkmalen leer. Außer dem Raum gibt es weder außen noch innen etwas Unvergängliches. Dafür verdichten sich die Wirkungen der gespeicherten Ursachen als die gemeinsam erlebte äußere Welt, während das eigene Karma die Erfahrung davon färbt. Beide entfalten sich aus dem Raum, werden durch seine Klarheit erlebt und lösen sich in seiner Unbegrenztheit wieder auf. Sucht man also sowohl den Erleber als auch die Geschehnisse, findet man nur den Raum. Mit dieser Erkenntnis ändert sich alles. Die Trennung zwischen einem selbst und den anderen, zwischen Innen- und Außenwelt, zwischen Sein und Nichtsein wird zu den Spielen einer Ganzheit, wobei der eigene Geist das Beobachtende und Unzerstörbare darstellt. Die Einsicht, dass nichts danebengehen kann, weil der Raum, der erfährt, seine Klarheit, die erfahren wird, und seine Unbegrenztheit, die alles ermöglicht, letztendlich eins sind, setzt die ständig frische Kraft des Geistes völlig frei.

Jede Kultur hat leider Engpässe, die der Verwirklichung und dem Glück ihrer Mitglieder im Wege stehen. Beim modernen Menschen des Westens bestehen die Störungen in hohem Maße aus einer unklaren Sichtweise zu Gehirn und Geist. Sie ist aus mehreren Gründen bedauerlich und entspricht bei genauerer Untersuchung der Lage nicht den Tatsachen.

Wenn, wie heute allgemein angenommen, das Gehirn den Geist tatsächlich hervorbringen würde, wenn er dessen Ergebnis und daher ebenso vergänglich wäre, hätte der Aufbau einer besseren Gesellschaft für die Nachwelt wohl immer noch Sinn, die Arbeit an einem selbst jedoch kaum. Für nur ein Leben erschiene der Aufwand vielen übermäßig groß und man würde einfach hier und jetzt alles im Bereich des Möglichen genießen, was die Leute im Allgemeinen ja auch tun. Diese Sichtweise von der Welt und dem Leben ist zwar einfach, aber sicher nicht erfreulich, wie man an den leeren Augen so vieler eigentlich wohlhabender Menschen sieht. Wenn mit der Zerstörung des Gehirns auch das Bewusstsein verschwunden wäre, könnte jeder einfach im Wirtshaus hocken, denn in weniger als hundert Jahren wäre alles vorbei. Es gäbe sowieso nichts Weiterführendes und zeitlos Sinnvolles zu tun. Gerade als die Wissenschaft dabei war, diese Sicht mit den besten Messgeräten zu beweisen und die Welt stark zu verflachen, taten sich glücklicherweise schon in den sechziger Jahren durch die bewusstseinsverändernden Stoffe große »chemische« Risse in der Festung ihrer materialistischen Sicht auf, die sich seither durch die Forschung über kleinste Teilchen und das Weltall bestätigt haben.

Die Einsicht, die sich immer mehr bewahrheitet und die Anschauung der »großen, sinnlosen Maschine« ablöst, lehrte Buddha schon vor 2550 Jahren. Was den Geist betrifft, könnte sie so lauten: Das Gehirn stellt das Bewusstsein nicht her, sondern formt es um. Es ist nicht der Sender, sondern der Empfänger vom Geist. Auch übersinnliche Fähigkeiten ließen sich einfach, aber gut folgendermaßen erklären: Das Bewusstsein wohnt dem Raum inne wie der Wasserdampf der Luft. Wie die Ströme im Meer werden Erfahrungsverläufe durch Gewohnheiten und die Trägheit der Sinne zusammengehalten. Aufgrund der Unfähigkeit des Geistes, Erleber, Erlebtes und Erleben als Aspekte seiner Ganzheit zu sehen, erfährt sich der unerleuchtete Mensch als ein eigenes oder getrenntes Ich.

Wer das Zeitlose in Bezug auf den Geist nicht erfährt, erlebt alles, was geschieht, als Ereignisse, die wie ein Film ablaufen. Dieses anfangslose und Leid enthaltende Spiel geht weiter, bis man das zeitlose, klare Licht des Geistes erkennt und dessen Wonne erfährt. Durch das Auflösen von festen Vorstellungen wie denen von Sein und Nichtsein, verbunden mit der wachsenden Einsicht, dass es die erfahrene Zweiheit von Du und Ich nicht gibt, fällt alles Zwanghafte von selbst weg. Dies ermöglicht die volle Entfaltung der Weisheit, der Freude und des vorausschauenden, geschichtlich bewussten Mitgefühls des Geistes.

Mit diesem Vers hat Karmapa den Maulwurf des Gewohnheitsgeistes aus seinen Gängen befreit und das enge Entweder-oder gegen ein weites Sowohl-als-auch ausgetauscht. Mit Kontaktlinsen in den Augen, Flügeln an den Pfoten und Federn am Schwanz schickt er ihn als Adler in die Luft.

ཡིད་བྱེད་བྲལ་བ་འདི་ནི་ཕྱག་རྒྱ་ཆེ།

Frei von einengenden Vorstellungen zu sein,
ist das Große Siegel;

མཐའ་དང་བྲལ་བ་དབུ་མ་ཆེན་པོ་ཡིན།

frei von Begrenzungen zu sein,
ist der Große Mittlere Weg;

འདི་ནི་ཀུན་འདུས་རྫོགས་ཆེན་ཞེས་ཀྱང་བྱ།

alles einschließend, wird es auch
Große Vervollkommnung genannt.

གཅིག་ཤེས་ཀུན་དོན་རྟོགས་པའི་གདེངས་ཐོབ་ཤོག

Mögen wir die Gewissheit erlangen,
dass mit der Erkenntnis von einem alle verwirklicht sind!

Vers 19

Karmapa ist in diesem Vers wieder auf ganzer Flughöhe und befindet sich ganz und gar in der Weite des Geistes. Diesmal zeigt er auf die Erfahrungswege der »Alten« und der »Mündlichen Übertragung«, der Nyingmapas und der Kagyüpas, und vermittelt so einen Überblick über zwei der drei ganzheitlichen »tantrischen« Linien. Die *Sakyapas*, nach einem Gebiet in Tibet benannt, gehören auch zu den frühen oder so genannten Rotmützen-Schulen. Karmapa führt außerdem die höchsten begriffsmäßigen Belehrungen an, die damals von den *Kadampas*, der Schule der »Wahren Worte«, verwendet wurden. Heute heißen sie die »Tugendhaften« – die wörtliche Übersetzung der Gelugpas –, die man vor allem durch den Dalai Lama kennt. Diese hauptsächlich monastische Schule ist in Tibet Staatskirche und entstand, als ein Schüler des 4. Karmapa der Lehrer vom 1. Dalai Lama wurde. Sie vertreten den Großen Mittleren Weg.

Wie bei einem Verwirklichten zu erwarten, liefert Karmapa in wenigen, aber sehr treffenden Worten den Geschmack von den höchsten Belehrungen dieser drei Schulen, und wer im Bilde ist, wird schmunzeln: Man erkennt ihre unveränderten Eigenarten bis heute. Ihre »Kobolde« sind 1959 den Flüchtlingen über den Himalaja nach Indien gefolgt und ein Dutzend Jahre später mit Hippies und Lamas in den Westen weitergereist. Die Schwingungen, die diesen Zeilen entspringen, herrschen noch immer vor, da grundlegende menschliche Ausrichtungen sich kaum ändern und Schüler und Lehrer aus früheren Leben sich wieder anziehen. Deshalb sind Karmapas Aussagen zu den verschiedenen Wegen selbst heute, 700 Jahre später, noch völlig zeitgemäß. Der Vergleich dieses Verses ist häufiger Gesprächsstoff in allen tibetisch-buddhistischen Schulen. Sogar bei den gewissenhaftesten Vertretern buddhistischen *Gleichmuts* wirken die unterschiedlichen Eigenheiten der Schüler wie Tretminen und erwecken immer wieder starke Gefühle. Während Neueinsteiger, von der Vortrefflichkeit des eigenen Weges völlig überzeugt, mit den anderen Schulen wetteifern, wissen die Erfahrenen hingegen, dass Buddha so viele Wege zur Verfügung stellte, weil die Menschen so verschieden sind.

Die erleuchtende Einsicht, dass im Geist alles möglich ist und geschieht, dass er an sich alles weiß, von nichts getrennt ist und durch nichts verändert wird, ist erfahrbar. Unterschiedliche Wesen erleben das durch unterschiedliche Mittel und mit wechselnder Geschwindigkeit. Also zeigte Buddha ihren Veranlagungen entsprechend mehrere Möglichkeiten auf, um die Erleuchtung zu vermitteln. Seit damals ist es für jeden, der den Geist schnell und unmittelbar durch seine Raum-Einsicht erkennen will und das Glück hat, den Zugang zu einem entsprechenden Lehrer zu haben, möglich, die ganzheitlichen Mittel der drei Alten Schulen zu verwenden.

Die allgemeine Auffassung vieler Lehrer ist heute, dass

die Buddhas selbst die Schüler zu Belehrungen und Einweihungen einladen, die Schüler also die nötigen Voraussetzungen für solche besonderen Mittel bereits haben. Man sollte als Lehrer dennoch bei jedem frisch auftauchenden Gesicht absichern, dass niemand seine Zeit auf einem für ihn ungeeigneten geistigen Weg oder mit Ebenen von Buddhas Lehren vergeudet, die ihn nicht weiterbringen. Er sollte zunächst sehen, ob der Schüler mitten im Leben steht oder vor ihm davonläuft. Anschließend beobachtet er seine eigene Einstellung: Sind grundlegendes Mitgefühl und zeitlose Weisheit vorhanden? Denkt er an andere oder fühlt er sich als Zielscheibe? Ist der Weg, den ich lehre, der richtige für diesen Menschen?

Weil das Leben kurz ist und es bei jeder Wiedergeburt Jahre bedarf, bevor man wieder voll wirksam arbeiten kann, kommt auch der Schüler nicht darum herum, sich einige ehrliche Fragen zu stellen: Nutze ich dieses Leben? Gebe ich mein Bestes? Habe ich genügend Raum für andere? Schaffe ich es, das meiste überpersönlich zu nehmen? Wer immer durchdringender die Frische und das freie Spiel des Raumes erfährt, wird von selbst in seinem Weg bestätigt. Man verarbeitet dann die richtigen Belehrungen im richtigen Kraftfeld zur richtigen Zeit und Stelle.

Schließlich geht es um die alles beherrschende Ebene der Sichtweise. Sind Furchtlosigkeit, selbst entstandene Freude und tatkräftiges Mitgefühl anerkanntes Ziel, wird man auf der Ebene des Diamantweges einsteigen. Inzwischen wünscht eine wachsende Zahl von bewussten und

2. Karmapa, Karma Pakshi, 1204–1283

gebildeten Menschen im Westen, die höchste Sichtweise auf der formlosen Ebene in ihr Leben zu bringen. Deswegen beeinflusst das, was in Indien »Maha-mudra«, *Mahamadhyamaka* und *Maha-ati* hieß und in Tibet zu »Chag Chen«, *Uma Chenpo* und *Dzog Chen* wurde, zunehmend unsere hellsten Geister. Diese wertvollen Belehrungen sind bei uns bekannt unter dem Namen Großes Siegel, Großer Mittlerer Weg und Große Vervollkommnung. Sie sind ein grenzenloses Geschenk und feiern sowohl die Fähigkeit des Geistes zur Begeisterung wie dessen innewohnendes Bewusstsein.

Wie sehen die Wege zu solchen jenseits-zweiheitlichen Schätzen aus? Die geheimen Mittel des Tantra sowie die alles umfassende Sichtweise des Großen Siegels und der Großen Verwirklichung sind dafür bekannt, selbst voll im Leben stehende Laien (z. B. Marpa) und von schweren Taten belastete Verwirklicher (z. B. Milarepa) in einem Leben zur vollen Erleuchtung zu bringen. Diese Körper, Rede und Geist umfassenden Belehrungen ermöglichen eine überaus schnelle Übertragung von Buddhas Eigenschaften, die hoffentlich so weit wie möglich auch der eigene Lehrer verkörpert. Hier entsteht, getragen von den Gefühlen der Dankbarkeit, Hingabe und Offenheit, ein unermesslicher Raum des Vertrauens. Er drückt sich durch die Bereitschaft und Fähigkeit aus, am Ende der Meditationen mit dem Lama als Verkörperung des leuchtend-bewussten Raumes eins zu werden. Dieser Zustand, in dem Raum und Gewahrsein untrennbar sind, kann sich bis hin zur vollen Erleuchtung ausdehnen – nichts ist kostbarer. Die beiden hier von Karmapa genannten

Sichtweisen des Großen Siegels und der Großen Vervollkommnung werden immer beständiger erlebt. Sie sind selbst befreiend und selbst erleuchtend und berühren die Ganzheit des Menschen. Sie beleben sowohl die Eigenschaften als auch die Tatbereiche der Übenden und erwecken Idealismus, Mut und Freude.

Solche allumfassenden Mittel sind insbesondere denjenigen zugänglich, denen das Vertrauen in ihren zeitlosen Geist leicht fällt und die die Bande zu ihren Lehrern halten. Insbesondere wenn angelernte »gutmenschliche« Vorstellungen durch harte Tatsachen unter Druck geraten oder sich das Ego angegriffen fühlt, gilt es klar zu bleiben. Man sollte durch sein Wissen vom Geist mit aller Kraft die höchste Sichtweise standhaft auf alles Geschehen anwenden und sie nicht aufgeben, nur weil die Welt sich anders entwickelt hat, als man es auf dem humanistischen Gymnasium gelernt hat. Entstehen Schwierigkeiten in der Verbindung zum Lehrer, sollte man dennoch die Dankbarkeit für die erhaltenen Belehrungen bewahren, ansonsten geht die Übertragung verloren. Am sinnvollsten ist es, das Gelernte weiterzuverwenden, die Verbindung so gut es geht zu halten und nach Fähigkeit wieder anzudocken. Auf letztendlicher Ebene gilt, dass höchste Freude gleichbedeutend mit höchster Wahrheit ist, doch auf dem Weg dahin herrscht das Gesetz von Ursache und Wirkung. Praktisch nimmt man so oft wie möglich Zuflucht – das gibt sofortige Ausrichtung. Darüber hinaus entscheidet man sich bewusst, das »Reine Land« der ungefärbten, echten Wahrnehmung nie zu verlassen.

Während man mit der Hilfe vom Lama und seinen Übungen die erwähnten Ebenen von äußerer wie innerer Gewissheit weiter ausbaut und jeder Erfahrung Sinn verleiht, sollte man sein Bestes geben, sich von möglichen Schwierigkeiten unbeeindruckt zu zeigen. Die Annahmen über die Welt und die Eindrücke, nach denen man strebt oder die man zu vermeiden sucht, sind seit zahllosen Leben und durch unzählige Erfahrungen immer wieder verstärkt worden. Es ist deswegen einleuchtend, dass Anhaftung, Widerwille und Verwirrung nicht sofort verschwinden können, ganz gleich, wie sehr man sich das auch wünscht. Sobald eine Ebene jenseits des Persönlichen erreicht wurde, kann man aus allem, was einem begegnet, einen Schritt auf dem Weg machen. Alles Angenehme teilt man mit anderen, während man alles Schwierige als Reinigung und Belehrung sieht. Während die hinderlichen Gefühle schrittweise an Macht verlieren, gewinnt die Verbindung zum Kraftfeld des Diamantweg-Lehrers, die Echtheit und Lebensnähe sowohl seiner Lehren als auch seines Verhaltens, an Bedeutung. Das vorherrschende der drei Hauptstörgefühle entscheidet schließlich, welcher Erleuchtungsweg für den Schüler der sinnvollste ist.

Frei von einengenden Vorstellungen zu sein, ist das Große Siegel; das richtunggebende Gefühl, dass man sich für den Laien- und Verwirklicher-Weg der Karma-Kagyü-Linie eignet, zeigt ein Vertrauen in den Lehrer und seine Übertragung samt einer Neigung zu fröhlicher Begierde-Anhaftung.
Das zu erreichende Ziel heißt in diesem Fall »De-Tong«.

Es verbindet »Dewa« – Wonne – mit »Tongpa« – Leerheit – und zeigt auf einen Zustand, in dem höchste Freude selbsttätig als Dauerzustand des Raumes erfahren wird. Das freie Spiel des Geistes kann sich mühelos entfalten und erlebt werden, sobald man die Unzerstörbarkeit des Geistes erkennt. De-Tong bedeutet, dass diese Eigenschaften untrennbar sind, alle äußeren wie inneren Erscheinungen nicht dinglich sind und dennoch niemals ein bloßes Fehlen oder schwarzes Loch sein können. Das heißt, der Raum selbst erlebt sich als Freude und Freiheit. Wenn alles von selbst fließt, gibt es nur Fülle, Reichtum und Sinn.

In der mündlichen Kagyü-Übertragung gelingt nichts ohne menschliche Wärme. Die Halter des Großen Siegels sind tief ergriffen von dem Frischen und Neuen in jeder Lage, über die spannenden Eigenschaften der Wesen und die unendlichen Möglichkeiten eines jeden Augenblicks. Diese Einstellung drückt ein grundlegendes Bejahen des Lebens aus und öffnet einen für neue Entwicklungen. Zwei Bedingungen entscheiden, ob sich eine solche Sichtweise gesund entfalten wird und ständig höhere Ebenen erreicht werden oder ob Unklarheit und Unzufriedenheit einsetzen. Der Lehrer muss ein stetes, anziehendes und klares Beispiel sein, also dasselbe sagen und tun. Die Schüler müssen begeistert bleiben für die Möglichkeiten des Geistes. Sie müssen bereit sein, viele, über lange Zeit gefasste Meinungen fallen zu lassen. Vor allem müssen Laien und Verwirklicher alle eingetrichterten Vorstellungen von sündigen Körpern und »unreiner« Sexualität aufgeben und den Körper als ein Mittel sehen, mit dem man anderen und sich selbst Glück bringt. Die unterdrückenden moralischen Einstellungen der westlichen Religionen zum Körper lösen sich mit dieser Sicht einfach auf. Man sollte den Geist so behandeln wie einen schönen Garten, in den man keinen Müll hineinwirft oder Unkraut wuchern lässt, sondern beständig schöne Eindrücke pflanzt. Man versteht, dass jeder grundlegend geschützt und reich ist, denn das unzerstörbare Gewahrsein selbst ist vollkommener als alles, was es hervorbringen könnte. Mit dieser Einsicht entscheidet man sich, all das als wahr und erstrebenswert zu erkennen, was für andere und einen selbst begeisternd und genießbar ist. So erfährt man wie von selbst andere Wesen und die gemeinsame Welt als anziehend und spannend. Dank dieser Sichtweise bringt der Geist seine vollkommenen und überpersönlichen Eigenschaften aus eigener Kraft hervor. Das rohe Gefühl des Verlangens verfeinert sich so zu einer tiefen Dankbarkeit gegenüber der Zuflucht und einem wachsenden Vertrauen in den Lehrer. Beides ermöglicht einem, die Eigenschaften der Buddhas und der eigenen Lehrer schnell zu übernehmen. Durch die Bereitschaft, sogar bei der stärksten Erfahrung die überpersönliche Sicht zu wahren, wird die Entwicklung ganzheitlich und überzeugend.

Die Gefahr bei dieser Sichtweise ist übertriebene Gefühlsduselei, bei der man kostbare Zeit mit Abwarten verbringt und sich abhängig macht von Erlebnissen, Stimmungen oder Wundern. Wagen es Übende und Gruppen nicht, einfach die wirksamsten Maßnahmen einzusetzen, die in einer gegebenen Lage verwendbar sind, unterschätzen sie sowohl sich selbst als auch die letztendlichen Möglichkeiten in allen Dingen. So werden sie zu einem schlechten Beispiel für viele. Statt die Herausforderungen des Lebens selbst in Angriff zu nehmen oder vielleicht in einer E-Mail mit dem Lehrer abzuklären, warten sie zu lange darauf, dass jemand kommt, den sie dazu für befugt halten. Missverstandene Demut und/oder eine Verbrauchereinstellung können einen leicht von der Entwicklung abschneiden. Erfahrenere Schüler sollten ein gesundes Gleichgewicht finden zwischen Dankbarkeit für das große Geschenk der Übertragungslinie und dem Vertrauen in das schon Gelernte, so dass man wagt, die Seiten der Einsicht weiterzugeben, die man bereits verwirklicht hat.

Dass heute viele Menschen im Westen so erfolgreich den Diamantweg nutzen können, hat mehrere Gründe: Die schon in den frühen siebziger Jahren ursprünglich in unsere Länder gelangten Übertragungen sind sehr besonders. Sie wurden von Vertretern der alten Verwirklicher-Linien gebracht und waren rein und ungebrochen. Obwohl einige hoch betitelte Linienhalter versagten, tat das den gegebenen Einweihungen und Belehrungen keinen Abbruch. Wenn die westlichen Schüler deshalb solche Lamas als Lehrer aufgaben, geschah es mit Verständnis für Kultur und Hintergrund und ohne Widerwillen. Dadurch war der Bruch für keinen schlecht, und die Kraft der Übertragung blieb erhalten. Ein weiterer Grund ist die hohe natürliche Begabung der Schüler, die noch verstärkt wurde durch unsere Schulen, in denen die Fähigkeit zur Konzentration von klein an anerzogen wird.

Für Leute mit Anhaftung als vorherrschendem Gefühl ist also das Große Siegel der geeignete Weg. Es bietet eine ganzheitliche, unmittelbare Erfahrung und überzeugt durch alle Sinne, ebenso wie das Schwimmen im Meer. Frei von jeder Einengung ermöglicht es ein müheloses Verweilen im Hier und Jetzt. So dehnt sich alles immer mehr aus und wird sinnvoller. Die verwendeten Mittel lassen einen vor allem die Vielfalt des Geistes erfahren. Der Erleber und alles, was sich untrennbar von ihm im freien Spiel äußerlich wie innerlich darin ausdrückt, wird als unerschöpflicher Reichtum erfahren.

Frei von Begrenzungen zu sein, ist der Große Mittlere Weg; es ist auch möglich, wenn auch weniger heldenhaft und langwieriger als die unmittelbare Erfahrung, mittels einer Wasserprobe Wichtiges über das Meer auszusagen. Diese gründliche Lernweise, die sich über Begriffe entfaltet, heißt der »Große Mittlere Weg«. Ist der Schüler nicht so wild und will sein Mitgefühl und seine Weisheit eher durch ein Studium entwickeln, also von einer gesicherten Einsichtsebene aus den Raum schrittweise erleben, sind heute wie damals die begrifflichen Mittel des Großen Mittleren Weges nützlicher. Dieser Weg beschäftigt sich mit der Weisheit aus Buddhas Sutren und schenkt leicht verwirrten Menschen einen weiten und geschützten Nährboden.

Buddhas sutrische Lehren ähneln dem Lernen in der Schule. Sie sind logisch, leicht aneinander zu fügen und ermöglichen es, Weisheitsgedanken nach und nach vom

Kopf ins Herz fließen zu lassen. So entsteht eine gesicherte und stufenweise Entwicklung. Sobald sich das Verhältnis zur Außenwelt entspannt hat, da man Buddhas einfache Lehren zu Ursache und Wirkung auf das eigene Verhalten angewandt hat, entfaltet sich früher oder später ein reiches Innenleben. Hier entdeckt der Geist seine Fähigkeit zu Mitgefühl und Weisheit, eine höchst freudvolle Erfahrung. Wenn die Spitze der begriffsmäßigen Möglichkeiten durch Lernen und Untersuchen mittels der weit ausgebauten und jenseits-zweiheitlichen Sichtweise des Großen Mittleren Weges erklommen wurde, entdeckt man den erlebenden Raum zwischen und hinter den Gedanken und hat auf diese Art die zeitlose Unzerstörbarkeit des Geistes erkannt. Die volle Erleuchtung in dieser Weise zu erreichen, dauert laut eigener Erläuterung dieser Schule drei Kalpas (tibet.: »zahllose Weltzeitalter«). Die Aussage hat über die Jahrhunderte zu vielen Fragen an die Vertreter des Diamantweges geführt, denn ihre Texte versprechen die Möglichkeit zur Erleuchtung in nur einem Leben, wenn die nötige Grundlage geschaffen wurde.

Die Schüler, die die Belehrungen des Großen Mittleren Weges verwenden, werden oft von tibetischen oder westlichen Mönchen oder Nonnen angeleitet.

Für jeden ist tatsächlich der Weg am schnellsten, der ihm liegt. Allerdings sollte man sich stets bewusst sein, wie kurz das Leben ist, und dementsprechend die für einen selbst am besten geeigneten Mittel suchen. Man sollte nach Möglichkeit wenig Stolz oder vorgefasste Meinungen haben und wissen, dass sich Wachstum vor allem in begriffsfreien Augenblicken zeigt, jenseits von Erwartungen und Befürchtungen. Wer die richtigen Belehrungen einsammelt, klärend hinterfragt und auf der Grundlage eines gesicherten Wissens sich später vertieft, ist auf jeder Ebene sehr gut vorbereitet.

Der Große Mittlere Weg eignet sich also vor allem für Menschen, die sich bedacht und im Einklang mit der geltenden Moral Schritt für Schritt entwickeln wollen. Sie sind keine geistigen Fallschirmspringer und fühlen sich meistens durch Verwirrung gestört. Sie erfahren ihre Gefühle weniger stark und sind sich oft ihrer wirklichen Wünsche nicht sicher. Da sie wenig stürmisch veranlagt sind, stimmt der eben beschriebene Weg des Nachdenkens und Überprüfens mit diesem Menschentyp am ehesten überein. Gleichwohl wandelt sich auch hier das untermauerte Wissen eines Tages in Einsicht und Erfahrung. Auch wenn der Aufbau länger dauert: Richtig verwendet und in den Händen verlässlicher Lehrer, führt jeder Weg Buddhas zum Ziel und hat tiefen Sinn!

Alles einschließend, wird es auch Große Vervollkommnung genannt. Die Große Vervollkommnung arbeitet ebenso ganzheitlich wie das Große Siegel. Sie sucht aber eher den Überblick als die Erfahrung. Sie will wissen, was ist, und legt den Schwerpunkt auf die Selbstbefreiung des Geistes. Diese Einsicht wird vor allem durch die »Nyingma« oder »Alte« Schule des tibetischen Buddhismus vertreten, die sich im Westen gerne »Dzogchen« oder »Große Vervollkommnung« nennt. Hier nutzt man bei der Beobachtung des Geistes die Tatsache, dass äußere wie innere Erscheinungen sich selbsttätig wieder in den Raum auflösen, ohne etwas an dessen zeitlosem Wesen geändert zu haben. Ihre Anhänger erfahren also den Erleber durch seine selbst befreiende Kraft. Man ist erleichtert, dass man die ganzen Geschehnisse wieder los wird, und erfährt auf eine die Sicht erweiternde Weise, dass der Geist sich stets von jedem Eindruck befreit. Vor allem Leute mit einer Neigung zu Stolz und Zorn nutzen diesen Weg.

Während Veranstaltungen von Laien- und Verwirklicher-Kagyüs mehr aussehen wie die jährliche Begegnung der Taschendiebe, bei der sich alle herzlich umarmen, hat man bei einer Zusammenkunft der Gelugpas mehr das Gefühl, in einem Internat kurz vor der Abschlussprüfung zu sein, bei der alle ihre Papiere vergleichen. Ein Treffen der Nyingmapas gleicht schließlich einem Diplomatentreff, bei dem jeder sich sehr bewusst ist, was er darstellt. Sie halten bewusst mehr Abstand, auch unter sich, und wissen sehr genau, was ihnen nicht gefällt. Ihre Entwicklung geschieht vor allem durch den Segen des einmaligen Meisters *Guru Rinpoche*, der um das Jahr 750 Buddhas Lehre in Tibet festigte. Seine Kraft durchstrahlt auch die Sakya- und Kagyü-Linien, während die Neuen Kadampas und viele Gelugpas ihn nicht mögen, weil er so viele Frauen körperlich segnete und seine Thermas, sprich »verborgenen Lehren«, nicht direkt auf den historischen Buddha zurückzuführen sind. Die Weite seiner höchsten Sicht durchdringt die Anschauung aller »Alten Schulen«, und um erneut das Beispiel des Wassers aufzugreifen, würde man in diesem Fall einen See überfliegen, um dessen Wesen zu erkennen.

Seit Buddhas Zeit meditierten die Halter vom Großen Siegel und der Großen Vervollkommnung zusammen und tauschten sich immer wieder aus. Oft hielt ein Lama beide Übertragungen. So war der 3. Karmapa zu seiner Zeit der einzige Halter der Großen Vervollkommnung und brachte diese Sichtweise und Mittel in das Große Siegel mit ein. Auch Kalu Rinpoche sagte, dass im Wesentlichen beide Übertragungen gleich sind, man aber bei der Wortwahl sehr aufpassen muss. Die Begriffe zur Beschreibung der Wahrnehmungen sind, obgleich dasselbe gemeint ist, oft sehr unterschiedlich. Obendrein werden gleiche Worte oft unterschiedlich verwendet.

Obwohl die Sakyapas ebenso wie die Kagyüpas sowohl die alte Übertragung, die um 750 nach Tibet kam, als auch die neue, die Marpa um 1050 nach Tibet brachte, halten, werden sie hier von Karmapa nicht erwähnt. Sie arbeiten übrigens mit einem deutlich gelehrteren Zugang zum Großen Siegel. Ihre Linie wird weitgehend durch Erbfolge gehalten. Sie haben nach der Flucht 1959 vor allem in Singapur und Seattle ihre Gemeinschaften neu aufgebaut. Von allen bisher genannten Linien achten sie am stärksten auf die äußere Form, so geben sie wie damals Buddha z. B. nie Einweihungen an mehr als 25 Schüler. Ihre Lehren heißen Lam Drel und ermöglichen gut untermauerte Schritte zu einer jenseits von Begriffen liegenden Erfahrung von allen Ebenen des Geistes.

Obwohl der 3. Karmapa vor 700 Jahren nicht auf die Meditationen mit Buddhaformen (Weg der Mittel) an dieser Stelle eingeht, ist es für ein besseres Verständnis und eine zeitgemäße Anwendung der Mittel nötig, einige Zeilen

dazu zu schreiben, und auch, damit ein volles Bild vom Diamantweg-Buddhismus und dem Reichtum seiner Mittel entsteht. Jede der unterschiedlichen Fähigkeiten des Geistes – zur Einsicht, zur Tat und zur Begeisterung – hat die Kraft, dem Erlebenden Geist sein Wesen zu zeigen.
Die Aufstellung weiter unten gibt einen Überblick über die unzähligen Meditationshilfen, die das Verstandene vom Kopf ins Herz bringen. Die Arbeit mit bewusster Atmung, Schwingung – »Mantras« – und der Verschmelzung mit den befriedenden, bereichernden, begeisternden und kraftvoll schützenden Lichtformen der Buddhas bringt selbst verstärkende Ergebnisse hervor. Man ist hier der fortschrittlichsten Psychologie weit voraus. Der Geist hat, wie schon erwähnt, sowohl Tatkraft als auch Weisheit und die Fähigkeit zur Begeisterung. Vor allem wer die Grundübungen geschafft hat und ein nahes, handlungsfreudiges Verhältnis zu Körper und Welt besitzt, kann die Schritte auf dem Weg der Mittel zur Erleuchtung sehr gut über die dem Körper innewohnende Kraft gehen. Die Mehrzahl kommt jedoch im alltäglichen Leben bereits durch die Verarbeitung der inneren Erlebnisse und Störgefühle auf dem Weg der Einsicht weiter.
Wer es schließlich schafft, sich wie ein Buddha in einem Reinen Land zu verhalten, bis er einer geworden ist – umgeben von anderen Buddhas, die das selbst auch noch nicht erkannt haben –, hat den ganzheitlichsten und deshalb schnellsten Weg der Hingabe gewählt. Er erweckt fließend alle innewohnenden Eigenschaften und Tatbereiche der Menschen, vereinigt deren Fähigkeiten zum Wissen wie zur Tat. Ähnlich wie Fallschirm-

springer voller Freude aus Flugzeugen hüpfen, weil sie wissen, dass heutige Fallschirme taugen, kann man die Vervollkommnung des Raumes ebenso genussvoll umarmen wie alles, was darin erscheint. In diesem Vertrauen trifft der Haken vom Segen des Lehrers auf die Ringe des guten Karmas der Schüler. Im Weg der Mittel sind Neigung und Störgefühle Rohstoff für Erleuchtung und bestimmen über den Weg. Findet man aufgrund seiner starken Vorliebe für etwas zum Großen Siegel, ziehen einen auf der »nicht zu überbietenden« (sanskr.: Anuttara) Ebene der vereinigten Buddhas die »Mutter-Tantras« an. Hier wird die aufbauende Phase wegen des starken Vertrauens oft kurz gehalten. Man badet dafür lange und genießerisch in der Verschmelzungsphase im Segen der Buddhas. Als tägliche Einstellung lohnt es sich dabei, die Vergänglichkeit aller Erscheinungen im Geist zu halten und gute Erfahrungen bewusst mit anderen zu teilen.

Liegt wegen Verwirrung der Große Mittlere Weg an, meditierte man in Tibet erst sehr viel später. In den riesigen Gelugpa-Klöstern Tibets bedeutete das mitunter erst nach zwanzig Jahren Studium, wie es der bekannte Geshe Rabten und andere Lamas dieser Schule beschreiben. Dafür lernte man über Buddhas Lehren erstklassig zu debattieren. Heute hat der große Wunsch nach Erlebnissen im Westen sicher auch in dieser Schule die Vorbereitungszeit auf die Meditation verkürzt.

Deshalb werden hier leicht zugängliche Einweihungen gegeben, allerdings meistens nur als Segen, wie zum Beispiel die große Einweihung zum »Rad der Zeit« (sanskr.: Kalachakra, tibet.: Dünkor) vom Dalai Lama. Sie gehören der »nichtzweiheitlichen« Klasse an, entfernen also Unwissenheit. Wichtig bei solchen Einweihungen ist es, schon im Vorhinein zu wissen, ob mit der Einweihung Versprechen verbunden sind. Bei einigen Lamas legt man nämlich mit den für westliche Menschen nicht zu verstehenden Wiederholungen während der Einweihung gleichzeitig auch das Versprechen ab, sich täglich stundenlang auf die Buddhaform einzustellen oder tibetische Texte aufzusagen.

Die große Auswahl von unzähligen Anweisungen und Erklärungen lässt vor allem im nichtzweiheitlichen Tantra viele in ihrer Vertiefung zwischen Erfahren und Denken hin und her schwanken. Auch die weniger genauen Verantwortungsverhältnisse erschweren den Zugang. Der Dalai Lama z. B. gibt die Lehre – also den Weg – als die wichtigste Zuflucht, und nicht wie im Diamantweg den Lama als unmittelbare Verbindung zu Buddha. Hier geht es mehr um Verstehen und Weg als um Beispiel und Ziel.

Bei Verwirrung – aber nicht in Geldsachen! – ist ein guter Leitsatz: »Erster Gedanke – bester Gedanke!« Ohne sich in allzu viele Gedanken zu verfangen, tut man einfach das, was direkt vor einem liegt, und erledigt die auftauchenden Aufgaben der Reihe nach. Allmählich entsteht so – auch über die Sammlung des Geistes – zeitlose Freude und Kraft.

Nach Begierde und Verwirrung ... was gibt es noch Schweres zu bearbeiten? Den Zorn. Wer sich zur Großen Vervollkommnung hingezogen fühlt, ändert auf der Ebene der Mittel Zorn und Stolz am wirksamsten durch die Vater-Tantras.

Hier sichert man sich gerne durch eine lange aufbauende Meditationsphase ab. Man vergewissert sich dabei mit vielen Einzelheiten und Rückkopplungen, dass alles noch beherrschbar ist, und hält die Verschmelzungsphase kurz, da sie schnell als zu »nah« erlebt wird. Im Alltag ist das beste Mittel gegen Stolz und Zorn das bewusste Entwickeln von Mitgefühl. Die Feststellung, dass die Wesen eher aus Dummheit als aus Bosheit ihre Fehler machen und dadurch später leiden werden, sollte als nützliches Denkmuster eingebaut werden.

Mögen wir die Gewissheit erlangen, dass mit der Erkenntnis von einem alle verwirklicht sind! Nach dieser Übersicht, in der jeder allmählich das Richtige für sich finden wird, kehrt Karmapa wieder zum alles Verbindenden zurück. Es ist gleich, wie das Ziel erreicht wird. Die für einen selbst wirksamsten Mittel sind die richtigen.

Jede Mischung von Störgefühlen ist ein möglicher Einstieg. Buddha hat an alle gedacht. Jeder kann auf jeder Ebene das für ihn Passende erhalten. Ob man gerne im Meer schwimmt, eine Wasserprobe davon untersucht oder das Meer vom Flugzeug aus betrachtet – in jedem Fall lernt man etwas über Wasser. Denn welchen Weg Buddhas man auch wählt und ganz gleich, ob Gier, Verwirrung oder Stolz den Treibstoff zur Entwicklung bringen: Am Ende steht die Erleuchtung. Mit ihr sind augenblicklich alle Meditationen und Belehrungen verwirklicht. Karmapa überschaut wie von einer Bergspitze aus alles: Er erfährt das Letztendliche und kann gleichzeitig alle Wege zeigen, die dorthin führen.

Merkmale der Übertragungslinien

Die Mündliche Übertragung (Kagyü-Linie)	Die Tugendhaften (Gelug-Linie)	Die Alte Übertragung (Nyingma-Linie)
Wichtigstes Tantra		
Mutter-Tantra: Kurze aufbauende, lange verschmelzende Phase in der Meditation	Nichtduales Tantra: Aufbau und Verschmelzung gleich lang, viele Einzelheiten, um den Geist festzuhalten	Vater-Tantra: Lange aufbauende, kurze verschmelzende Phase in der Meditation
»Will genießen«	»Kann sich schwer entscheiden«	»Will nicht betrogen werden«
Einsicht		
Großes Siegel	Großer Mittlerer Weg, Analyse	Große Vervollkommnung
Erfahrung sehr schnell mit dem richtigen Segen	Der Weg ist damit viel zäher, länger	Entwicklung sehr schnell, wenn man die allerhöchste Sicht halten kann
Hauptbuddha		
Höchste Freude & Diamantsau (Demchog & Phagmo)	Geheime Sammlung (Sangwa Düpa)	Diamantdolch (Dorje Phurba)
Buddhafamilie		
Lotus-Familie	Buddha-Familie	Diamant-Familie
Hauptstörgefühl		
Anhaftung	Verwirrung	Zorn, Stolz

Arbeit auf täglicher Ebene		
Sich der Vergänglichkeit bewusst sein. Gute Gefühle sofort und an alle weiterschenken.	Weniger überlegen. Erster Gedanke – bester Gedanke! Sich an Leitsätze halten.	Sich Krankheit, Alter und Tod bewusst sein. Dadurch Mitgefühl für die Wesen entwickeln.

Sakyapas – im Vers nicht erwähnt – liegen zwischen Kagyüpas und Gelugpas:

Wichtigstes Tantra: Mutter-Tantra, Hauptbuddha: Oh Diamant (sanskr.: Hevajra, tibet.: Kye Dorje)

ཞེན་པ་མེད་པའི་བདེ་ཆེན་རྒྱུན་ཆད་མེད།

Unaufhörliche große Freude, frei von Anhaftung;

མཚན་འཛིན་མེད་པའི་འོད་གསལ་སྒྲིབ་གཡོགས་བྲལ།

unverschleiertes Klares Licht, frei
vom Festhalten an Merkmalen;

བློ་ལས་འདས་པའི་མི་རྟོགས་བླུན་བྱིས་གྲུབ།

selbst entstandene Begriffslosigkeit,
jenseits von Vorstellungen.

རྩོལ་མེད་རྒྱུན་སྐྱོང་རྒྱུན་ཆད་མེད་པར་ཤོག།

Mögen wir diese Erfahrungen mühelos
und ununterbrochen machen!

Vers 20

Da Erleuchtung jede Vorstellung überschreitet, gibt es unzählige Zugänge zu jedem dieser Verse. Man sollte sie mal eher mit Gefühl und mal aus dem Verständnis heraus angehen. Diesmal liegt es nahe, die Einsichten Karmapas der Reihe nach zu durchleuchten. Alle Aussagen sind befreiend! **Unaufhörliche große Freude** – mit der ersten Zeile zeigt Karmapa wieder auf die Klarheitsebene des Geistes, auf seinen Reichtum an Möglichkeiten und sein ungehindertes, freies Spiel. Er beschreibt hiermit keine vergänglichen angenehmen Zustände, die durch besondere Bedingungen hervorgebracht und als Gegenteil von Leidzuständen erfahren werden, sondern das uferlose Gewahrsein des zeitlosen Geistes. Sobald tiefste Furchtlosigkeit erscheint, weil man das eigene Wesen als unzerstörbaren Raum erkannt hat, erlebt man zugleich höchste Freude durch die ihm innewohnende Klarheit und Kraft. Sie ist der selbst entstandene Überschuss des Raumes und zeigt sich innerlich als die Erfahrung von der Ursprünglichkeit und Frische einer jeden Lage und von den wonnereichen Bewegungen in den Bahnen und Rädern des Energiekörpers. Äußerlich verdichtet sich derselbe Reichtum als die Reinen Länder der Buddhas, als ihre Lichtgestalten sowie die Energiefelder (sanskr.: Mandala, tibet.: Kyilkhor), die sie ständig umgeben. Die Buddhas und ihre Kraftkreise entstehen bereits beim ersten vertrauensvollen Gedanken an sie oder an den Lama, der sie vertritt. Schon beim Sprechen der ersten Silbe ihrer Anrufungen (sanskr.: Mantra, tibet.: Ngag) sind sie da, ob man sie wahrnimmt oder nicht. Wie unmittelbar die Buddhas einem beistehen können, hängt dann davon ab, in welchem Maße man eine Einstellung zum Besten anderer aufgebaut hat und wie viele Altlasten man aus dem Geist entfernt hat. Die beiden Anhäufungen – Mitgefühl und Weisheit –, wie sie in den althergebrachten Texten genannt werden, ermöglichen den Buddhas, in das Karma der Wesen einzugreifen. Das dadurch ermöglichte Wachsen ihrer Regenbogenpaläste im Übenden und um ihn herum gibt die Kraft, die nicht zu überbietenden geistigen und körperlichen Reichtümer des Diamantweges zum Besten aller einzusetzen.

Als Strahlkraft des Erlebers erkannt, ist dieser Zustand einem Spiegel vergleichbar, der viel wirklicher und leuchtender ist als seine wechselnden Bilder. Er ist die zeitlose Fähigkeit, die Dinge ungefärbt und unmittelbar zu erfahren, die Frische des Bewusstseins, die alles ermöglicht. Diese Freude des Raumes wird viel stärker erlebt als alles, was darin erscheint und vergeht. Sie strahlt wie ein Licht aus sich selbst heraus. Unsere feinsten Eigenschaften wie Liebe, Weisheit, Freude, Mut und Kraft sind keine Beigaben zum Geist von woanders her, sondern zeitloser Ausdruck seines Wesens. Seine Raum-Klarheit bringt ständig und immer spielerisch neu ihre grenzenlosen Möglichkeiten hervor. Sie vereinigt Form, Laut und Leerheit und macht die Welt zu einem Reinen Land.

Weil ihre einzige Ursache die Wahrnehmung selbst ist, entsteht diese Freude unaufhörlich und vollkommen ohne Anstrengung. Aus demselben Grund ist sie unzerstörbar. Der Geist ist immer leuchtend, und man stürzt wegen des Nichtvorhandenseins eines Ich oder einer äußeren Welt nicht in ein drohendes schwarzes Loch. Auf letztendlicher Ebene ist kein Herausfallen aus seiner grundlegenden Reinheit möglich. Was auch mit Hirn und Nerven als Umformer und Träger des Bewusstseins geschehen mag: Dem Geist an sich kann nichts Schädliches zustoßen.

Seinem Wesen nach ist er Raum, aber nicht wie eine weiße Wand, die nichts zeigt, wenn keine Bilder auf sie gestrahlt werden. Stattdessen leuchtet er zeitlos von innen heraus wie die Sonne. Aus eigener Kraft erfährt der Geist alles und lässt mühelos Inneres wie Äußeres entstehen. Obwohl die Kraftkreise der Freudenebene an einigen Stellen durch Segen und Meditation spürbar stärker verdichtet sind, auf der letztendlichen Wahrheitsebene ändert das nichts. Jeder, der mit Einweihung, angeleiteter Meditation (tibet.: Gumlung) oder Übertragung zum Großen Siegel meditiert, schafft sowieso neue Reine Länder überall! Der Geist ist immer gegenwärtig. Raum ist gleich Möglichkeit, und das kann nicht an einer Stelle mehr und woanders weniger sein. Deshalb sind die Wesen auch schon erleuchtet, sie müssen es nur entdecken. Weil die Wahrheitsnatur alles durchdringt, waren alle schon immer Buddhas. Sogar die außergewöhnlichsten Lehren des Diamantweges, so, wie hier das Große Siegel, können mit ihren wirksamsten Mitteln nur die Schleier entfernen, die von der Erkenntnis des Geistes abhalten. Der Wahrheit selbst etwas hinzufügen, das können sie nicht.

Die Augenblicke, in denen sich der Erleber durch den Fluss seiner Vorstellungen hindurch selbst erfährt, treffen den ungeübten Geist zunächst völlig unerwartet. Sie sind wie Sonnenstrahlen, die plötzlich zwischen den Wolken seiner Gewohnheiten und Erwartungen hervorbrechen. Wer buddhistisch lebt, die nötigen sinnvollen Eindrücke aufbaut und sein Speicherbewusstsein von Unverdaubarem leert, wird immer öfter Schimmer von letztendlichen Zuständen erfahren. Von dem Zeitpunkt an, in dem die Vorstellung eines vorhandenen Ich weggefallen ist und man sich nicht mehr als Zielscheibe auffassen kann, ist die Entwicklung gesichert. Auf der folgenden Strecke bis zur letztendlichen Verschmelzung von Erleber, Erlebtem und Erleben findet der Verwirklicher immer mehr seine leuchtende Mitte. Dann gibt es nur noch Bedeutung ohne Ende.

Wie Glück bringend diese Zustände auch sein mögen, man sollte wegen der zeitlosen Wonne der Erleuchtung die bedingten Freuden des Lebens keineswegs ausschlagen. Durch sie schafft man ja seine Verbindungen zu anderen. Im Vergleich zum verwirklichten Zustand bleiben diese Freuden jedoch dünn. Ein Buddha erfährt in einer Fingerspitze ständig das Glück, das Liebende in den besten Augenblicken der Vereinigung im ganzen Körper erleben. Sogar die schönsten bedingten Zustände sind nur ein Schatten von den Möglichkeiten, die zeitlos dem Geist innewohnen. Die Erfüllung, die sich von der Ebene der Befreiung an nur noch weiter zur Erleuchtung hin entfaltet, breitet sich zugleich von den Meditationssitzungen immer mehr auf das ganze Leben aus. Am Ende des Weges stehen eine ungeheure, ständige Wonne und ein grenzenloses »Ja!« zum Sinn aller Dinge.

Frei von Anhaftung – warum denn das? Weil die Freude der Verwirklichung alles übertrifft. Wer im vollen Sonnenlicht steht, sieht Mond und Sterne nicht. Aus der frischen Wonne des Raumes erfahren, sind bedingte Glückszustände kleine Zusatzgeschenke. Diese Freuden sind sinnvoll, weil sie einen mit anderen verbinden, man kann sie aber je nach Wunsch annehmen oder nicht. Sobald der unermessliche, stete Reichtum wahrgenommen wird, rufen bedingte Erfahrungen keine Anhaftung mehr hervor. Wo höchste Freude als das Wesen der Dinge erkannt wird, hat alles Zusammengesetzte wenig Kraft, und wer im Wesen des Geistes verweilt, beobachtet mit Verwunderung, wie sich die Wesen von vergänglichen Werten abhängig machen und den Erfolg ihres Lebens an ihrem Verbrauch messen.

Unverschleiertes Klares Licht – das »Klare Licht« des Geistes bleibt ein Begriff, bis der Segen eines Lehrers, der die Übertragung des Großen Siegels hält, »greift«. Wenn die Vermittlung gelingt und die Schüler immer furchtloser innere wie äußere Geschehnisse als Spiegel – und Spielplatz – für ihren Geist erkennen, ist Erleuchtung nur noch eine Frage von Einsatz und Zeit. Wichtig ist dabei zu wissen, dass es sich nicht um ein Licht von woanders her dreht, sondern um einen nicht abreißenden Fluss von eigenen Aha-Erfahrungen. Untrennbar von den empfangenen Eindrücken wird dabei ihre Traumähnlichkeit wahrgenommen, ihre gegenseitige Bedingtheit und »Leerheit von Eigennatur«, wie es Buddha ausdrückte. Während sich Erleber und Erlebtes durch diese Einsicht gegenseitig spiegeln und bereichern, tritt die erleuchtende Weisheit des Großen Siegels hinzu: Sie waren ihrem Wesen nach immer eins und sind Ausdruck desselben allwissenden Raumes. Es gibt keine andere Verwirklichung als das Verweilen in dieser grenzenlosen Erfahrung, die zugleich alles umfasst.

Und warum ist das Klare Licht ohne Vorstellungen und Schleier? Weil das Große Siegel so überzeugend befreit. Nach dem Annehmen dieser Sichtweise und einigen Erfahrungen von ihrer Kraft können höchstens vorübergehend Fetzen von früheren Gewohnheiten und Vorstellungen auftreten. Bedingte Gedanken und Gefühle sowie jede andere zweiheitliche Wahrnehmung trüben den Geist jedoch nur, wenn man sich von ihnen einengen lässt oder sie für wirklich hält. Ansonsten sind sie seine freien Spiele und als Werkzeuge für die Begegnung mit anderen nützlich, wenn fehlende Offenheit kein unmittelbares Mitschwingen erlaubt.

Weil der letztendlichen Wahrheit keine neue Einsicht hinzugefügt werden kann, haben alle Ebenen von Buddhas Lehre nur einen Sinn: die Hindernisse aus dem Erleuchtungsweg zu räumen und den Geist zu zeigen, wie er ist. Wenn keine Störgefühle die Klarsicht des Geistes verschleiern, ist man befreit, und alles wird zum Reinen Land. Sobald außerdem die steifen Vorstellungen verschwunden sind und tiefstes Mitgefühl erwacht ist, ist man erleuchtet. Der Erleber erkennt sich dann ununterbrochen als Raum, klar und unbegrenzt. Jede Erscheinung ist rein. Nach Wunsch schaltet man seine Gedanken ein und aus, lässt sie nützliche Diener sein, aber keine schwierigen Herren. Man hält sie für mögliche Einsätze bereit, erlaubt ihnen aber nicht, die Frische des Hier und Jetzt einzuengen.

Frei vom Festhalten an Merkmalen – warum braucht die große Freude keine Merkmale? Weil auch ihr Ursprung, der Raum, von nirgendwoher etwas braucht. Als das Wissen, das alles verbindet, und als die Grundlage alles Äußeren wie Inneren steht er in keiner Beweisnot. Wer die leuchtende Fläche des Spiegels hinter den Bildern entdeckt oder die riesige Tiefe des Meeres unterhalb seiner Wellen erfasst, verliert dabei nicht die bedingte Welt. Er wird sich aus seinem neu gefundenen zeitlosen Reichtum heraus noch viel stärker über die vielfältigen Bilder freuen und auch jede erscheinende Welle spannend finden. Das Erkennen ihrer Merkmale geschieht dabei immer locker und ohne Anhaftung, denn es könnte auch anders ganz reizvoll sein. Jeder Augenblick ist ohnehin ein neues Geschenk! Kein Festhalten hat mehr Sinn, denn man ist schon viel reicher als alles, was man sich hätte vorstellen können. Wer sein Wesen als unverschleiertes, klares Licht erfährt, braucht nichts und ist völlig frei. Er kann zwar dem gegebenen Hintergrund entsprechend Dinge als schön oder unschön erkennen, muss es aber nicht. Auf letztendlicher Ebene ist alles grundlegend rein und an sich bedeutend. Man handelt aus der Erfahrung der Einheit heraus zum Besten aller.

Selbst entstandene Begriffslosigkeit, jenseits von Vorstellungen. Ohne die Trennung zwischen Erleber, Gegenstand und Tat ist jede Lage entspannt. Man denkt und handelt dann ohne Zweifel und völlig bewusst in das vorliegende Entweder-oder hinein, während auf der höchsten Ebene ein breites Sowohl-als-auch die Sichtweise steuert. Durch sie ist alles wahr, bloß weil es geschieht. Jede Tat entsteht aus Überschuss. Das Klare Licht des Erlebers braucht keine Bestätigung und ist sowieso jenseits aller Vorstellungen. So, unverschleiert und ohne Erwartungen und Befürchtungen, erscheint der begriffsfreie Zustand von selbst. Alles wird in seiner zeitlosen Frische erlebt.

Mögen wir diese Erfahrungen mühelos und ununterbrochen machen! Oft wurden aus der Zen-Richtung Bücher zum ersten Teil dieser letzten Zeile geschrieben. Jeder kennt entsprechende Beispiele für erfolgreiche Mühelosigkeit. Nach einer Woche, in der man erfolglos versucht hat, den Papierkorb zu erwischen, vergisst man irgendwann, das zu wollen. Also knüllt man die missratene Seite zusammen, schaut kaum hin und trifft. Oder man weiß, wer anruft, bevor man die Stimme hört, oder findet den Brief von jemandem im Briefkasten, an den man eben gedacht hat. In solchen erwartungslosen Augenblicken ist man viel eher mit den Geschehnissen eins, als wenn man tief über sie nachsinnt. Das Große Siegel sowie die Diamantweg-Meditationen bringen höchst wirksam und über immer längere Zeiträume hinweg ganzheitliche Erfahrungen hervor. Wenn Begriffe und Vorstellungen dann wieder angenommen werden, um die bedingten Aufgaben des Alltags zu meistern, bleibt tief innen das Gefühl der Freiheit, wie nach einem Fallschirmsprung.

Der Geist war seit anfangsloser Zeit verwirrt und braucht daher viel Übung, um sich in der beschriebenen Weise wahrzunehmen. Deshalb ist Karmapas letzter Rat, ihn durch viele Wünsche daran zu gewöhnen. Obwohl es keinen Erleuchtungsweg für Faule gibt: Gut angekommen zu sein und dann ständig und ohne Anstrengung in der höchsten Freude zu verweilen – wer möchte das nicht?

བཟང་ཞེན་ཉམས་ཀྱི་འཛིན་པ་རང་སར་གྲོལ།

Anhaftung an Angenehmem, das Festhalten
an guten Erfahrungen, befreit sich in sich selbst,

ངན་རྟོག་འཁྲུལ་པ་རང་བཞིན་དབྱིངས་སུ་དག

und das Blendwerk schädlicher Gedanken
reinigt sich in der Weite des Geistes;

ཐ་མལ་ཤེས་པ་སྤང་བླང་བྲལ་ཐོབ་མེད།

das Gewöhnliche Bewusstsein ist frei von Aufgeben
und Annehmen, frei von Vermeiden und Erlangen.

སྤྲོས་བྲལ་ཆོས་ཉིད་བདེན་པ་རྟོགས་པར་ཤོག

Mögen wir die Wahrheit dieser Wirklichkeit, das Freisein
von einengenden Vorstellungen, erkennen.

Vers 21

Der Inhalt der letzten Verse war so bedeutend, dass Karmapa viele Aussagen wieder aufgreift. Da Erleuchtung zeitlose höchste Wonne ist, fühlt es sich zwar richtig an, die allgemeinen, vergänglichen Freuden des Lebens zu genießen, aber bereits früh auf dem Entwicklungsweg fesseln sie einen immer weniger oder nur vorübergehend. Anhaftungen lösen sich von selbst auf, weil im Zustand des Großen Siegels die Strahlkraft des Geistes so überwältigend ist. Dadurch werden bedingte Erfahrungen – auch die schönsten – eher zu einem Zusatzgeschenk. Der ständig erlebte Freudenpegel liegt einfach so hoch, dass man bei angenehmen Erlebnissen sofort an die Bedürfnisse anderer denken muss – einem selbst geht es ja bereits vorzüglich. Hier bestätigen sich die Aussagen vieler Verwirklicher: Weil an sich schon alles vollkommen ist, braucht man nur noch loszulassen, um wirkliche Erfüllung wahrzunehmen!

Und warum können sich **schädliche Gedanken in der Weite des Geistes reinigen?** Weil sie nicht verschieden sind vom Geist. Sie entstehen aus und entfalten sich in seinem Raum, werden durch seine Klarheit erkannt und verschwinden wieder in seiner Unbegrenztheit. Getrennt vom Geist kann es sie nicht geben. Um eine solche befreiende Sicht zu erlangen, die wirkliche Gelassenheit bringt, ist es das Wichtigste, sich nicht wegen vorbeiziehender Gedanken zu beurteilen, sondern ihr Spiel, wenn möglich, zu genießen. Man kann sie auch in ihrer Vielfalt beobachten, zur Kenntnis nehmen oder einfach liegen lassen, links wie rechts. Sie sind der Geist, und dieser ist klares Licht. Also sind sogar störendste Gefühle und andere komische Erfahrungen ihrem Wesen nach rein.

Auf letztendlicher Ebene sind Gedanken und Gefühle Ausdruck der dem Geist innewohnenden Weisheit. Man sollte die als unangenehm erlebten Gedanken und Gefühle wie Wellen sehen, die der Surfer einfach nicht nehmen mag, oder wie langweilige Sendungen im Fernsehen – die die Tibeter als »tote Kühe« bezeichnen –, bei denen man nur kurz hinsieht. Sie haben weder Arme noch Beine, sind ihrem Wesen nach unauffindbar und besitzen nur die Kraft, die man ihnen schenkt. Man steht hier bestimmt vor keinem drei Meter großen, achthundert Pfund schweren Gorilla, den man umnieten muss.

Diese Klarsicht, nicht der Gedanken wegen leiden zu müssen, hilft vielen. Der Kluge gibt seinen Trips niemals so viel Wirklichkeit, dass sie mit ihm davonlaufen und er sie ungewollt durch schwierige Taten und Worte in die Welt setzen muss. Dieser Abstand zu den Gefühlen sollte sich schon nach den ersten Meditationen in Entwicklung befinden. Er ist das Wichtigste aus Karmapas ersten beiden Zeilen in diesem Vers. Erst wenn einem klar wird, dass alles Entstandene wieder vergeht und der Geist an sich vollkommen ist, kann man gewieft die schlechten Rollen des Lebens vermeiden und mehrmals die guten nehmen. Zugleich kann man sich dann an den ganzen Aufführungen ergötzen.

Im Vertrauen zur Güte, die aufgrund der Uferlosigkeit des Geistes entsteht, löst sich das zwanghafte Beurteilen auf. Außer in den Fällen, in denen sichtbar Leid verursacht wird, denkt man unabhängig und überlässt Vorstellungen von »böse« und »Sünde« dem Bereich des »mitunter Vorkommenden« oder »innerhalb eines besonderen Kulturkreises Üblichen«. Ohne Schaudern wird jedes Verhalten wahrgenommen. Man unterscheidet zum Besten aller und auf lange Sicht, ob Freiheit oder Enge daraus entstehen wird. Diese Sichtweise zu halten, wird immer leichter. Weil der Geist an sich vollkommen ist, wird von vornherein alles Leidbringende als weniger wahr erkannt, und ohne Aufregung lässt man Störendes durch fehlende Beachtung vergehen.

Ein dreistufiger Weg verbindet Gedanken, Worte und Taten und nützt anderen wie einem selbst. Aus einer als schwach empfundenen Lage heraus vermeidet der Anfänger – ohne unehrliche Glattheit sich selbst gegenüber oder enttäuschende Feigheit, sondern offen und bewusst – die Umstände, unter denen er bestimmt Fehler gemacht hätte. Wer in früheren Leben oder in diesem schon mit dem Geist gearbeitet hat, steht etwas stärker da. Hier ist es sinnvoll, sich der Vergänglichkeit und Veränderlichkeit einer jeden Schwierigkeit im Leben bewusst zu sein. Dadurch entwickelt man zugleich ein gesundes Mitgefühl für die zahllosen Unfreien und Leidenden, denen es so offensichtlich viel schlechter geht als einem selbst.

3. Karmapa, Rangjung, 1284–1339

Aus der Sicht des Großen Siegels und der Großen Vervollkommnung wird die dritte und höchste Stufe der Bearbeitung der Störzustände oft bildhaft erklärt. Zum Beispiel lässt man »die Diebe das Haus leer vorfinden«, gibt den Feinden weder Nahrung noch Kraft. Anders gesagt: Man macht stur mit dem weiter, was unmittelbar vor einem liegt, und verhält sich bei Leiden wie ein Elefant, der von Dornen gestochen wird – man kümmert sich nicht darum. Die Dornen sind zwar da, aber man bleibt »cool« und ist sich der Stärke seiner Haut bewusst. Nach wiederholten Auftritten in unterschiedlicher Verkleidung, aber ohne jeden Erfolg, bleiben die gemischten Gefühle dann allmählich lieber weg. Ihre Kraft nimmt ab, und wie sie an Gefährlichkeit einbüßen, kann man ihnen sogar Tatbereiche zuordnen: bei abflauendem Zorn den Garten umgraben, bei Eifersucht die Toilette säubern, bei Verwirrung seine Post erledigen usw. Was noch immer an faulen Trips heranschleichen möchte, zieht bei einer solchen Behandlung endgültig davon.

Die letztendliche Sichtweise, dass nur der Geist wirklich ist, und zwar als Raum und Wissen untrennbar, bringt zeitlose Erleuchtung. Sie ist grundlegend verschieden von den Vorstellungen der Glaubensreligionen, die nur die Erscheinungen sehen. Das Festhalten von guten Gedanken und das Wegschieben von schlechten, das sie lehren, ist erfahrungsgemäß unmöglich. Im Buddhismus geht es dagegen um das Zeitlose. Der Spiegel, das Meer und der Erleber sind das Ziel, nicht deren wechselnde Bilder, Wellen und Erlebnisse. Nützliches wie Schädliches, Götter wie Teufel sind vergängliche Erscheinungen des

Geistes. Statt ihrer begeistert einen das zeitlos Leuchtende, aus dem alles kommt, das alles erfährt und wohin sich alles wieder auflöst. Selbstverständlich bewegt man sich auf dieser Suche zugleich geschmeidig in der Welt. Jede Entwicklung geschieht aus dem Wunsch heraus, anderen zu nützen. Ein so spannender Vorgang darf von möglichst wenig äußeren Schwierigkeiten behindert werden. Am wirksamsten von allen Mitteln entfernen Diamantweg-Meditationen wie die Grundübungen unangenehme Samen im Geist. Besser häufig als in überlangen Sitzungen angewendet, lassen sie die Buddhanatur von selbst erscheinen.

Auch Karmapas Aussage zum Gewöhnlichen Bewusstsein konnte nur von einem Buddhisten stammen und ist nur für Geistesverwandte verständlich. Es geht sonst überall um den »reinen Geist«, das »geläuterte Selbst«, die »gerechte Seele«, das »erhabene Ich« usw., von den unzähligen Begriffen der Psychologie ganz zu schweigen. Genau das Fallenlassen von allem Gekünstelten, von unbeweisbaren Vorstellungen und gern gehörten Scheinerklärungen hat Buddha erleuchtet. Auch unser Geist benötigt für diese wichtigste Aufgabe tatsächlich nichts als sich selbst. Es geht nur um den Erleber der Dinge – darum, dass er sich erkennt. Seiner Raum-Klarheit-Unbegrenztheit wohnen alle Erscheinungen und Fähigkeiten inne. Er muss weder irgendetwas aufgeben, um nicht schlecht zu sein, noch kann er sich etwas hinzufügen, um sich zu verbessern. Das Wesen des Geistes war immer die unzerstörbare Verwirklichung, er enthielt immer alles und muss daher nichts erlangen. Der einzige

Sinn sämtlicher Meditationen und Belehrungen Buddhas ist, den Geist seine Einheit und Unbegrenztheit erfahren zu lassen.

Das ist das Ziel: als breite Eiche unerschütterlich in der eigenen Kraft zu stehen, während man mit Humor und Mitgefühl das Disneyland der Welt vorbeiziehen sieht und dort eingreift, wo es langfristig sinnvoll und karmisch möglich ist. Wer das schafft, nützt sogar ungewollt jedem und hat alles erreicht.

འགྲོ་བའི་རང་བཞིན་རྟག་ཏུ་སངས་རྒྱས་ཀྱང་།

Die Natur der Wesen ist immer die eines Buddhas,

མ་རྟོགས་དབང་གིས་མཐའ་མེད་འཁོར་བར་འཁྱམས།

doch sie erkennen dies nicht und irren daher
im endlosen Kreislauf umher.

སྡུག་བསྔལ་མུ་མཐའ་མེད་པའི་སེམས་ཅན་ལ།

Möge das Leid aller Wesen

བཟོད་མེད་སྙིང་རྗེ་རྒྱུད་ལ་སྐྱེ་བར་ཤོག།

überwältigendes Mitgefühl in unserem Geist erwecken.

Vers 22

Die Natur der Wesen ist immer die eines Buddhas. Nach der strahlenden Weite so vieler Verse, die Buddhas letztendliche Einsicht vermitteln, setzt Karmapa jetzt zur Landung an. Um dabei die erbaulichste Ausgangslage zu erhalten, erinnert er schnell wieder an die allen Wesen innewohnende Erleuchtung. Mit dem kleinstmöglichen Verlust an Erfahrungsfrische will Karmapa die Sicht des Großen Siegels in die Welt der Tat hineinbringen.

Aber wie? Er hätte »kraftvolles Handeln« oder »unterscheidende Weisheit« als Landeplatz wählen können, dem Strom seiner Wiedergeburten entsprechend, entscheidet er sich jedoch für das **Mitgefühl**. Die befreienden Sichtweisen sollen den Wesen durch die vielfältigen Brücken dieser Einstellung ermöglicht werden.

Erfahren wie er ist, überschätzt Karmapa keineswegs seine Möglichkeiten, die erleuchtete Sicht allgemein verständlich zu machen. Sogar in den Ländern, wo sie lange bekannt war oder jetzt gerade wird, überfordert sie die meisten Menschen. Zur selben Zeit erlebt der Übende aber oft – und ab einer gewissen Entwicklungsebene ständig –, dass die Wesen nur für einen Augenblick ihre Augen öffnen müssten, um denselben Reichtum zu sehen wie man selbst: dass jedes Atom vor Freude schwingt und von Liebe zusammengehalten wird. Dass

die grenzenlose Raum-Klarheit eines jeden – eben der Erleber – die eines vollkommenen **Buddhas** ist.
Doch sie erkennen dies nicht und irren daher im endlosen Kreislauf umher. Wer von der Ebene höchster Reinheit und tiefsten Sinns in die Welt schaut, kann sich schon wundern, was die Wesen aus ihrer Buddhanatur machen, wie viel unnötigen Schmerz sie anderen und sich selbst zufügen, wie viel freudiges Wachstum sie versäumen. Karmapa erwähnt aber keines der tatsächlichen Leiden seiner Zeit und drängt nicht zur Tat. Obwohl er bestimmt das Verstehen von Karma als Schlüssel zur Befreiung sieht und die Arbeitsweise von Ursache und Wirkung als Möglichkeit und nicht als Schicksal erfährt, gibt er keine Ratschläge, wie die Schwierigkeiten anzupacken wären. Das ist einerseits sehr östlich, könnte aber auch an der damaligen Zeit liegen, in der man sich allgemein schwächer fühlte und sich schnell den Umständen einer undurchsichtigen Welt beugte. Buddha sah die Aufgabe seiner Mönche lediglich darin, Beispiele zu sein und auf die Ursachen der Verhältnisse aufmerksam zu machen. Er wünschte nicht, dass sie ins Leben eingreifen sollten. Wie dem auch sei: Karmapa vermeidet es, Ratschläge zur Gesellschaft oder zum Verhalten der Wesen zu geben, er erinnert stattdessen wieder an die Ursache aller Leiden: Die zweiheitliche Anschauung der Unerleuchteten, die erfahrene Trennung von Erleber, Erlebtem und Erleben.
Außer am Anfang und in Vers 16, wo es um die Geistesruhe ging, blieb Karmapas Sicht auf der Ebene des Diamantweges. Der **endlose Kreislauf** von Geburt und

Tod sowie jedes andere Ereignis erscheinen hier als das freie, an sich freudvolle und zugleich selbstbefreiende Spiel des Geistes. Er schrieb für die Mutigen, die zum Besten anderer leben und zugleich nach den richtigen Belehrungen meditieren, für diejenigen, die sich für die Sicht des Großen Siegels begeistern können. Mit diesen Zeilen schaltet er jetzt auf die Erfahrungsebene allgemeiner Wesen um, wie sie so übersichtlich auf den Abbildungen des tibetischen Lebensrades veranschaulicht wird. Die dort abgebildeten Darstellungen von Einengung und Unfreiheit sind eher für diejenigen, die sich von den Bedingungen gefangen fühlen.
So weit entfernt die Erleuchtung ist, so eng sind die verwirrten Zustände, die erscheinen können. Karmapas Mitgefühl umfasst jeden, der sein Wesen nicht erkennt und deshalb am großen Glück nicht teilhat. Die Unwissenheit ist so zeitlos wie der Geist selbst. Buddha sieht als Ursache zum Leid keine höchstpersönliche Vertreibung aus einem Paradies, sondern die Unfähigkeit des Geistes, sich selbst zu erkennen. Die Entwicklungsmöglichkeiten hören erst mit der Erleuchtung auf.
Wie sieht der **endlose Kreislauf** aus? Warum kommen die Wesen nur so schwer aus ihm heraus? Man kann es nicht oft genug hören: Einem Auge gleich, das sich selbst nicht sehen kann, dafür aber alles Erscheinende wahrnimmt, erfährt sich die Raumnatur des Geistes als ein Ich. Dadurch wird seine Klarheit, das von ihm Erfahrene, zu einem Du und »etwas von ihm Getrenntem«. Aus dieser erlebten, aber nicht wirklichen Zweiheit von Erleber und Erlebtem entstehen Anhaftung, Widerwillen

sowie alle gemischten Gefühle, die dem Geist bei seinem fehlenden Überblick und Abstand höchst wahrhaftig vorkommen. Diese führen zu kurzsichtigen Worten und Taten, die wiederum klotzige Gewohnheiten und schlechte Ergebnisse nach sich ziehen. Obwohl sich jeder schließlich nur im eigenen Fettnapf befindet, sucht man dennoch die Ursache des Leids bei anderen. Man handelt oder redet gegen sie, womit die nächste schwierige Runde schon begonnen hat. Dieser Kreislauf geht ewig weiter, bis ein Buddha erscheint und den Wesen zeigt, wie die Dinge sind. Das Verwenden seiner Mittel ist der Weg heraus, der immer zu Befreiung und Erleuchtung führt. Dann hört man auf, das Glück ständig woanders zu suchen, und entdeckt: Man ist es selbst. Es war immer das Mühelose und Selbstentstandene im eigenen Geist.

Das erwähnte **Leid** ist übrigens im Licht der Erfahrungsreligionen zu sehen. Seine Ursache ist Dummheit, nicht Bosheit, und es ist durch eigene Kraft entfernbar. Buddhas erste Aussage »Es gibt Leid« stört seit 2550 Jahren seine frischen Schüler. Sie wurde an fünf freudlose Menschen von einem Schlag gegeben, der den Diamantweg allgemein scheut. Deswegen fällt es zufriedenen Leuten nicht leicht, diese Belehrung nachzuempfinden. Denkt man aber ein bisschen nach, entpuppen sich seine Worte als gänzlich Glück verheißend. Alles ist ja eine Frage der Ebene, von der aus die Erfahrungen gemacht werden. Verglichen mit der zeitlosen, höchsten Wonne der Erleuchtung, die jedem innewohnt, sind sogar die besten bedingten Freuden und die erfülltesten Augenblicke der Wesen weniger als das und dadurch eine Art von Leid.

Im Gegensatz dazu spürt ein Buddha eine unaufhörliche, riesige Wonne, die von selbst aus dem Raum entsteht und sich aus jedem Erlebnis nährt. Nach einigen Jahren auf dem Diamantweg will man den Geschmack davon nicht mehr vermissen.

Das Klare Licht des Geistes zu erkennen, ist an sich unvorstellbares Glück. Da es das zeitlose, unzerstörbare Wesen aller ist, kann der wohlwollende Buddhist sich offen und ohne jedes schlechte Gewissen zu heiklen Themen äußern. Witzige und kritische Aussagen werden ja nur gemacht, um den Wesen langfristig Peinlichkeiten oder Leid zu ersparen. Nur der fühlt sich angegriffen, bei dem es etwas anzugreifen gibt! Solange die Behauptungen stimmen, sollte jeder dankbar sein. Offene Worte machen niemanden klein oder arm. Im Gegenteil, die Wesen werden so auf Hindernisse aufmerksam, die sie von dem unbegrenzten Reichtum abhalten, der jedem innewohnt.

Der Ausdruck **das Leid aller Wesen** stößt einem selbstsicheren Nordeuropäer als etwas übertrieben auf. Dennoch: Die Mehrzahl der Menschen lebt weltweit im Elend. Selbst unsere besten Krankenhäuser sind keine Orte der Freude, und laut der Lehren Buddhas geht es in den Bereichen der Tiere, der Geister sowie in den Zuständen des Verfolgungswahns, auch Höllen genannt, noch viel unangenehmer zu.

Also ist Mitgefühl überaus angebracht. Nicht Mitleid, dieses Gefühl hält die Wesen klein und nimmt ihnen die Möglichkeit, jemals gleichzuziehen. Hier ist es nützlich, Schulter an Schulter zu stehen, während alle bewusst gute Eindrücke aufbauen und die Wurzeln zukünftiger Leiden entfernen. Verbindend sollte dabei die Einsicht sein, dass jedes Wesen die Buddhanatur besitzt. Man muss auch wissen, dass einem selbst bestimmt während der unzähligen früheren Leben Ähnliches zugestoßen ist, was auch wieder geschehen kann, wenn man unbewusst bleibt und so die Wesen schädigt.

Worte wie »Mitgefühl« und »Liebe« haben bestimmt einige bis jetzt in Karmapas Versen vermisst. Ihre Bedeutung war aber in seinen Wünschen stets mit einbegriffen, auch wenn sie nicht ausdrücklich erwähnt wurden. Man kann sich zwar ohne sie befreien, nicht aber wirkliche Erleuchtungszustände erreichen. Auch kann man auf erleuchteten Bewusstseinsebenen nicht umhin, diese Gefühle auszudrücken. Dass eine solche Liebe gebend und befreiend ist, nicht klebend oder erwartend, ist selbstverständlich. In anderen Texten wird ab der Stufe des Großen Weges die Bodhisattva-Einstellung sehr ausgiebig durchleuchtet und auch Karmapa widmet ihr den gesamten folgenden Weg. Diese Einstellung, auch *Erleuchtungsgeist* genannt, ist die Entscheidung, sich voll zu entwickeln, um anderen besser nützen zu können. Sie ist allen Schulen des Großen Weges gemein. Einige von ihnen arbeiten hier mit Vorstellungen und steigern z. B. die Dankbarkeit der eigenen Mutter gegenüber zu Liebe für alle Wesen. Andere bevorzugen eine ganzheitlichere Weise und wiederholen z. B. Schwingungen wie **OM MANI PEME HUNG** oder **KARMAPA CHENNO**. Dabei strahlt man aus dem Herzzentrum mitten im Körper Licht auf alle Wesen und bringt Liebe, *Mitfreude* und

Gleichmut in ihre Welt.[15] Mit dem Wissen vom Wesen des Geistes ist jede verbindende Tat grundlegend sinnvoll.

Buddha zeigt mit Hilfe von drei Beispielen, wie den Wesen genützt werden kann. Der Stil des Königs, des Fährmanns und des Hirten – alle sind gut. Ihre Einstellungen sind die folgenden: Der König denkt: »Wenn ich erst stark dastehe, werde ich allen nützen.« Die Sicht des Fährmannes ist: »Jetzt erreichen wir gemeinsam etwas Gutes.« Der Hirte meint: »Erst die anderen durchbringen!« Die Welt braucht alle drei. Jeder sollte hier seiner Veranlagung treu bleiben, sonst wirkt es gekünstelt. Obwohl der König am bekanntesten wird für seine Taten und der Fährmann die größte menschliche Nähe genießt, hat der Hirte für sich selbst den besten Erfolg: Wer an sich denkt, hat immer Schwierigkeiten. Wer an andere denkt, hat Aufgaben. Der beste Trick überhaupt ist, sich selbst zu vergessen.

བཅོད་མེད་སྙིང་རྗེའི་རྩལ་ཡང་མ་འགགས་པའི།

Das überwältigende Mitgefühl erscheint ungehindert,

བཅུ་དུས་ཏོ་བོ་སྟོང་དོན་རྗེན་པར་འདར།

gleichzeitig zeigt sich nackt sein leeres Wesen.

བྱུང་འཇུག་གོལ་ས་བྲལ་བའི་ལམ་མཆོག་འདི།

Mögen wir den hervorragenden Weg der fehlerlosen Vereinigung von Leerheit und Mitgefühl

འབྲལ་མེད་ཉིན་མཚན་ཀུན་ཏུ་བསྒོམ་པར་ཤོག།

ohne Unterlass Tag und Nacht üben.

Vers 23

Die Räder des Flugzeugs sind auf dem Asphalt. Karmapa sucht jetzt die sinnvollste Schleuse. Es geht um das Einfädeln der erleuchteten Erfahrung ins tägliche Leben. **Mitgefühl** bleibt weiterhin der Einstieg. Grundsätzlich wird die Liebe im tibetischen Buddhismus durch die vier Arme des Bodhisattva *Liebevolle Augen* versinnbildlicht. Es geht um das gesunde – nicht um das haftende oder einengende – Gefühl, das alles verbindet. Es lässt sich in vier Bereiche unterteilen: Liebe – ein müheloses Geben und Nehmen; Mitgefühl – man spürt ein Ungleichgewicht, es ist aber in Ordnung, denn der Empfänger entwickelt sich; Mitfreude – es geschieht etwas Heilvolles irgendwo und man nimmt geistig teil; Gleichmut – man weiß, dass alle Wesen die Buddhanatur haben, wie unmöglich sie sich auch verhalten. Dies macht die Arbeit mit ihnen grundlegend sinnvoll; man wäscht dabei einen Diamanten und kein Stück Kohle. Wie findet Karmapa dabei den Weg um Gefühlsduselei und Bevormundung herum? Wichtiger als je zuvor ist heute die Tat. In den Ländern, in denen Buddhas Lehre seit Jahrhunderten bekannt ist, mag ein mild lächelnder Heiliger das Mittel sein, um einige Leute aus ihren Gewohnheiten herauszureißen, und einer, der sich auf Lebenszeit zurückzieht, kann für ehrerbietiges Geflüster und Spenden für das Kloster nützlich sein.

Im Westen aber, wo der Buddhismus jetzt lebt und täglich wächst, bewirken Verhaltensweisen wie die erwähnten bei den Menschen wenig. Auf der Straße, im Bett und im Büro heißt Mitgefühl bewusstes Handeln, das durch die tägliche Meditation entwickelt wird. Wenn diese Einstellung auch Menschen im Westen erreichen soll, darf nichts Süßes oder Klebriges dabei sein. Sonst wenden sich die begabten, selbstständigen Leute ab, und man arbeitet am Ende mühsam mit unselbstständigen Menschen, die sich für engere Heilswege als den Diamantweg eignen.

Also muss etwas geschehen – ein rollender Stein setzt kein Moos an –, aber nicht jedes Mittel eignet sich. Um auf Dauer erfolgreich zu sein, sollte jede Handlung von vorausschauender Weisheit geleitet und Ausdruck eigener Reife sein. Deshalb wird öfters geraten, die drei Ebenen des äußeren, inneren und geheimen Lehrers einzuschalten. Gemeinsam berühren sie alle Ebenen im Menschen und sorgen für größtmögliches Wachstum.[16]

Der äußere Lehrer ist derjenige, der einen für Buddhas Lehre öffnet und durch Anleitungen oder sein Beispiel die Richtung zeigt. Er gibt die befreienden Belehrungen und Meditationen. Man braucht von Zeit zu Zeit Begegnungen mit ihm, um sicher zu sein, dass man richtig liegt und nicht stolz, gefühlsduselig oder kopflastig wird. Dieser Lehrer ist der beste Spiegel für den eigenen Geist. Fühlt man sich also einfach entspannt und froh in seiner Nähe, ist das ein sehr gutes Zeichen für eine richtig verlaufende Entwicklung. Man hat nichts zu verbergen, auch nicht vor sich selbst.

Der innere Lehrer besteht aus den erhaltenen Belehrungen und der erworbenen eigenen Reife. Gleich dem Chor in den griechischen Dramen folgt er wie ein Strom von Einsichten immer genau den Geschehnissen, erklärt sie sowohl karmisch als auch im Rahmen einer allgemeinen Entwicklung und macht sie nützlich. Der geheime Lehrer ist etwas Ganzheitliches und so kraftvoll, als würde man die Finger in einer Steckdose halten. Er ist die leuchtende Einsicht, die ständig mit der Erfahrung und von ihr ungetrennt entsteht, das große »Aha«, das alles in einem Augenblick leuchtender Weisheit verbindet und versteht. Das Klare Licht des Geistes ist ein ungebrochener Strom von selbsttätig entstehenden Einsichten. Eine größere Erfüllung gibt es nicht.

Wie schafft man das alles auf einmal? Der Trick ist in diesem Fall, das Mitgefühl nicht zu einem Ding zu machen, sondern einfach aus der Erfahrung der Ganzheit heraus zu handeln. Wer die geringstmögliche Trennung zwischen Handelndem, Gegenstand und Tat erfährt und sich zugleich der Mittel bedient, die der gegebenen Lage entsprechen, wird richtig liegen. Alles andere wirkt nur peinlich. Die allgemeinen Ratschläge sind hier: Nach außen verhält man sich so, dass möglichst wenige Wesen langfristig geschädigt werden und der größtmögliche Nutzen für alle entsteht. Nach innen sucht man in der Einstellung das bestmögliche Gleichgewicht zwischen Mitgefühl und Weisheit. Auf geheimer Ebene verweilt man in der Erfahrung von Raum und Freude als untrennbar, erlebt die Buddhanatur aller Wesen und die grundlegende Wahrheit und Frische in allen Geschehnissen.

Künzig Shamarpa, seit Jahrhunderten die rechte Hand Karmapas, veranschaulicht die Mahamudra-Sichtweise mit dem Malen eines Bildes in Wasser. Alles passt im Augenblick und an sich, aber schon während es erscheint, erlöst es sich selbst. So ist auch das erleuchtete Handeln, hier und jetzt, jenseits von Erwartungen und Befürchtungen, ohne Festhalten oder Wegschieben.

Die Einheit von **Leerheit und Mitgefühl** wird als **der hervorragende Weg** bezeichnet, weil schon seine Grundlage alles Ichbezogene vermeidet. Durch ihn werden gute Taten überpersönlich. Jeder störende Stolz erstickt unter Bergen von freudvollen Aufgaben. Bald ist man viel zu beschäftigt für solche Gefühle, und künftige Erfolge sind sowieso viel spannender als das bereits Erreichte!

... **Tag und Nacht üben** ... Nirgends sind wirkliche Grenzen. Wer nicht nur tagsüber durch seine Mühelosigkeit dem Raum vertraut, sondern auch nachts gerne in seiner Mitte ruht, kann das Erleben vom Wesen des Geistes mit der »Klares-Licht-Meditation« weiterführen, die in den Karma-Kagyü-Zentren gelehrt wird. Verwendet man diese natürlich und leicht, wird die Schlaf- und Traumzeit zu einer weiteren wonnevollen Erfahrung vom Geist. Man erlebt für immer längere Zeiträume seinen aus eigener Kraft strahlenden bewussten Raum.

Die Meditation hilft auf allen Ebenen: Schafft man es während des Träumens, die mitunter entstehende Einsicht, dass alles ein Traum ist, grenzenlos auszudehnen, bedeutet das nicht weniger als die Erleuchtung selbst. Der Geist ist dann unbegrenzt in Zeit und Raum. Auch auf bedingter Ebene lohnt sich dieser Vorgang. Kann man schon auf den Stufen zur Verwirklichung das traumähnliche Gefühl aus der Nacht in den Tag hineintragen, schützt das hochgradig vor Leid. Danach nimmt man mit wachsender Erleichterung wahr, dass Schwierigkeiten früher nicht da waren, sich jetzt ständig ändern und bestimmt wieder vergehen werden. Erst wenn sich der Geist durch befreiende Mittel klärt, werden die Träume steuerbar. Dabei wird auch der Schlafzustand selbst immer bewusster. Wenn das dankbare Gewahrsein immer weniger oft abreißt, entsteht zusätzlich die Möglichkeit, das Klare Licht im Sterben festzuhalten und in diesem Augenblick die Erleuchtung zu erfahren.

སྒོམ་སྟོབས་ལས་བྱུང་མངོན་ཤེས་དང་མཆོག་ཤེས་དང་།

Mögen wir durch die aus der Kraft der Meditation
entstehenden übersinnlichen Fähigkeiten und Hellsicht

སེམས་ཅན་སྨིན་བྱེད་སངས་རྒྱས་ཞིང་རབ་སྦྱངས།

die Wesen zur Reife führen,
die Welt zum Reinen Land der Buddhas machen
und die Eigenschaften der Buddhas erlangen.

སངས་རྒྱས་ཆོས་རྣམས་འགྲུབ་པའི་སྨོན་ལམ་རྫོགས།

Mögen wir nach Verwirklichung dieser drei – Vollendung,

རྫོགས་སྨིན་སྦྱངས་གསུམ་མཐར་ཕྱིན་སངས་རྒྱས་ཤོག

Reife und Reinigung – Buddhaschaft verwirklichen!

Vers 24

Am Ende dieser Verse weist Karmapa auf die verschiedenen Fähigkeiten hin, die auf dem Weg zur Erleuchtung nach viel Übung natürlich entstehen. Unter Buddhisten ist es eigentlich unüblich, darüber zu reden. Übersinnliche Fähigkeiten sind wie in der feineren Gesellschaft das Geld: Man hat es, redet nicht darüber, parkt aber sein teures Auto vor der Tür. Seine Worte bestätigen jedoch gleichzeitig, wie wenig abgehoben er ist, wie bodenständig das Große Siegel im Leben steht. Die Wesen sind ihm das Wichtigste.

Es geht viel weniger um die Farbe der Katze – also um eine von außen aufgedrückte Moral, die ja immer zur Beherrschung anderer eingesetzt wird – als darum, dass sie Mäuse fängt, das heißt, dass die Schüler sich richtig entwickeln. Marpa und Milarepa waren vor 900 Jahren keineswegs zu scheu, um Dutzende unglaublicher Wunder aus dem Ärmel zu ziehen, und auch heute verwundert so manches im buddhistischen Umfeld. Z. B. entspricht das Wetter bei großen Diamantweg-Kursen wie *Stupa*-Einweihungen und dem Erlernen des Bewussten Sterbens (Phowa) nicht den Durchschnittswerten. Besonders am Anfang und Ende erscheinen sehr häufig Böen, Regenbogen oder plötzliche Regenschauer. Sie sind oft örtlich begrenzt, und nach solchen Erfahrungen sprechen immer einige davon, »ihr Schulgeld zurückzuverlangen«.

Das Übersinnliche, Allumfassende ist also viel näher, als man im überbeschäftigten Alltag annimmt. Doch wer das erahnt, hat meistens schon genügend Spannendes im Leben zu tun. Viele schauen auch wegen der Unübersichtlichkeit und der vielen Peinlichkeiten auf diesem Gebiet gar nicht erst genau hin.

Da aber Geist und Welt sich auf bedingter Ebene so offensichtlich gegenseitig beeinflussen und letztendlich eins sind, sollte man sich frühzeitig eine entspannte Einstellung zu Wundern sichern. Sie werden einen ohnehin im Laufe der Entwicklung immer öfter anlächeln. Wie könnte das aussehen? Hier eine längere Erklärung zu einem selten erläuterten, aber spannenden Bereich.

Zunächst sollte man wissen, was Wunder sind. Es gibt hier zwei Arten: mit bzw. ohne Wissen vom letztendlichen Wesen des Geistes. Erstere sind befreiende Taten der großen Verwirklicher und Buddhas. Sie verstehen schon aus früheren Leben die Wahrnehmung ihrer Sinne als bedingt. Daraus folgt die Erkenntnis von der Erscheinungswelt als dem verdichteten gemeinsamen Karma der Wesen. Anders ausgedrückt: Wenn es einem erst einmal gelingt, Tag und Nacht die eigenen Erfahrungen als Träume zu erkennen, kann man sich als nächsten Schritt der Arbeit mit den verdichteten Träumen aller widmen.[17]

Ihr Ausdruck ist die aus dem Raum entstandene, erlebte äußere Welt. Sie besteht aus ständigen Veränderungen und ist an sich nicht wirklich. Deshalb ist man ihr nicht ausgeliefert, man kann sie auch ändern. Dies geschieht aufgrund der in irgendeinem früheren Leben gegebenen

Versprechen. Man handelt dann den jeweiligen Tatbereichen entsprechend. Diese drücken die befriedenden, vermehrenden, begeisternden sowie kraftvoll schützenden Bewusstseinsfelder der Buddhas aus und entstehen, wann immer man an sie denkt. Sie beeinflussen die Außenwelt und lassen die Reinen Länder erscheinen. Die Fälle, in denen jemandem überzeugend und unerwartet das Leben gerettet wurde, gehören zu den am häufigsten berichteten Wundern dieser Art. »Über alle Grenzen«[18], mein Buch über die Entwicklung des Buddhismus im Westen, beschreibt mehrere davon. Hier ist der liebevolle äußere Einfluss handgreiflich nahe. Plötzliche Geschenke und selbst entstandene Erfahrungen von tiefer Erfüllung gehören mit dazu. Auch sie sind freudiger, liebevoller Ausdruck des unendlich reichen und selbst befreienden Raumes. Sie verdichten sich aus den Schwingungen unterschiedlicher Buddhas und Verwirklicher und schützen und segnen die Wesen, wann und wo es geht. Raum ist das Mögliche, nicht Belegte im Geist. Eigentlich sind solche Wunder nichts als die ihm innewohnende Freude, Mut, Liebe und befreiende Weisheit. Wer das Glück hatte, den Licht-Energie Buddhas zu begegnen, weiß, dass keine andere Freude damit vergleichbar ist.

Dieser Bereich der selbst entstandenen Kraftkreise oder des »äußeren« Segens kann überall dort helfen, wo die Wesen es nicht schaffen, die Arbeit guter Kräfte völlig zu verhindern. Raum ist nicht nur Weisheit, sondern auch Freude und Liebe. Er lässt ständig reifen, was man zwar karmisch ermöglicht, aber noch nicht verwirklicht hat. Obwohl das Wort »Segen« altmodisch klingt, gibt es hierfür wohl kein besseres. Raum ist nicht etwas Fehlendes oder ein schwarzes Loch, sondern Wissen, Freude und langfristig sinnvolle Tat, die nicht voneinander zu trennen sind. Alle und alles sind durch ihn gehalten, von ihm umgeben und durch ihn verbunden. Deswegen ist es weder nötig, zu sterben, um ein Reines Land zu erfahren, noch muss man woanders hingehen, um Buddhas zu begegnen – es genügt, bewusst der Raum zu sein. Nichts anderes als er drückt sich als innere und äußere Vervollkommnung aus, als Wonne bei guten Taten und als sichtbare Ereignisse – »Wunder« – in Natur und Welt.

Was ein Uri Geller oder Ted Serios den Menschen vorführt und ein Sai Baba – denke ich – seinen Anhängern zeigt, gehört zur zweiten Sorte. Solche »weltlichen« Wunder erscheinen durch ein ungewöhnlich starkes Ausrichten des Bewusstseins auf einen Punkt. Dadurch lassen sich aus den endlosen Möglichkeiten des Raumes innere wie äußere Geschehnisse hervorbringen. Die hier verwendete Meditationsweise heißt Shine auf Tibetisch und bedeutet das »Beruhigen« (Shi) und das »Festhalten des Geistes an einer Stelle« (Ne).[19] Diese Wunder sind sinnvoll oder sinnlos je nach der Reife ihrer Geber und Empfänger.

Schafft man es, beim Auftreten aller geschenkten und herbeigewünschten Wunder Stolz zu vermeiden, ist das ein gutes Zeichen. Ob man sie aus einer Lage von Vertrauen und Dankbarkeit heraus entstehen lässt oder sie durch einsgerichtete Sammlung anpeilt – die beschriebene Vertiefungsebene ist die beste Grundlage für die weitere Entwicklung.

Es ist jedoch wenig sinnvoll, so geballte Wünsche auf

8. Karmapa, Mikyö Dorje, 1507–1554

nur Weltliches zu richten. Getrennt von einer ganzheitlichen Entwicklung oder zu früh auf dem Weg eingesetzt, sind Wunder schaffende Vertiefungszustände eine sehr große körperliche Belastung. Einige bluten dabei aus dem Darm, oder man kann Stunden danach kaum sehen. Außerdem sind nur diejenigen Ergebnisse wirklich verwendbar und von Dauer, die bereits karmisch zu einem gehören. Ihr Wert als Mittel, um andere zu überzeugen, bleibt kurzfristig und begrenzt, denn die Spiele mit der allgemein für wirklich gehaltenen Erscheinungswelt begeistern nur die Menschen, die schon für Wunder offen sind. Die anderen bleiben aus Trägheit lieber davon überzeugt, dass man es »im Ärmel hatte«. Letztlich haben wohl wenige einen echten Vorteil dadurch. Die wahre Errungenschaft zeigt sich eher in der Beherrschung des eigenen Gemüts.

Obwohl bestimmt vieles versucht werden sollte, um die Wesen aus ihren festen Vorstellungen von der Wirklichkeit der Dinge herauszuschütteln, ist menschliches Wachstum unumgänglich! Es ist das einzig Überzeugende. Das Zeigen von Wundern ohne wirklichen Sinn führt offensichtlich nicht weiter. Das Leben ist zu kurz dafür. Auch können zu heiß herbeigesehnte übersinnliche Zeichen einer runden Entwicklung leicht im Wege stehen.

Statt Erwartung und Druck raten alle Buddhas zum mühelosen Verweilen in einer richtig geübten Meditation. Im Diamantweg sollte sie zuerst durch angeleitete Meditation (tibet.: Gumlung) oder Einweihung (tibet.: *Wang*) von einem Lama mit Übertragung gelernt werden, zumindest jedoch in Gruppen, die seinen Kraftkreis ver-

treten. Zusätzlich sollte jeder mit Hilfe von Videos und Büchern sicherstellen, dass er genau arbeitet! Die gegebenen Übungen müssen Buddhas Belehrungen entsprechen und sich durch die wachsende Selbstständigkeit und Reife der Schüler beweisen.
Hier nimmt sich der Neuling auf dem Meditationsweg leider oft selbst den Mut. Wer die Eigenschaften der Buddhas erlangen will, kann drei großen Hindernissen begegnen.
Fehlendes Vertrauen: Man erkennt am Anfang seine »Höhen« durch seine »Tiefen«. Wenn Letztere weniger werden, weil man sich allmählich sinnvoller verhält, bemerken viele nicht, wie gut es ihnen schon geht: dass sie durchaus auf dem Weg nach oben sind. Die dadurch erlebten Durststrecken sind am besten mit Vertrauen zum Lehrer und zur Linie durchzustehen oder indem man einfach einige Zeit stur weiterübt. Dann zeigt einem entweder ein Rückblick, wie viel Schweres man schon auf dem Weg abgestellt hat, oder das zeitlose Freudenlicht des Geistes bricht in einem erwartungslosen Augenblick durch und beweist alles jenseits aller Vorstellungen. Fehlendes Vertrauen ist aber häufig nicht das einzige Hindernis, das es zu überwinden gilt.
Fehlender Unterscheidungswille stört noch nachhaltiger. Wer nicht bereit ist, zwischen verschiedenartigen Heilswegen zu unterscheiden, weil er denkt, dadurch andere schlecht zu machen, hat weder einen Weg noch ein Ziel. Man behauptet dann lieber, alles sei dasselbe und von irgendeinem Gott, was zumindest bei Buddhas Lehre nicht zutrifft.

»Weiche« Wissenschaften wie das New Age werden dabei oft für wahres Wissen über den Geist gehalten, was sie nicht sind. So bemerkt man die breite Erleuchtungsautobahn kaum und baut sich ein Haus an einer Ausfahrt. Man wird Channel, Auraschauer, Heiler, Naturkostkenner, Kristallsammler, Pyramidenexperte, Engeldolmetscher, Astrologe oder lehrt über »Fünf Tibeter«, die es gar nicht gibt. Es ist bestimmt sinnvoll, das Gute aus diesen Bereichen zum Besten anderer sowie für die eigene Gesundheit zu verwenden, aber die freie Autobahn eines klaren Weges und Ziels nicht zu nutzen oder mit nicht dazugehörigen Inhalten zu vermischen, wäre wirklich schade.

Als drittes großes Hindernis entsteht oft die Neigung, an mitunter auftauchenden Fähigkeiten zu haften und sich durch diese ausweisen zu wollen. Das ist so, als würde man die Kilometersteine vom Straßenrand mitschleppen. Man kommt damit nur schlecht voran. Die ständigen Selbsteinschätzungen werden immer verschachtelter, wiegen immer schwerer. Am Ende bekommt man Arme wie ein Gorilla und bleibt auf der Strecke. Es gibt jedoch auch einen »fließenden« Weg, der auf Dauer zufrieden stellt! Wünscht man zutiefst, anderen Gutes zu tun, wird man zunehmend die Liebe und Kraft des Raumes ausdrücken. Alle Fähigkeiten entstehen dann von selbst, zur rechten Zeit und Stelle und als Ergebnis einer gesunden Entwicklung.

Karmapa zeigt an dieser Stelle, wie mit den besonderen Begabungen umzugehen ist, die durch Vertiefung entstehen. **Vollendung, Reife und Reinigung** gehören alle drei zu den wichtigen Arbeitsbereichen der Bodhisattvas: Man hilft mit allen Mitteln den Wesen, heranzureifen, einschließlich der erwähnten Wunder, arbeitet mit der Reinigung der Sicht, bis sie die Welt als ein Reines Land erfahren können, und hält dabei ständig die Wünsche im Geist, zum Besten aller noch besser arbeiten zu können.

Die Wesen zur Reife zu führen, ist Buddhas einziges Ziel. Die höchste Ebene davon rundet Karmapa in seinem vierundzwanzigsten Vers ab. Vergleicht man die volle Entwicklung mit einem Haus, ist nützliches Verhalten die Grundmauer, Mitgefühl und Weisheit sind die Raum gebenden Wände, und die Sicht des Großen Siegels im Diamantweg ist das umspannende Dach. Jede Mutter und jeder Lehrer arbeiten nach dieser Vorstellung, soweit ihr Verständnis reicht. Das Muster hat sich bewährt.

Die Welt zum Reinen Land der Buddhas zu machen, heißt nicht, mehr Blumen zu pflanzen. Es bedeutet, die Bewusstheitsebene der Wesen zu verändern: Krankheit, Alter, Tod und Verlust werden so lange nicht verschwinden, wie es Körper und Dinge gibt, aber jeder kann in seiner Einstellung von vergänglichen auf zeitlose Werte umsatteln. Wenn gestörte Sichtweisen wegfallen, entstehen befreiende Weisheiten und Reine Länder an ihrer Stelle. Inneres und Äußeres strahlen dann aus ihrer Soheit, als Ausdruck des zeitlos vollkommenen Geistes.

Mögen wir ... Buddhaschaft verwirklichen! Weihnachtsenttäuschten ist der ganze Wunschbereich nicht ganz geheuer. Buddhistisch gesehen ist aber nichts Klebriges daran. Wünsche zu äußern, bedeutet, den Raum mit sinnvollen Samen und zum Besten aller zu bereichern. Dann kann etwas langfristig Nützliches erscheinen. Genau deswegen hat Karmapa sicher diese Form für seine Aussagen gewählt. Man kann zwar vorübergehend sein Karmakonto überziehen, aber langfristig wird nur das erfüllt, was man durch das Ansammeln von guten Eindrücken ermöglicht hat. Selbstverständlich ist es eher erwachsenes Verhalten, seinen Geist in jeder Lage zu beobachten und daraus zu lernen. Wer es schaffen kann, ein Leben zu genießen, das zugleich anderen nützt, wird seine Erleuchtungszinsen wachsen sehen, bis er die Bank besitzt.

Tatsächlich ist der klügste Wunsch überhaupt, zum Besten aller die volle Verwirklichung erreichen zu wollen. Wer so eingestellt ist, wird feststellen, dass besondere Fähigkeiten und eine *Reine Sicht* ganz von selbst und genau dann entstehen, wenn sie gebraucht werden. Sie fühlen sich dann auch echt an und wirken kraftvoll, weil sie dem Augenblick entsprechen. Nach jeder Bestätigung von Einsicht, Kraft, Liebe und Reichtum des Raumes gilt es, getrost alles wieder zu vergessen und mit leichtem Gepäck weiterzuziehen.

Ab einer gewissen Reife verschwinden die allzu genauen und selbstbezogenen Wünsche. Zu oft ändern sich die Umstände sowieso. Vor allem in der Liebe wirkt es komisch, wenn heiß Ersehntes zu einer Zeit ankommt, wenn man schon mit jemand anders beschäftigt ist. Da ist es besser, den Buddhas die Feinheiten zu überlassen und einfach zutiefst zu wünschen, dass alle Wesen zur höchsten Freude der Erleuchtung gelangen mögen. Da die Zuflucht Vergangenheit, Gegenwart und Zukunft kennt, geht auch nichts daneben.

Warum Karmapa die Reihenfolge **Vollendung, Reife und Reinigung** gewählt hat, und nicht die umgekehrte der tatsächlichen Erleuchtungsschritte, ist schwer zu beantworten. Aber auch Buddha betonte in den Vier Edlen Wahrheiten das Letztendliche vor dem Bedingten und das Ziel vor dem Weg. Vielleicht will Karmapa nur ausdrücklich zeigen, dass die Verwirklichung das einzig Erstrebenswerte ist.

ཚིགས་བཅུའི་རྒྱལ་བ་སྲས་བཅས་ཐུགས་རྗེ་དང༌།

Mögen sich diese reinen Wünsche von uns selbst
und allen Wesen

རྣམ་དཀར་དགེ་བ་ཇི་སྙེད་ཡོད་པའི་མཐུས།

durch die Kraft des Mitgefühls der Buddhas
und Bodhisattvas der zehn Richtungen

དེ་ལྟར་བདག་དང་སེམས་ཅན་ཐམས་ཅད་ཀྱི།

sowie alles Guten und Nützlichen,
wie viel es auch sein mag,

སྨོན་ལམ་རྣམ་དག་ཇི་བཞིན་འགྲུབ་གྱུར་ཅིག།

genau so erfüllen, wie wir sie gemacht haben!

Vers 25

Mit dem letzten Vers ist alle Erleuchtungsware durch den Zoll gebracht und liegt sicher in einem schnellen Wagen. Autobahnen mit freier Fahrt und Verwirklichung warten. Die Wahl ist nur noch, wie wir die Welt bereichern wollen.

Mit fast denselben Worten wie am Anfang[20] lädt Karmapa seine jetzt unendlich an Einsicht bereicherten Leser zur Mitarbeit ein. Durch dieselben Wünsche zum Besten aller begeistert, geht es jetzt darum, die richtigen Mittel zu finden.

Schon zu seiner Zeit waren hierfür **Mitgefühl** und Güte der geeignete Einstieg. Überpersönlich und erwartungslos geworden durch die Sicht des Großen Siegels, zieht das Wahrheitsvirus dieser Einstellung durch die Leiden der Wesen und zerstört deren Wurzel.

So wächst das erste hoffnungsvolle Vertrauen in den Sinn aller Dinge zur unerschütterlichen Gewissheit heran. Wenn man in jedem Augenblick erfährt, dass Wahrheit und Sinn des tatsächlich Geschehenden jede Vorstellung und jeden Tagtraum beträchtlich überbieten, ist das Ziel nahe. Dann nutzt man voll und ganz die Kraft des Hier und Jetzt und ist in allem bewusst. Hoffentlich waren diese Wünsche des 3. Karmapa Rangjung Dorje ein erster Auslöser für die baldige Verwirklichung vieler.

Jetzt gilt es, die Weisheitssamen zu nähren, die Sicht des

Großen Siegels zu vertiefen und immer besser zu halten. Es ist kein tibetischer und vor 700 Jahren verblasster Traum, um den es geht. Die richtige Anschauungsweise macht auch heute jede Lebenslage zum Lehrer, und der Geist kann sich auch mitten im Fluss der Reize durch jede Begebenheit entwickeln.

Zurzeit, im Jahr 2006, stehen in den freien Ländern rund um die Welt schon über 480 Karma-Kagyü-Zentren für Laien und Verwirklicher des Diamantweg-Buddhismus bereit, die eine erstklassige Begleitung bieten. Grundlage, Weg und Ziel des Großen Siegels wurden hier von selbstständigen Menschen zunehmend besser verstanden, im Leben überprüft und für richtig befunden. Ihr Leitgedanke ist einfach: Bis man ein Buddha geworden ist, sollte man sich wie einer verhalten. Sicher gibt es eine Diamantweg-Gruppe in deiner Nähe!

Hinter jedem erfolgreichen Mann steht eine erschöpfte Frau. Hier war es wieder meine Caty, ohne ihre Ausdauer und Geistesfrische wäre dieses Buch nicht entstanden. Jeder Satz hat durch sie an Zusammenhang und Sinn gewonnen. Mein besonderer Dank gilt ihr für die enorme Arbeit.

Es ist bewiesen: Raum ist Freude!

Die Mahamudra-Übertragungslinie

Die Kagyü-Linie ist vor allem für die Meditationslehren, das so genannte Große Siegel (tibet.: Chagchen, sanskr.: Mahamudra) bekannt. Sie führen die Übenden zur Erleuchtung, indem sie klar das Wesen des Geistes zeigen. Die Mahamudra-Übertragungslinie geht auf den historischen Buddha vor 2500 Jahren und die indischen Verwirklicher (*Mahasiddhas*) zurück, die nach ihm seine Lehren verwirklichten. Ihre Mittel und Sichtweisen werden mündlich weitergegeben, und diese Übertragungslinie, die mit dem tibetischen Übersetzer Marpa und seinen Nachfolgern Milarepa und Gampopa ihren Anfang nahm, setzt sich von Lehrer zu Schüler über die Karmapas bis heute ununterbrochen fort. Wie die weite Verbreitung des Diamantweges im Westen zeigt, sind sie hier dank des kritischen und abstrakten Denkens der Menschen gut verwendbar. Abbildungen der Mahamudra-Lehrer durchziehen das gesamte Buch.

Buddha (ca. 563–483 v. Chr)
Buddha Shakyamuni begründete das nach ihm benannte »Buddhadharma«, eine Heils- und Erleuchtungslehre, die heute mehr denn je die Welt begeistert. Er wurde in die königliche Familie Gautama in Lumbini hineingeboren und lebte bis zu seinem 29. Lebensjahr fürsorglich von der Außenwelt abgeschirmt als Prinzensohn. Nachdem er unerwartete Begegnungen mit Alter, Krankheit und Tod hatte, denen er keine Dauerwerte entgegensetzen konnte,

verließ er nach der Begegnung mit einem Meditierenden den Hof. Er wollte ungestört nach dem zeitlosen, unzerstörbaren Zustand suchen, den dieser ihm gezeigt hatte. Nach sechs Jahren des Lernens bei unterschiedlichen Lehrern erlangte er mit 35 Jahren in Bodhgaya die volle Erleuchtung. Anschließend lehrte er 45 Jahre lang auf seiner Wanderschaft zwischen Koshala und Magadha in Nordostindien je nach Fähigkeiten der Schüler unterschiedliche Sichtweisen und Mittel.

Saraha (8./9. Jh.)
Saraha ist auch bekannt als »der höchste Siddha – Verwirklicher – des neuen Tantras«. In seiner Jugend trat er in ein Kloster ein und studierte den Kleinen Weg. Nachdem er in Berührung mit den Körper, Rede und Geist umfassenden buddhistischen Geheimlehren »Tantras« gekommen war, setzte er offiziell seine monastische Disziplin eine Zeit lang fort, beschäftigte sich aber im Stillen mit tantrischen Übungen. Wenig später verließ er jedoch das Kloster und nahm sich eine Geliebte. Sie unterwies ihn in der Kunst des Pfeilmachens und dem Diamantweg. Saraha wurde selbst Pfeilmacher und erhielt als Ergebnis seiner Diamantweg-Verwirklichung die Übertragung des Großen Siegels von Ratnamati, einem Boddhisatva auf der 10. Stufe, der diese unmittelbar von Buddha *Diamanthalter* erhalten hatte.

Nagarjuna (10. Jh.)
Saraha hatte zwei Hauptschüler, die beide hoch verwirklicht waren, Nagarjuna und Luyipa. Der indische Ge-

lehrte Nagarjuna ist eine der herausragenden Gestalten der buddhistischen Philosophie und Begründer der Lehre vom Großen Mittleren Weg (Maha-Madhyamaka). Er verfasste den Sanskrittext »Verse aus der Mitte«, in dem er die Prajnaparamita-Belehrungen Buddhas (Prajnaparamita – höchste Weisheit) erklärte und so die Lehren des Großen Siegels über Leerheit erneuerte. Alle vier tibetisch-buddhistischen Schulen beziehen sich auf ihn.

Shawaripa (ca. Ende 10. Jh.)
Shawaripa ist einer der bekannten 84 indischen Mahasiddhas. Er lebte in den Bergen von Vikrama als Jäger, bevor er buddhistische Belehrungen erhielt. Um die schädlichen Eindrücke abzubauen, aß er fortan kein Fleisch mehr und meditierte intensiv auf Liebevolle Augen. Nach zwölf Jahren beständiger Meditation in verschiedenen Höhlen verwirklichte er das Große Siegel.

Maitripa (1007–1077)
Obwohl er das Kind einer Brahmanen-Sippe war, studierte er früh Buddhas Lehren. Sein erster Lehrer war Naropa, der ihm die Einweihung auf Cakrasamvara – Höchste Freude – und Hevajra – Oh Diamant – gab und ihn ermahnte, zu meditieren. Sein Hauptlehrer war Shavaripa, von dem er die Mahamudra-Belehrungen erhielt. Da Shavaripa Maitripa bei einer ihrer ersten Begegnungen in der Gestalt eines Jägers mit Pfeil und Bogen bewaffnet erschien, wird er bis heute mit diesen Gegenständen dargestellt. Maitripa entdeckte die Belehrungen über die Buddhanatur (Uttara Tantra Shastra) wieder, so dass sie

später in Tibet verbreitet werden konnten. Er war einer der Hauptlehrer von Marpa und führte ihn ins Große Siegel ein.

Marpa (1012–1096)

Marpa Lotsawa war der erste tibetische Linienhalter der Kagyü-Schule. Auf seinen drei Reisen nach Indien erhielt er sehr viele Belehrungen und hat insgesamt mehr als 16 Jahre bei seinen Lehrern verbracht. Er war viele Jahre damit beschäftigt, die Texte der tantrischen Belehrungen, die er vor den muslimischen Angriffen in Indien rettete, ins Tibetische zu übersetzen, und ist daher auch als »der Übersetzer« bekannt. Von Maitripa, dem Linienhalter Sarahas, bekam er die letztendliche und vollkommene Übertragung zum Großen Siegel. Von Naropa erhielt er die Übertragung von »Höchster Freude« (Khorlo Demchog) und die »Sechs Übungen von Naropa«. Der Mehrzahl der heutigen Diamantweg-Buddhisten ähnlich, führte er äußerlich ein Leben als Laienbuddhist und lebte mit seiner Hauptfrau Dagmema (tibet.: Nichtich) und seinem Sohn auf einem Bauernhof in Südtibet, der gleichzeitig als Meditationszentrum diente, war aber auf innerer und geheimer Ebene schon ein Buddha. Alle im Leben stehenden Kagyü-Laienbuddhisten folgen seinem Beispiel und gehen den Weg der Marpa-Kagyüs, während die Mönche und Nonnen dem Verhalten des späteren Gampopa, des ersten Mönchs in der Übertragungslinie, folgen.

Milarepa (1052–1135)
Milarepa ist der bekannteste der tibetischen Verwirklicher. Er ist weit über die Kagyü-Linie hinaus berühmt und wird von allen Schulen Tibets gleichermaßen geschätzt. Seine Familie war sehr wohlhabend. Als jedoch der Vater starb und als letzte Tat sein Erbe an einen schwierigen Onkel und eine noch schwierigere Tante weitergab, verarmten seine Frau und der Sohn völlig. Auf Geheiß seiner Mutter lernte der Sohn schwarze Magie und brachte die ganze Verwandtschaft um, die sie so geschädigt hatten. Angesichts dieser »Erfolge« bekam Milarepa erste Gewissensbisse und suchte einen buddhistischen Lehrer. Er durchlief bei Marpa eine harte Schule, an deren Ende er – mit 44 Jahren – alle Übertragungen bekam, die er anschließend in dreißig Jahre langer Zurückziehung in Höhlen verwirklichte. Milarepa ist ein Beispiel für die Kraft des Diamantweges. Trotz seiner fünfunddreißig Morde gelang es ihm mittels eigener Anstrengung, Fleiß und Vertrauen sowie durch die Verbindung mit seinem Lehrer, in einem Leben die volle Erkenntnis vom Großen Siegel zu gewinnen. Er lebte in Höhlen und hatte viele berühmte Schüler, unter anderem Rechungpa und Gampopa. Rechungpa war sicher der interessantere von ihnen, aber die Linie musste zu dieser Zeit ihr reiches Wissen zusammenhalten, was eine feste Organisation erforderte. So wurde Gampopa, der erste Mönch der Linie, der nächste Linienhalter.

Gampopa (1079-1153)

Gampopa – »der Mann vom Berg Gampo« – war der Hauptschüler Milarepas und der Lehrer des 1. Karmapa Düsum Khyenpa. Ebenso wie Milarepa als eine Ausstrahlung von *Drombi Heruka* und Marpa als eine von Hevajra angesehen wird, glaubt man von Gampopa, dass er in einem früheren Leben ein Schüler von Buddha Shakyamuni war. Buddha Shakyamuni kündigte in zwei Sutren einen Mönchsarzt an, der im nördlichen Land des Schnees (Tibet) geboren würde und dort in Zukunft tiefgründige Belehrungen verbreiten werde. Gampopa war anfangs Arzt, ging jedoch ins Kloster, nachdem seine Frau einer Epidemie zum Opfer gefallen war. Da ihm dort jedoch viele Mängel auffielen, verließ er das Kloster wieder und wurde ein Schüler von Milarepa. Als sie sich das erste Mal trafen, musste Gampopa zunächst einen großen Krug Bier austrinken, damit er verstand, dass die Verhaltensregeln für die »eigene Befreiung« der Bodhisattva-Einstellung untergeordnet waren, bei der man zum Besten anderer arbeitet. Gleichzeitig erhielt er auf Begriffsebene wie unterbewusst den Segen der Diamantweg-Sichtweise. Er vereinte die Khadampa-Schule des Atisha mit dem Weg des Großen Siegels und versah zur Absicherung der Übenden die kraftvollen Diamantweg-Meditationen am Anfang mit Zuflucht und Erleuchtungsgedanken und am Ende mit dem Verteilen von den guten Eindrücken. Für seine Schüler mit weniger Vertrauen in die eigene Buddhanatur entwickelte er einen stufenweisen begriffsmäßigeren Weg zum Mahamudra. Zu einem seiner philosophischen Hauptwerke, dem »Juwelenschmuck der Befreiung«, sagte er, dieses zu lesen, sei das Gleiche, wie ihm selbst zu begegnen. Er hatte 51 600 Schüler, darunter 500 Yogis, die in Höhlen und Zurückziehungsstellen um das Kloster herum lebten. Die formale Organisation der Kagyü-Übertragung durch Klöster beginnt mit ihm. Der 1. Karmapa, Düsum Khyenpa, war einer seiner vier Hauptschüler.

Karmapa Düsum Khyenpa – 1. Karmapa (1110–1193)
Düsum Khyenpa war ein kraftvoller Mann vom Khampa-Kriegerstamm der Osttibeter. In Abbildungen und Statuen ist er an seinem Unterbiss und seinen weißen Haaren zu erkennen. Bei seinem ersten Besuch in Gampopas Kloster veranstaltete er mit Freunden ein großes Fest und wurde daraufhin hinausgeworfen. Als Gampopa ihn wegziehen sah, bemerkte er, dass alle Vögel des Tals ihm folgten, und ließ ihn zurückholen. Er gab ihm die Belehrungen über den Geist, und nach acht Monaten Meditation in einer Höhle, die so klein war, dass selbst sitzend seine Knie in den Schnee hinausragten, sahen die anderen Meditierenden ein schwarzes Fünfeck oberhalb seines Kopfes. Sie brachten ihn zu Gampopa, der sehr gelehrt war und sogar Sutrastellen über ihn kannte, in denen er als Karmapa, ein »Ausführender der Buddhatat«, beschrieben wurde. Darin hieß es auch, dass seine Krone aus den Weisheitshaaren unzähliger weiblicher Erleuchtungsspender (Dakinis) bestehe und ihr bloßer Anblick zur Befreiung innerhalb von drei Lebenszeiten führen werde. Sein Name bedeutet »Kenner von Vergangenheit, Gegenwart und Zukunft«. Karmapa gründe-

te die drei Hauptzentren der Linie, Kangpo Kangra im Südosten Tibets, Karma Gön im Nordosten und Tsurphu 70 km südwestlich von Lhasa. Er hatte viele bedeutende Schüler und da er besonderen Wert auf die Meditationspraxis legte, bekam die Kagyü-Linie ihre Ausprägung als die »Überlieferungslinie der Verwirklichung«.

Karma Pakshi – 2. Karmapa (1204–1283)
Der 2. Karmapa wurde aufgrund eines Briefes von Düsum Khyenpa gefunden. Er gilt als die erste bewusste Wiedergeburt Tibets und wird zugleich als Ausstrahlung Guru Rinpoches bereits in den Reiseberichten von Marco Polo erwähnt. Sein Ruhm als tantrischer Meister, der die höchsten Lehren des Großen Siegels verkörpert, führte dazu, dass er sowohl Lehrer des Kaisers von China als auch von Kublai Khan wurde. Dieser verlieh ihm den Titel eines »Pakshi«, was »höchster geistiger Führer« bedeutet. Karma Pakshi hatte außergewöhnliche Kräfte und Verwirklichungen und beherrschte die Energien sowohl oberhalb als auch unterhalb von Erde und Wasser. So warf er das ganze Gold, welches er für seine Belehrungen vom chinesischen Kaiser erhalten hatte, dort in den Fluss, nur um es wenig später tausende von Kilometern flussaufwärts in Tibet wieder herauszuholen. Bevor er starb, erklärte er in seinen Aufzeichnungen, dass er in Form von zwei Lamas wiedergeboren werden würde. Sie würden nacheinander erscheinen, abwechselnd als Lehrer und Schüler, um seine Linie ohne Unterbrechung zu bewahren und fortzuführen. Im Todesjahr des 2. Karmapa (1283) wurde Drakpa Sengye geboren, der später als

der 1. Shamarpa bekannt wurde. Ein Jahr später wurde der 3. Karmapa geboren. Er bestätigte sich selbst mit acht Jahren als der Karmapa.

Rangjung Dorje – 3. Karmapa (1284–1339)
Der 3. Karmapa, Rangjung Dorje, erhielt Unterweisungen aus allen damals bestehenden buddhistischen Schulen. Er wurde der wichtigste Meister des Großen Siegels und gründete viele Meditationszentren. Gleichzeitig baute er aus Eisenketten Hängebrücken und half so den Menschen, leicht Flüsse und Schluchten zu überqueren. Er war ein großartiger Gelehrter und verfasste einmalige Texte und Abhandlungen. Unter anderem entwickelte er die Überlieferung der Meditationspraxis weiter und schrieb die hier erläuterten Mahamudra-Wünsche (tibet.: Chagchen Mönlam). Er führte die begriffsmäßige Einsicht auf einer sehr hohen Stufe verstärkt in die Übungen ein und vereinigte die Lehren des Großen Siegels der Kagyü-Schule mit denen der Großen Vervollkommnung, die bis zu dieser Zeit hauptsächlich durch die Nyingma-Überlieferungslinie weitergegeben wurden. Zudem sagte er voraus, dass er der 6. der 1000 Buddhas in diesem Zeitalter sein werde (Shakyamuni war der 4., Maitreya wird der 5. sein). Dieselbe Voraussage findet man auch in einem *Sutra* des Buddhas unserer Zeit. Seine wichtigsten Schüler waren Gyalwa Yungtön und der 1. Shamarpa, Drakpa Sengye.

Mikyö Dorje – 8. Karmapa (1507–1554)

Mikyö Dorje erklärte wie viele Karmapas zuvor bereits als Kleinkind: »Ich bin Karmapa.« Mit 5 Jahren wurde er von Lama Sonam Rinchen gefragt, wer er wirklich sei. Er antwortete: »Manchmal bin ich Padmasambhava, manchmal Saraha und zu anderen Zeiten bin ich Karmapa.« Mikyö Dorje belebte erneut den gelehrten Aspekt der Überlieferung, gründete zahlreiche Klosterkollegien und verfasste eine Vielzahl philosophischer Abhandlungen und Erläuterungen zu wichtigen buddhistischen Texten. Er lehrte seine Schüler eine besonders vielseitige Meditation, die in den Diamantweg-Zentren heute für viele die Hauptpraxis nach den Grundübungen darstellt. Wie der 7., 9. und 10. Karmapa war er aber auch ein begnadeter Künstler, der in der Malerei sowie bei der Anfertigung von Metallstatuen Außerordentliches leistete. Er trug wesentlich zur Begründung der Karma-Gadri-Schule, eines besonderen Malstils der Thangkamalerei, bei und die von ihm angefertigten Statuen erscheinen einem sehr lebendig. Es heißt, dass Mikyö Dorje einmal ein Selbstbildnis goss und es fragte, ob es ihm auch gleiche, worauf die Statue antwortete: »Aber natürlich!« Diese Statue steht heute noch in Sikkim.

Rangjung Rigpe Dorje – 16. Karmapa (1924–1981)

Rangjung Rigpe Dorje (»Selbst entstandener Diamant höchster Weisheit«) oder wie auch alle anderen hochgeschätzten Lamas als »der Wunscherfüllende Juwel« bezeichnet, wurde in der osttibetischen Provinz Derge, in Denkhok, geboren. Jampal Tsültrim, dem Diener seines

Vorgängers, war der Brief mit den Angaben zu Geburtsort, Eltern etc. der Wiedergeburt anvertraut worden. Es wurde ein Suchtrupp losgeschickt, der den richtigen Jungen fand. Der junge Karmapa wurde in das Kloster Palpung gebracht, wo er ordiniert wurde und das Bodhisattva-Versprechen erhielt. Die Hauptlehrer des 16. Karmapa waren Situ Pema Wangtschuk und Jamgön Khyentse Öser. Karmapa reiste und lehrte überall in Tibet und verfasste unter anderem Volkslieder, in denen er Wege nach Indien beschrieb, die später von vielen seiner Schüler zur Flucht benutzt wurden. Als 1959 die Chinesen Tibet eroberten, floh Karmapa nach Indien. Er bekam von überall Einladungen, um sich niederzulassen, entschied sich aber für Sikkim, wo der Dharmakönig Tashi Namgyal ihm Land für den Bau der Klostergemeinde Rumtek schenkte. 1969 nahm er Lama Ole Nydahl und seine Frau Hannah als seine ersten westlichen Schüler an und beauftragte sie nach ihrer Ausbildung, den Buddhismus nach Europa zu bringen. 1974 unternahm er seine erste große Auslandsreise. Im Laufe der Jahre wurden überall auf der Welt Dharmazentren in seinem Namen gegründet. Er starb im Alter von 58 Jahren.[21]

Glossar

Achtfacher Pfad: Zusammenfassung der Mittel, die zur *Befreiung* führen und vor allem im *Kleinen Weg* angewendet werden. Er umfasst acht Orientierungspunkte für menschliches Denken, Sprechen und Handeln, die sich auf die Entwicklung von Weisheit und die Überwindung von Unwissenheit, sinnvolles Handeln und den Umgang mit dem eigenen Bewusstsein beziehen.

Alles durchdringende Weisheit: Die unmittelbar entstehende Einsicht zeigend. Eine der fünf *Weisheiten*, vertreten durch den weißen Buddha Vairocana der Buddha-Familie (siehe *Buddhafamilien*). Wird dem Element Raum und der Mitte zugeordnet. Entsteht durch die Umformung von Dummheit.

Allmächtiger Ozean (tibet.: Gyalwa Gyamtso/sanskr.: Jinasagara): *Buddha* des Mitgefühls (*Liebevolle Augen* [tibet.: Chenresig]) in Vereinigung mit Partnerin, im *Freudenzustand*, rot, sitzend, vierarmig. Hält in der rechten äußeren Hand einen *Dorje* statt einer *Mala*. Vereinigt Mitgefühl und Weisheit. Sehr wichtig für die *Karma-Kagyü-Linie*.

Anrufung: Kurze gesprochene oder gesungene Meditation auf einen *Buddhaaspekt*, um dessen *Kraftfeld* wachzurufen und die durch ihn verkörperten Eigenschaften in der eigenen Entwicklung zu erfahren.

Arhat, Arhat-Zustand (wörtl.: »Feindbesieger«, wobei hier »Feind« die Ich-Vorstellung bezeichnet): Ein Arhat hat das Ziel des Hinayana erlangt: vollkommene

Befreiung vom Leid der bedingten Existenz durch das Erkennen des Nichtvorhandenseins eines »Ich«.

Ausgleichende Weisheit: Zeigt die Bedingtheit aller Dinge, dass nichts eine Eigennatur besitzt und deswegen alles an sich gleich ist. Eine der fünf *Weisheiten*, vertreten durch den gelben Buddha Ratnasambhava der Juwel-Familie (siehe *Buddhafamilien*). Wird dem Element Erde und der Himmelsrichtung Süden zugeordnet. Entsteht durch die Umformung von Stolz.

Ausstrahlungszustand (tibet.: Tulku/sanskr.: Nirmanakaya): Einer der *drei Zustände der Erleuchtung*. Drückt die Fähigkeit des Geistes aus, sich ungehindert aus dem Raum heraus zu zeigen. In seiner höchsten Bedeutung bezieht sich Nirmanakaya auf den historischen *Buddha*. Er ist ein »perfekter Tulku«. Weitere Arten von Tulkus sind der »Expertentulku« oder Tulku »aus guten Taten«, der z. B. als Heiler, Künstler oder Wissenschaftler zum Besten anderer handelt, und der »geborene Tulku«, der z. B. auch als Tier Geburt annehmen kann, um den Wesen zu helfen. Es gibt Tulkus, die frühere Leben noch klar im Geist haben, und solche, die sich kaum noch daran erinnern. Sie zeigen sich, um den Wesen den Zugang zu ihrer *Buddhanatur* zu ermöglichen. Tulku bedeutet wörtlich »Illusionskörper«: Man ist nicht der Körper, sondern man hat ihn und wird ihn als Werkzeug zum Besten aller Wesen nutzen.

Band, Bande (tibet.: Damtsig/sanskr.: Samaya): Die Grundlage für schnelles geistiges Wachstum im *Diamantweg*-Buddhismus. Durch die ungebrochene

Verbindung zum *Lama*, zu den *Buddhaformen* und denjenigen, mit denen er gemeinsam *Einweihungen* und Belehrungen erhalten hat, entwickelt der Praktizierende schnell die ihm innewohnenden Fähigkeiten.

Bardo, der (tibet.; wörtl.: »zwischen zwei«): Im Allgemeinen jeder Zwischenzustand oder Übergang. In den Belehrungen des *Diamantweges* wird gewöhnlich von sechs Bardos gesprochen, die auch Wachzustand, Tiefschlaf und Traum umfassen. Im Westen versteht man darunter meistens die Zeit zwischen dem Tod und der nächsten Wiedergeburt.

Befreiende Taten/Die Sechs Befreienden Taten (tibet.: Paröl tu djinpa druk/sanskr.: Paramitas): Befreiende Handlungen eines *Bodhisattva*. Meistens werden die folgenden sechs genannt: Großzügigkeit, sinnvolle Lebensweise, Geduld, freudvolle Anstrengung, *Meditation* und befreiende Weisheit.

Befreierin (tibet.: Dölma/sanskr.: Tara)

Grüne Befreierin: Weibliche *Buddha* des Mitgefühls im *Freudenzustand*, smaragdgrün, sitzend. Die rechte Hand ruht am Knie in der Geste des Gebens, die linke Hand hält eine Lotusblüte. Der rechte Fuß ist nach vorne gestreckt als Zeichen, dass sie jederzeit für die Wesen bereit ist. Um sie herum sitzen 20 weitere Befreierinnen. Sie schützen vor unterschiedlichen Gefahren und erfüllen Wünsche.

Gelbe Befreierin (tibet.: Nor gyun ma/sanskr.: Vasudhara oder Basundhara): Weibliche *Buddha* im *Freudenzustand* für Reichtum auf materieller und spiritueller Ebene, golden, sitzend. Der rechte Fuß ist nach vorne gestreckt. Die rechte Hand zeigt die Geste der Freigiebigkeit, die linke hält eine Reisähre. Sie ist die Gefährtin des Reichtumsbuddha (sanskr.: Jambhala) und Hauptaspekt in der buddhistischen Kunst Nepals.

Weiße Befreierin: Weibliche *Buddha* im *Freudenzustand* für langes Leben und Willenskraft. Sitzt in voller Meditationsstellung. Ihr besonderes Kennzeichen sind die sieben Weisheitsaugen.

Befreierin der Verwirklichung (tibet.: Dölma Naljorma): Eine Form der Befreierin mit acht Armen, grün.

Befreiung/befreit: Befreiung vom Daseinskreislauf (*Samsara*), Geisteszustand, in dem alles Leid – zusammen mit den Ursachen für Leid – vollkommen überwunden ist. Sie entsteht durch das Auflösen der Fehlvorstellung eines angenommenen Ich. Auf dieser Stufe fallen alle Störgefühle weg. Erst wenn auch die letzten festen Vorstellungen von der Wirklichkeit losgelassen wurden, spricht man von *Erleuchtung*.

Bewusstes Sterben: siehe *Phowa*

Bodhgaya: Jene Stelle in Nordindien, an der der vierte historische *Buddha* Shakyamuni vor ca. 2550 Jahren die volle *Erleuchtung* erlangte. Alle 1000 historischen *Buddha*s dieses Zeitalters zeigen hier ihre volle *Erleuchtung*.

Bodhisattva (sanskr./tibet.: Djang Chub Sem Pa): Jemand, der *Erleuchtung* zum Besten aller Wesen anstrebt. Diese Haltung entspricht dem Ideal des *Mahayana*-Buddhismus, dessen Kronjuwel der Diamantweg ist. Ein Bodhisattva ist einerseits jemand, der *Leerheit* verstanden und Mitgefühl entwickelt hat, andererseits wird der Begriff auf alle angewendet, die das *Bodhisattva-Versprechen* genommen haben.

Bodhisattva-Versprechen: Das Versprechen, zum Besten aller Wesen *Erleuchtung* zu verwirklichen und mit Kraft und Ausdauer zu arbeiten, bis alle Wesen *erleuchtet* sind. Es wird in Gegenwart eines *Bodhisattva* genommen und in der täglichen *Meditation* wiederholt, um die Einstellung zu stärken.

Buddha, der/die (tibet.: Sangye): Der Name bezeichnet den erleuchteten Geisteszustand. »Sang« bedeutet »vollkommen gereinigt« von allen Schleiern, die die Klarheit des Geistes verdunkeln. »Gye« bedeutet »vollkommene Entfaltung« aller Qualitäten des Geistes. Zu diesen gehören Furchtlosigkeit, unendliche Freude, grenzenloses Mitgefühl, Weisheit und Tatkraft zum Wohle der Wesen. Der Buddha unserer Zeit ist der historische Buddha Shakyamuni, der vierte von insgesamt 1000 historischen Buddhas dieses Zeitalters. Jeder historische Buddha leitet eine neue Zeit hoher Kultur ein, in der das *Dharma* bekannt wird.

Buddha des grenzenlosen Lichtes (tibet.: Öpame/sanskr.: Amitabha): *Buddha* der unterscheidenden Weisheit, rubinrot, sitzend. Die Hände ruhen im Schoß und halten eine Schale mit dem Nektar der höchsten Erfüllung. Sein Bewusstseinsfeld ist das *Reine Land der höchsten Freude* (tibet.: Dewachen), das man durch sein Versprechen an die Wesen mit starken Wünschen erreichen kann.

Buddhafamilien (tibet.: Gyalwa rig nga/sanskr.: panca tathagata, auch: fünf Dhyani-Buddhas): Alle von

Buddha übertragenen *Buddhaformen* unterteilen sich in fünf Buddhafamilien, die zusammen die volle Verwirklichung ausdrücken. Ihr Rohstoff sind die fünf Störgefühle, die über Meditation in die fünf *Buddhaweisheiten* umgekehrt werden.

Buddhaformen, Buddhaaspekte (tibet.: Yidam): Eine der *Drei Wurzeln*. Die unendlichen Eigenschaften des erleuchteten Geistes drücken sich selbst in zahlreichen Licht- und Energieformen aus. Indem man sich mit ihnen in der *Meditation* und im täglichen Leben identifiziert, erwecken sie die jedem innewohnende *Buddhanatur*. Sie werden als untrennbar vom eigenen *Lama* gesehen. Um auf sie meditieren zu können, benötigt man die Erlaubnis oder eine *Einweihung* von einem *Lama*, der die Übertragung hält.

Buddhanatur: Die Natur des Geistes, die Möglichkeit der *Buddhaschaft*, die allen Wesen innewohnt.

Buddhaschaft: siehe *Erleuchtung*

Buddhataten, auch: vier Tatbereiche: Sie beschreiben mutiges, mitfühlendes, spontanes und müheloses Verhalten, die Fähigkeit, zum richtigen Zeitpunkt an der richtigen Stelle das Richtige zu tun. Es gibt insgesamt vier Buddhataten: die befriedenden, vermehrenden, begeisternden und kraftvoll schützenden Tatbereiche eines *Buddha*. Ihre Grundlage ist die Fähigkeit, in dem zu ruhen, was ist.

Chag Chen: siehe *Großes Siegel*

Dakini (sanskr./tibet.: Khandro): Weiblicher *Buddha* – im tibetischen Buddhismus verwendete Bezeichnung für eine weibliche Weggefährtin auf dem Erleuchtungspfad; hoch verwirklichte Frauen, von denen in Tibet gesagt wird, sie könnten sich frei im Raum bewegen. Sie begeistern und treiben den Mann zur Tat an. Dakinis treten oft als Überbringerinnen oder *Schützerinnen* der höchsten Lehren auf.

Dharma, das (umgangssprachlich auch: der) (sanskr./tibet.: Chö): Die buddhistische Lehre. Teil der buddhistischen *Zuflucht.* Es wird unterschiedlich gegliedert, oft in *Hinayana, Mahayana* und *Vajrayana,* die drei Ebenen von Belehrungen, die *Buddha* an Schüler mit verschiedenen Einstellungen gab.

Dharmakaya (sanskr.): siehe *Wahrheitszustand*

Diamant: siehe *Dorje*

Diamantgeist (tibet.: Dorje Sempa/sanskr.: Vajrasattva): *Buddha* der reinigenden Kraft aller Buddhas, weiß, sitzend. Die rechte Hand hält einen *Dorje* zum Herzen und die linke eine *Glocke* an der Hüfte. *Freudenzustand* von Akshobya und verkörpert im *Bardo Mandala* alle *Buddhafamilien.*

Diamanthalter (tibet.: Dorje Chang/sanskr.: Vajradhara): *Buddha,* der den Wahrheitszustand verkörpert, Halter der diamantgleichen Erleuchtung, tiefblau, sitzend. Seine Arme sind auf Herzenshöhe gekreuzt, in den Händen hält er *Dorje* und *Glocke.* In dieser Form zeigt sich der Buddha oder der *Lama,* wenn er *Diamantweg-*Belehrungen gibt.

Diamantweg (tibet.: Dorje Thegpa/sanskr.: Vajrayana): Höchste Belehrungsebene Buddhas. Umfasst Körper, Rede und Geist. Auf der Grundlage des *Erleuchtungsgeistes* wird durch tief gehende und schnelle Mittel das

Ziel, vollkommene *Erleuchtung*, zum Weg gemacht. Er kann nur mit der Einstellung, alles als grundlegend rein zu betrachten, genutzt werden (siehe auch *Reine Sicht*). Synonyme sind Tantrayana und Mantrayana.

Dorje, der (tibet./sanskr.: Vajra; wörtl.: »Herr der Steine«, »Diamant«): Sinnbild der Unzerstörbarkeit und Unerschütterlichkeit, die den höchsten Geisteszustand, die *Erleuchtung*, kennzeichnen. Der so bezeichnete Ritualgegenstand symbolisiert die Mittel des *Diamantweges* sowie Mitgefühl und Freude (siehe auch *Glocke*).

Drei-Jahres-Zurückziehung (auch: Drei-Jahres-Retreat): Traditionelle Ausbildung vieler *Lama*s im tibetischen Buddhismus. Sie dauert drei Jahre, drei Monate und drei Tage und wird in getrenntgeschlechtlichen Gruppen durchgeführt. Sie besteht aus den *Grundübungen*, äußerer, innerer und geheimer *Yidam*-Praxis und den *Sechs Lehren von Naropa*.

Drei Juwelen: siehe *Juwelen*

Drei Wurzeln: siehe *Wurzeln*

Drombi Heruka (auch: Dombi Heruka): Indischer *Mahasiddha* im 10. Jahrhundert. Ursprünglich König Cakravarman in Kaschmir, der seinen Thron zu Gunsten eines Lebens als *Verwirklicher* in den Wäldern mit zwei kastenlosen Töchtern eines Unterhaltungskünstlers (Dombi) verließ. Wurde später von seinen Untertanen an den Hof zurückgebeten und brachte durch seine überzeugende Verwirklichung das ganze Volk zum *Dharma*.

Dzog Chen: siehe *Große Vervollkommnung*

Einweihung (tibet.: Wang/sanskr.: Abhisheka), auch Ermächtigung: Die meist mit Zeremonien verbundene Einführung des Praktizierenden in das *Kraftfeld* einer *Buddhaform*, wodurch der Schüler die Ermächtigung erhält, auf diese zu meditieren (siehe auch *Drei Zustände der Erleuchtung*). Praxis-Ermächtigungen sind mit Versprechen verbunden. Einweihungen können auch als *Segen* gegeben werden (so genannte Erlaubnis-Einweihungen). Hier bekommt man ein *Band* zum *Lama* und Hindernisse auf dem Weg zur *Erleuchtung* werden gereinigt. Neben der Ermächtigung sind für die *Diamantweg*-Übung auch die Übertragung durch Lesen (tibet.: *Lung*) und die mündlichen Erklärungen (tibet.: *Thri*) notwendig. Der unmittelbare Weg des Gomlung wird unter *Meditation* erklärt. In der Kagyü-Linie hat die Meditation auf den Lehrer den höchsten Stellenwert und alle Buddhaformen werden von ihm als untrennbar erlebt.

Entstehungsphase (tibet.: Kye Rim) (auch: aufbauende Phase): Aufbau der inneren Vorstellung eines *Buddhaaspekts* in *Diamantweg-Meditationen*. Sie bringt Gefühle von Hingabe und Dankbarkeit hervor und festigt sich als eine vertrauensvolle, tiefe Geistesruhe.

Erfahrungsweisheit: Entwicklungen in der Erscheinungswelt zeigend. Eine der fünf *Weisheiten*, vertreten durch den grünen Buddha Amoghasiddhi der Schwert-Familie (siehe *Buddhafamilien*). Wird dem Element Luft und der Himmelsrichtung Norden zugeordnet. Entsteht durch die Umformung von Eifersucht.

Erleber: Wird von den meisten Menschen gar nicht wahrgenommen. Bezeichnet die Eigenschaft des Geistes, bewusst zu sein, auch wenn es keine Gegenstände der Wahrnehmung gibt.

Erleuchtung/erleuchtet: siehe *Buddha*

Erleuchtungsgeist (tibet.: Chang Chub Kyi Sem/sanskr.: Bodhicitta): Grundlage für den *Großen Weg* und den *Diamantweg*. Der Wunsch, zum Besten aller Wesen *Erleuchtung* zu erlangen. Der bedingte (relative) Erleuchtungsgeist besteht aus diesem Wunsch und des Weiteren aus der Handlung, sich selbst durch die *Sechs Befreienden Handlungen* zum Wohle aller Wesen zu vervollkommnen. Der letztendliche (absolute) Erleuchtungsgeist ist die Erkenntnis der Untrennbarkeit von *Leerheit* und Mitgefühl. Dies führt zu spontaner und müheloser Tatkraft, jenseits von Gedanken oder Zögern. Subjekt, Objekt und Tat werden nicht mehr als voneinander getrennt erlebt. Es ist die Geisteshaltung eines *Bodhisattva*.

Formzustände: *Freudenzustand* und *Ausstrahlungszustand*. Sie entspringen dem *Wahrheitszustand* und bringen Nutzen für andere.

Freude: Man unterscheidet im Buddhismus zwischen bedingter und nicht bedingter Freude. Bedingte Freude entsteht durch zusammengesetzte und dadurch vergängliche Bedingungen im Äußeren. Nicht bedingte Freude ist das Erkennen der Natur des Geistes und ist jenseits der Dualität von Freude und Nichtfreude. Wenn man das wirklich erkannt hat, bleibt sie durch äußere Bedingungen unveränderlich. Sie ist immer frisch und unberührt von allgemeiner Freude und Leid (siehe auch *Raum*).

Freudenebene: siehe *Freudenzustand*

Freudenzustand (tibet.: Long Ku/sanskr.: Sambhogakaya): Einer der *drei Zustände der Erleuchtung*. *Erleuchteter* Ausdruck der Klarheit des Geistes, sein freies Spiel und die Erfahrung höchster Freude. Dieser Zustand wird erlebt, wenn der Geist von der Ebene der Furchtlosigkeit aus seinen Reichtum an Möglichkeiten erkennt. Er zeigt sich aus dem *Wahrheitszustand* heraus als mannigfache *Buddhaformen und deren Kraftkreise*. Fortgeschrittene *Bodhisattva*s können ihnen begegnen und Segen, Bestätigung sowie unmittelbare Einsichten erhalten (siehe auch *Tulku*).

Gampopa (1079-1153): *Milarepa*s Hauptschüler und Lehrer des 1. *Karmapa*, Düsum Khyenpa. *Buddha* sagte voraus, dass Gampopa das *Dharma* in ganz Tibet verbreiten werde. Er nahm Teile der *Kadampa*-Schule als Vor- und Nachspann für die Kagyü-Meditationen. Zu einem seiner philosophischen Hauptwerke, dem »Kostbaren Schmuck der Befreiung«, sagte er, dieses zu lesen, sei das Gleiche, wie ihm selbst zu begegnen. Dieses Buch erklärt Sichtweise und Weg des *Großen Weges* und ist eine hervorragende Einführung in die Grundlagen des Buddhismus. Die klösterliche *Kagyü-Überlieferung* beginnt mit ihm.

Geist: Wird erfahren als der gewohnte Strom von körperlichen und geistigen Eindrücken. In seinem unerleuchteten Zustand drückt er seine Denk-, Wahrnehmungs- und Erinnerungsfähigkeit durch das Bewusstsein aus. Sein wahres *erleuchtet*es Wesen ist frei von aller Selbstbezogenheit und erlebt sich ungetrennt vom Raum als unzerstörbare und unbegrenzte Bewusstheit. Das Erkennen seines Wesens führt zu Furchtlosigkeit, selbst entstandener Liebe und tatkräftigem Mitgefühl.

Gelug-Linie, Gelug-Schule, die Gelugpas (tibet., zwei Übersetzungsmöglichkeiten: Tugend-Tradition oder Ganden-Tradition, benannt nach ihrem Hauptkloster), auch: »Gelbhut«-Schule: Die neueste der *vier Hauptlinien* des tibetischen Buddhismus. Diese reformierte, erst im 14. Jahrhundert von Tsongkhapa gegründete Schule legt besonderes Gewicht auf das Studium der Schriften und die klösterliche Tradition. Obwohl diese Schule auch verschiedene *tantrische* Übertragungen besitzt, ordnet sie sich selbst meistens dem *Mahayana* zu und nicht dem *Diamantweg*.

Gleichmut: Die letzte der *vier Unermesslichen*; Gleichmut bedeutet, frei von Anhaftung und Abneigung in einem ausgeglichenen wohlwollenden Geisteszustand zu bleiben.

Glocke: Ritualgegenstand, der zusammen mit dem *Dorje* verwendet wird und die Weisheit bzw. den Raum symbolisiert. Gemeinsam bedeuten sie auf *Diamantweg*-Ebene die Untrennbarkeit von Raum (weiblich) und Freude (männlich), Weisheit und Mitgefühl.

Große Vervollkommnung (tibet.: Dzogchen, Dzogpa Chenpo/sanskr.: Maha-Ati): Die letztendliche Belehrung der »Alten« oder *Nyingma*-Tradition. Essenz und Ziel entsprechen dem *Großen Siegel* (Mahamudra) der *Kagyü*-Übertragung. Mittel und Weg sind jedoch verschieden.

Großer Weg (tibet.: Thegchen/sanskr.: Mahayana), auch *Sutra*weg: Hier strebt man nach *Erleuchtung* zum Wohle aller Wesen. Im *Sutra*weg wird durch Studium, Hinterfragen und *Meditation* über lange Zeit Mitgefühl und Wissen vertieft, was dann in Einsicht mündet.

Großes Siegel (tibet.: Chagchen, Chagya Chenpo/sanskr.: Mahamudra): Das »Große Siegel« der Verwirklichung. *Buddha* gab das Versprechen, dass dies die letztendliche Belehrung sei. Sie wird hauptsächlich in der *Kagyü-Schule* gelehrt und führt zu einer direkten Erfahrung des Geistes. Das Große Siegel umfasst Grundlage, Weg und Ziel. Auf die *Buddhanatur* vertrauend, übt man, in der Untrennbarkeit von Erleber, Erlebtem und Erleben zu verweilen. Als Ergebnis erkennt sich der Geist und besiegelt seine *Erleuchtung.*

Grundgedanken/die vier Grundgedanken, auch **vier allgemeine Vorbereitungen** genannt: Vier Gedanken, die ein tiefes Verständnis für die grundlegenden Tatsachen unseres Lebens entwickeln und den Geist auf das *Dharma* ausrichten:

- die Kostbarkeit unserer gegenwärtigen Existenz: Belehrungen zu begegnen, die einen zu *Befreiung* und *Erleuchtung* führen.
- die Vergänglichkeit: Da alle Bedingungen in ständiger Veränderung begriffen sind, sollte man jetzt jede Gelegenheit nutzen, den Geist zu erkennen.
- *Karma*, Ursache und Wirkung: Man gestaltet sein eigenes Leben.
- der Nachteil der bedingten Existenz: die Tatsache,

dass *Erleuchtung* die einzig wahre und andauernde Freude ist.

Grundübungen/die vier Grundübungen (tibet.: Chag Chen Ngöndro; wörtl.: »die Vorbereitung auf das *Große Siegel*«): Sie bestehen aus den vier allgemeinen (oder auch *vier Grundgedanken*) und den vier besonderen vorbereitenden Übungen. Mit den besonderen Vorbereitungen, den Grundübungen, schafft man unzählige gute Eindrücke im Unterbewusstsein. Sie bilden die Grundlage für das *Große Siegel*. Bei jeder dieser Übungen gibt es 111 111 Wiederholungen:
- *Zuflucht*nahme und das Erwecken des *Erleuchtungsgeistes* durch die Verbeugungen
- Reinigung von Leid bringenden Eindrücken durch die *Meditation* auf *Diamantgeist*
- das Verschenken von guten Eindrücken bei den Mandalagaben
- Guru-Yoga, die *Meditation* auf den *Lama*

Guru Rinpoche (tibet., auch: Pema Jungne/sanskr.: Padmasambhava; wörtl.: »der Lotus-Geborene«): Brachte den Buddhismus, insbesondere die *Diamantweg*-Übertragungen, im 8. Jahrhundert nach Tibet. Er führte ein spannendes Leben und zeigte unzählige Wunder. Mit seinen *Termas* und den Vorhersagen der *Tertön*s begründete er die *Nyingma-Linie*. Wird auch von den *Kagyü*s und Sakyas sehr verehrt.

Guru-Yoga, das (sanskr./tibet.: Lami Naljor): *Meditation* auf den Lehrer (*Lama*) als Essenz aller *Buddha*s. Dabei erhält man, wie bei einer *Einweihung*, den *Segen* von Körper, Rede und Geist und die *drei Zustände der Er-*

leuchtung werden erweckt. Am Ende verschmilzt man mit dem *erleuchteten* Zustand des *Lamas*.

Hauptschulen/die vier Hauptschulen oder -linien des tibetischen Buddhismus: *Kagyü* (tibet.; wörtl.: »mündliche Übertragung«), *Nyingma* (tibet.; wörtl.: »alter Stil«), *Sakya* (ein Gebiet in Tibet), *Gelug* (tibet.; wörtl.: »Tugend-Tradition«).

Hinayana (sanskr.): siehe *Kleiner Weg*

Juwelen/die Drei Juwelen: *Buddha, Dharma* und *Sangha.* Alle Buddhisten weltweit nehmen *Zuflucht* zu ihnen.

Kadampa: Eine Schule, die auf den indischen Meister Atisha zurückgeht und Belehrungen zu *Erleuchtungsgeist* und *Zuflucht* betont. Sie existiert heute nicht mehr als eigene Linie.

Kagyü-Linie, Kagyü-Schule, die Kagyüpas: Die *Verwirklicher*-Übertragung innerhalb der *vier Hauptschulen* des tibetischen Buddhismus. Sie umfasst die alten und neuen Belehrungen, die Tibet erreichten. Da sie sehr praxisorientiert ist, wird sie die »mündliche« oder »vervollkommnende« Schule genannt. Sie wurde durch den Helden *Marpa* ca. 1050 nach Tibet gebracht und schöpft ihre Kraft aus der engen Lehrer-Schüler-Verbindung.

Vier größere und acht kleinere Schulen finden ihren Ursprung in den vier Hauptschülern *Gampopas*. »Größer« und »kleiner« bezieht sich auf die direkte Verbindung mit Gampopa (größere oder Haupt-Schulen) oder die indirekte Verbindung über einen Schüler von Gampopa (kleinere oder Neben-Schulen). Heute ist aus der größeren nur die Karma-Kagyü-

Schule übrig, deren geistiges Oberhaupt *Karmapa* ist. Von den acht kleinen Linien haben die Drugpa und Drikung Kagyüpas viele Anhänger in Bhutan und Ladakh.

Kanjur, der (tibet.): Sammlung der direkten Belehrungen des *Buddha*, je nach Ausgabe 100, 103, 106 oder 108 Bände (siehe auch *Tenjur*).

Karma, das (sanskr./tibet.: Lä; wörtl.: »Handlung«): Das Gesetz von Ursache und Wirkung, nach dem wir die Welt entsprechend der im Geist gespeicherten Eindrücke erleben, die wir mit Handlungen von Körper, Rede und Geist schaffen. Das bedeutet, dass wir mit unseren Handlungen hier und jetzt die eigene Zukunft bestimmen.

Karma-Kagyü(-Schule/-Linie): siehe *Kagyü(-Schule/-Linie)*

Karmapa (tibet.; wörtl.: »Derjenige, der die Buddhatat ausführt« oder »Herr der Buddhaaktivität«): Der erste bewusst wiedergeborene *Lama* Tibets und geistiges Oberhaupt der *Karma-Kagyü-Linie* seit dem 12. Jahrhundert. Der Karmapa verkörpert die Tatkraft aller *Buddha*s und wurde schon von *Buddha* Shakyamuni und *Guru Rinpoche* vorhergesagt. Viele Karmapas hinterließen vor ihrem Tod einen Brief, der die genauen Umstände ihrer nächsten Geburt enthält. Bis heute gab es 17 Inkarnationen:

1. Düsum Khyenpa, 1110–1193
2. Karma Pakshi, 1204–1283
3. Rangjung Dorje, 1284–1339
4. Rölpe Dorje, 1340–1383

5. Deshin Shegpa, 1384–1415
6. Tongwa Dönden, 1416–1453
7. Chödrag Gyamtso, 1454–1506
8. Mikyö Dorje, 1507–1554
9. Wangchug Dorje, 1556–1603
10. Chöying Dorje, 1604–1674
11. Yeshe Dorje, 1676–1702
12. Changchub Dorje, 1703–1732
13. Düdül Dorje, 1733–1797
14. Thegchog Dorje, 1798–1868
15. Khakhyab Dorje, 1871–1922
16. Rangjung Rigpe Dorje, 1924–1981
17. Trinlay Thaye Dorje, 1983–

16.-Karmapa-Meditation (oder Meditation auf den 16. Karmapa): Diese *Meditation* wurde vom 16. *Karmapa* selbst verfasst. Sie ist eine Form des *Guru-Yoga* und wird auf den Wunsch des 16. Karmapa in den *Diamantweg*-Zentren im Westen als Hauptpraxis für die gemeinsamen Meditationen verwendet.

Khandro (tibet.): siehe *Dakini*

Khyilkhor (sanskr.): siehe *Mandala*

Klarheit (tibet.: Salwa): *Leerheit*, Klarheit und *Unbegrenztheit* sind die nicht voneinander zu trennenden Eigenschaften des Geistes; Klarheit ist die dem Geist innewohnende Fähigkeit, ohne Unterbrechung zu erleben, und entspricht bei der Verwirklichung dem *Freudenzustand* der *Erleuchtung*.

Kleiner Weg (tibet.: Thek Chung/sanskr.: Hinayana): Der Weg der »Hörer« (sanskr.: Shravakas) und der »Einzel-*Buddhas*« oder »Allein-Verwirklicher« (sanskr.:

Prathyekabuddhas). Hier steht die eigene *Befreiung* im Mittelpunkt.

Kraftfeld: siehe *Mandala*

Kronzeremonie: Zur Zeit des 5. *Karmapa* ließ der chinesische Kaiser eine Nachbildung vom Kraftfeld der *Schwarzen Krone* anfertigen. Diese zeigen die *Karmapa*s seither in Zeremonien, wobei sie gleichzeitig in tiefer *Meditation* verweilen. Der *Karmapa* gilt als Ausstrahlung von *Allmächtiger Ozean*. Die *Schwarze Krone* gehört zu den Schätzen der *Karma-Kagyü-Linie*.

Lama (tibet.; wörtl.: »höchstes Prinzip«): Buddhistischer Lehrer. Eine der *Drei Wurzeln*. Er ist im *Diamantweg* besonders wichtig. Ohne ihn gibt es keinen Zugang zu den tiefsten Belehrungen. Durch das *Guru-Yoga*, die *Meditation* auf ihn, erhält man seinen *Segen*. Bei Segen erlebt man für Momente die wahre *Natur des Geistes*, der Lama spiegelt dem Schüler die *drei Zustände der Erleuchtung*.

Leerheit (tibet.: Tongpanyi/sanskr.: Shunyata): Leer von unabhängiger Existenz, nichts entsteht aus sich selbst heraus, sondern aufgrund von Bedingungen. Leerheit ist die letztendliche Natur aller äußeren und inneren Phänomene und kann nicht durch Begriffe erfasst werden.

Lhaktong (tibet./sanskr.: Vipashyana): Einsichtsmeditation; diese *Meditation*spraxis wird sowohl im *Sutra* als auch im *Tantra* als Methode verwendet und baut auf einer stabilen *Shine*-Erfahrung auf. Man übt, die Einsicht in die Nichtzweiheit von wahrnehmendem

Bewusstsein und wahrgenommenem Objekt von Moment zu Moment aufrechtzuerhalten. Es gibt einen analytischen und einen direkten Zugang.

Liebe: Die erste der *Vier Unermesslichen*; der Wunsch, dass andere glücklich sind und die Ursache des Glücks haben.

Liebevolle Augen (tibet.: Chenresig/sanskr.: Avalokiteshvara): *Buddha* des Mitgefühls und der nicht unterscheidenden Liebe, im *Freudenzustand*, weiß, sitzend, mit vier Armen. Die rechte äußere Hand hält eine Kristall*mala*, die alle Wesen aus der bedingten Welt befreit. Die beiden mittleren Hände umschließen das Juwel der *Erleuchtung* vor seinem Herzen. Die linke äußere Hand hält eine Lotusblüte, die die Reinheit seiner Einstellung zeigt. Seine Augen sehen jedes Wesen.

Lung, der (tibet.): Rituelles Vorlesen der *Diamantweg*-Texte. Das bloße Hören der Silben überträgt ihre innere Bedeutung (siehe auch *Einweihung*).

Maha-Ati, das (sanskr.): siehe *Große Vervollkommnung*

Maha Madhyamaka: siehe *Uma Chenpo*

Mahamudra, das (sanskr.): siehe *Großes Siegel*

Mahasiddha(s) (sanskr./tibet.: Drubchen; wörtl.: »Großer Verwirklicher«): Große *tantrische* Meister Indiens, die berühmt dafür waren, durch die kraftvollen Mittel des *Tantra* und des *Großen Siegels* in einem Leben *Erleuchtung* zu erlangen. Sie kamen aus allen sozialen Schichten und verwirklichten die *Natur des Geistes* unter äußerlich oft ganz normalen Lebensumständen. Sie konnten durch ihre spirituelle Kraft Änderungen

in der Welt der Erscheinungen bewirken und damit
Schüler von der Wirksamkeit der Lehren überzeugen.
Unter ihnen haben Saraha, *Tilopa* und *Naropa* eine
herausragende Bedeutung in der *Kagyü-Linie*.

Mahayana, das (sanskr.): siehe *Großer Weg*

Maitripa (1007–1088): Maitripa war ein Schüler von
Naropa und wurde später einer der Hauptlehrer von
Marpa. Er zeigte Wunder und lebte das Leben eines
Mahasiddhas. Seine Hauptaktivität war die Übermittlung der Lehren des Großen Siegels der Karma-Kagyü-Schule. Zahlreiche Meditationen, die bis heute
alltagstauglich praktiziert werden, gehen auf Maitripa
zurück, z. B. Meditationen des »Weges der Einsicht«.

Mala (sanskr./tibet.: Threngwa): Buddhistische *Meditationskette*, wird zum Zählen von *Mantra*s oder auch
als körperliche Erinnerungsstütze für die vielen Wiederholungen verwendet.

Mandala, das (sanskr./tibet.: Khyilkhor; wörtl.: »Zentrum und Umkreis«), mehrere Bedeutungen:
- Kraftfeld eines Buddhas, das aus den unzähligen Möglichkeiten des Raums entsteht, oder die bildliche Darstellung davon. Im weiteren Sinne auch Kraftfeld einer Person oder einer Gruppe.
- geistig vorgestelltes Universum voller Kostbarkeiten, das man bei den Mandalagaben, dem 3. Teil der *Grundübungen*, den Buddhas schenkt
- Metallscheibe, die bei den Mandalagaben verwendet wird

Mantra, das (sanskr./tibet.: Ngag): Natürliche Schwingung einer *Buddhaform*. Aktiviert das *Kraftfeld* eines

Buddhas. Viele *Diamantweg-Meditation*en enthalten einen Abschnitt, in dem Mantras gesprochen werden.

Marpa (1012–1097): Der »große Übersetzer«. Er reiste dreimal nach Indien und verbrachte dort 16 Jahre, um bei seinen Lehrern zu lernen. Er vermochte den Buddhismus in Tibet wieder aufzubauen. Seine Hauptlehrer waren *Naropa* und Maitripa, von denen er die *Sechs Lehren Naropas* und die Belehrungen zum *Großen Siegel* erhielt. Er war der erste tibetische Linienhalter der *Kagyü-Schule* und wurde *Milarepa*s Lehrer. Die Laien- und *Verwirklicher*-Übertragung der Kagyü-Linie wird auch oft »Marpa Kagyü« genannt, während die Mönche und Nonnen dem Weg des späteren Gampopa folgen (siehe *Gampopa*).

Meditation (buddhistische): Das tibetische Wort »Gom« bedeutet »bekannt werden mit« und drückt einen Vorgang aus, bei dem der Geist übt, seine Schleier fallen zu lassen. Hierbei benutzt man Mittel, die das vorher neu begrifflich Verstandene zur Eigenerfahrung machen. Meditation ist das mühelose Verweilen in dem, was ist. Auf den verschiedenen Ebenen der buddhistischen Belehrungen werden unterschiedliche Methoden gelehrt, die sich aber im Wesentlichen unter *Shine* und *Lhaktong* zusammenfassen lassen. Im *Diamantweg* sind die wichtigsten Mittel die Einswerdung mit der *Erleuchtung*, das Erwecken der erleuchteten *Kraftfelder* durch *Mantras*, *Dankbarkeit* und das Halten der *Reinen Sicht*. Wie früher in den Verwirklicherhöhlen Tibets, so ermöglicht heute im Westen geleitete Meditation (tibet.: Gomlung) einer Großzahl der

Meditierenden den Zugang zu den zahllosen Mitteln des *Diamantweges*.

Milarepa (1040-1123): Hauptschüler *Marpa*s und Lehrer *Gampopa*s. Er ist der bekannteste der tibetischen *Verwirklicher* und wird von allen Linien Tibets geschätzt. Nachdem er sich auf Wunsch seiner Mutter an fünfunddreißig Feinden seiner Familie gerächt und sie getötet hatte, suchte er einen Weg, um das angesammelte schlechte *Karma* wieder zu reinigen. Er begegnete *Marpa* und aufgrund seines unerschütterlichen Vertrauens in ihn und seines Willens, selbst unter den schwierigsten Bedingungen weiterzumeditieren, erlangte er die Verwirklichung der höchsten Einsicht in einem Leben.

Mitfreude: Die dritte der *Vier Unermesslichen;* das Sicherfreuen an den nützlichen Handlungen anderer und der Wunsch, dass andere dauerhaftes Glück erleben mögen.

Mitgefühl (tibet.: Nying Dje): Die zweite der *Vier Unermesslichen*; der Wunsch, dass alle fühlenden Wesen frei von Leid und den Ursachen des Leids sein mögen.

Naropa (956-1040): Schüler *Tilopa*s und Lehrer *Marpa*s. Indischer *Mahasiddha* und ehemaliger Gelehrter von Nalanda, einer der großen buddhistischen Universitäten Indiens. Nach acht Jahren gab er das akademische Leben auf und wurde ein wandernder *Verwirklicher* auf der Suche nach seinem wahren Lehrer. Er verfasste die erste schriftliche Zusammenfassung über wichtige *tantrische* Lehren, die *Sechs Lehren Naropas* (tibet.: Naro Chö Druk).

Natur des Geistes: siehe *Buddhanatur*

Ngöndro, das (tibet.): siehe *Grundübungen*

Nirmanakaya (sanskr.): siehe *Ausstrahlungszustand*

Nirwana, das (sanskr./tibet.: Nyang ngen le depa): Allgemein Befreiung vom Leid in *Samsara*, speziell im *Mahayana*-Zustand der Vollkommenheit (*Buddhaschaft*). Das Nichtklebende oder Große Nirwana heißt, in dem zu ruhen, was ist. Geschieht dann nichts, ist das der Raum des Geistes. Geschieht etwas, ist das sein freies Spiel, und die Tatsache, dass beides geschieht, ist sein unbegrenztes, reiches Spiel.

Nyingma-Linie, Nyingma-Schule, die Nyingmapas: Die früheste der *vier Hauptlinien* des tibetischen Buddhismus, die »Alte Schule«. Sie wurde von dem indischen Meister *Guru Rinpoche* (tibet./sanskr.: Padmasambhava) im 8. Jahrhundert begründet. Man unterscheidet zwischen der Kama-Tradition, der Schule der direkten Übertragung von Lehrer zu Schüler, die auf Buddha zurückgeht, und der *Terma*-Tradition, der Übertragung der versteckten »Schätze«. Der dem Buddhismus feindlich gesinnte König Langdarma zerstörte im Jahr 800 diese Übertragungslinie, aber die durch die *Tertön*s (Schatzfinder) wieder entdeckten *Terma*s retteten die Lehren *Guru Rinpoche*s bis heute. Viele *Tertön*s waren *Kagyü*s und durch das Teilen von Übertragungen blieb eine nahe Verbindung zwischen der *Kagyü*- und der Nyingma-Schule bestehen.

Paramitas: siehe *Befreiende Taten*

Phowa, das (tibet.): die *Meditation* des Bewussten Sterbens. Man bereitet sich damit auf den späteren Tod vor. Die Wirkung einer erfolgreichen Praxis ist, weniger Furcht zu erleben und beim Sterben in das *Reine Land der Großen Freude* zu gehen.

Puja, die (sanskr./tibet.: Chöpa): »Anrufung durch Geben«, auf Tibetisch gesungene *Meditation*, Anrufung auf verschiedene *Buddhaformen*.

Raum: Raum ist zeitlos und überall als die allem innewohnende Möglichkeit des Geistes vorhanden. Er enthält Wissen, erfährt Freude und drückt sich sinnvoll und liebevoll aus. Diesen Raum ständig in und um sich zu erkennen, ist die volle *Erleuchtung*. Oft als ein Nichts, etwas Fehlendes oder schwarzes Loch missverstanden, verbindet er stattdessen alles. Von *Buddha* als *Leerheit* beschrieben, umfasst und erkennt er alle Zeiten und Richtungen.

Reines Land: Das Kraftfeld eines *Buddhas*. Das bekannteste Reine Land ist das *Reine Land der Großen Freude* des *Buddha des Grenzenlosen Lichtes* (siehe auch *Phowa*).

Reines Land der Großen Freude (tibet.: Dewachen/ sanskr.: Sukhavati): *Reines Land* des *Buddha des Grenzenlosen Lichtes*. Ist durch die von dem Buddha des Grenzenlosen Lichtes gemachten Wünsche und das *Phowa* besonders leicht zu erreichen. Da die Ich-Fehlvorstellung auf dieser Bewusstseinsebene aufgelöst ist, ist es nur eine Frage der Zeit bis zur Erleuchtung.

Reine Sicht (oder **Reine Sichtweise**): Sichtweise im *Diamantweg*. Man übt, die Welt und die Wesen als selbst befreiendes Spiel des Raumes zu sehen.

Reinigung: Allgemein entfernt jede buddhistische Übung

störende Neigungen und Eindrücke. Da sich der Geist aus einem angenehmen, aber nicht aus einem gestörten Geisteszustand heraus erleuchten kann, ist diese Stufe der Arbeit unumgänglich.

Retreat: siehe *Zurückziehung*

Rinpoche (tibet.; wörtl.: »Kostbarer«): Ehrentitel, der häufig buddhistischen Lehrern verliehen wird.

Sakya-Line, Sakya-Schule, die Sakyapas: Eine der *vier Hauptschulen* des tibetischen Buddhismus, gegründet von Khön Könchok Gyalpo im 11. Jh. In ihr wird Gewicht sowohl auf das Studium als auch auf die *Meditation*spraxis gelegt.

Samadhi, das (sanskr./tibet.: Ting-nge dzin): Meditative Vertiefung.

Sambhogakaya (sanskr.): siehe *Freudenzustand*

Samsara, das (sanskr./tibet.: Khorwa): Daseinskreislauf. Unfreiwillige Wiedergeburt in bedingten Zuständen sowie die fehlende Beherrschung der Erfahrungswelt.

Sangha, die (sanskr./tibet.: Gendün): Die Gemeinschaft der Praktizierenden. Als Teil der buddhistischen *Zuflucht* bezeichnet sie die verwirklichten Freunde auf dem Weg. Wird oft auch verwendet, um eine buddhistische Gruppe zu bezeichnen.

Schleier (tibet.: Dribpa): Unklare Vorstellungen oder Erlebnisse, die dem Geist die Erfahrung der Welt verstellen. Schleier basieren auf Unwissenheit und entstehen durch *Störgefühle* und extreme *Sichtweisen*.

Schützer (tibet.: Chökyong): Eine der *Drei Wurzeln*. Entfernt Hindernisse auf dem Weg zur *Erleuchtung* und macht jede Erfahrung zu einem Teil des Weges. Die

Schützer, Quelle der *Buddhataten*, sind ebenso wie die *Yidam*s Ausdruck des *Freudenzustand*es der *Erleuchtung* und in ihrem Wesen untrennbar vom *Lama*. In der *Kagyü-Linie* sind *Schwarzer Mantel* und *Strahlende Göttin* die wichtigsten Schützer.

Schwarze Krone: Besonderes Kennzeichen der *Karmapa*s. Im Augenblick seiner *Erleuchtung* erhielt *Karmapa* von den *Dakini*s die aus deren Weisheitshaaren geflochtene Krone. Sie krönten *Karmapa* damit zum »Herrn der Buddhaaktivität«. Dieses Kraftfeld befindet sich immer über seinem Kopf und ist für Wesen auf hohen geistigen Stufen sichtbar. In *Kronzeremonien* benutzt Karmapa in tiefer Meditation eine Nachbildung. Es ist ein Mittel, bei dem durch Sehen *Befreiung* erlangt werden kann. Durch den Anblick der Schwarzen Krone oder die *Meditation* auf sie entsteht eine Offenheit, die es ermöglicht, die tiefsten Ebenen des Geistes zu reinigen und dessen Natur zu verwirklichen.

Schwarzer Mantel (tibet.: Bernagchen/sanskr.: Mahakala): Haupt*schützer* der *Karma-Kagyü-Linie*, schwarzblau, springend oder mit seiner Partnerin *Strahlende Göttin* (Palden Lhamo) auf einem Muli reitend. In der rechten Hand hält er ein Haumesser, das alle Hindernisse abschneidet, in der linken eine Schädelschale mit dem Herzensblut des Ego.

Sechs Befreiende Taten: siehe *Befreiende Taten*

Sechs Lehren von Naropa: Höchst wirksame Mittel der *Kagyü-Linie*, die nur in der Zurückziehung eingesetzt werden. Ihr Ziel ist das Erkennen der *Natur des Geis-*

tes durch seinen Energieaspekt. Folgende *Meditationen* sind darin enthalten: Innere Hitze (Tumo), Klares Licht (Ösal), Traum (Milam), Illusionskörper (Gyulü), Zwischenzustand (Bardo), Bewusstes Sterben (*Phowa*).

Segen: Den tibetischen Texten nach ein sehr starkes Mittel, um geistige Reife zu übertragen. Wird ermöglicht durch die Gleichheit von *Raum* und Freude überall und die Tatsache, dass jedem die *Buddhanatur* innewohnt. Im *Diamantweg* kann der Lehrer durch die Begeisterung und Offenheit des Schülers einen Einblick in die *Natur des eigenen Geistes* vermitteln und so einen Geschmack von den jedem innewohnenden Möglichkeiten und ein tiefes Vertrauen in die eigene Entwicklung geben.

Shine (tibet./sanskr.: Shamatha): Geistesruhe, stilles Verweilen. *Meditation* auf ein tatsächliches, vorgestelltes oder abstraktes Objekt. Man übt, den Geist eingerichtet und ohne Ablenkung verweilen zu lassen. Shine ist im *Sutra* und *Tantra* Grundlage für die Erkenntnis der wahren *Natur des Geistes*.

Sichtweise (tibet.: Ta Wa): Das notwendige Wissen, das man im Buddhismus für ein sinnvolles Leben und eine ergiebige *Meditation* braucht. Dies entspricht der philosophischen Grundlage, die jeweils in einer oder in mehreren der vier philosophischen Schulen des Buddhismus gelehrt wird.

Spiegelähnliche Weisheit: Zeigt, wie Dinge sind, ohne etwas hinzuzufügen oder wegzunehmen. Eine der fünf *Weisheiten*, vertreten durch den blauen Buddha Akshobya der Diamant-Familie (siehe *Buddhafamilien*). Wird dem Element Wasser und der Himmelsrichtung Osten zugeordnet. Entsteht durch die Umformung von Zorn.

Störgefühle (sanskr.: Kleshas, tibet.: Nyön Mong): Auch »Leid bringende Geisteszustände« genannt, bestehen hauptsächlich aus Unwissenheit, Anhaftung, Hass, Stolz, Geiz sowie Neid und Eifersucht. Zusammen mit den negativen Handlungen bilden sie die Ursachen für alles Leid im Kreislauf der Existenz.

Strahlende Göttin (tibet.: Palden Lhamo/sanskr.: Shri Devi): Weisheits*schützerin*, die in allen vier Linien des tibetischen Buddhismus praktiziert wird. Partnerin von *Schwarzer Mantel*. Ihre bekanntesten Erscheinungen sind eine zweiarmige und eine vierarmige Form. Sie wird als Ausstrahlung von Sarasvati oder *Befreierin* betrachtet.

Strahlkraft: Die tief überzeugende Wonne, die aus der Verwirklichung herausstrahlt.

Stupa, der (ugs. auch: die) (sanskr./tibet.: Chörten): Eine Form, oft als Bauwerk, die vollkommene Erleuchtung symbolisiert, meist mit Reliquien und geschriebenen *Mantra*s etc. gefüllt. Bedeutet wörtlich aus dem Tibetischen übersetzt (chö = Geschenke, ten = Grundlage, Basis) eine Grundlage, um Geschenke (von Körper, Rede und *Geist*) an die *Erleuchtung* zu geben. Wurde auch von *Buddha* im *Sutra* des abhängigen Entstehens gelehrt.

Er steht für die Umwandlung aller Gefühle und Elemente in die fünf Erleuchtungs-Weisheiten und die fünf *Buddhafamilien*. Wird von Buddhisten als Stelle für überpersönliche Wünsche zum Besten aller Wesen verwendet und dabei im Uhrzeigersinn umschritten. Wird auch als Symbol für *Sangha* verwendet.

Sutra, das (sanskr./tibet.: Do): Oft als Ursachen-Merkmal-Weg bezeichnet. Man setzt lange die »Ursachen« für *Erleuchtung*, um das »Merkmal« aller Dinge, ihre *Leerheit*, zu erkennen (siehe auch *Großer Weg*).

2. Bedeutung (sanskr., wörtl.: »Leitfaden«): Bezeichnung der einzelnen Lehrreden *Buddhas*.

Tantra, das/tantrisch (sanskr.) (buddhistisches): Der Weg, bei dem die Identifikation mit *Erleuchtung* und das Halten der *Reinen Sicht* die wichtigsten Mittel sind. Basiert auf Mitgefühl und Weisheit des *Großen Weges*. Tantrayana (Tantraweg) ist bedeutungsgleich mit Vajrayana (sanskr.: *Diamantweg*) und *Mantra*yana (*Mantra*weg). Das Ziel, *Buddhaschaft*, wird zum Weg gemacht. Ein schneller Weg zur *Erleuchtung*, seine Voraussetzung ist eine frische Sichtweise, Vertrauen in den eigenen Geist und den Lehrer und eine mitfühlende und mutige Einstellung (siehe *Erleuchtungsgeist*).

Tenjur, der (tibet.): Sammlung der Kommentare der indischen Meister zu den Belehrungen des *Buddha* (*Kanjur*), je nach Ausgabe zwischen 225 und 256 Bänden.

Terma, das (tibet.; wörtl.: »versteckter Schatz in der Natur oder im Geist«): Von *Guru Rinpoche* und seiner tibetischen Gefährtin Yeshe Tsogyal versteckte Lehren, die dadurch erhalten und von späteren Schatzfindern (tibet.: *Tertön*) wieder entdeckt wurden. Sie machen einen großen Teil der *Nyingma-Übertragung* aus.

Tertön, der (tibet.; wörtl.: »Schatzfinder«): siehe *Terma*; siehe *Guru Rinpoche*

Thegtschen (tibet.): siehe *Großer Weg*

Theravada (wörtl.: »die Tradition der Ordensältesten«): Eine der drei Hauptschulen im Buddhismus, entstanden aus den Belehrungen des *Kleinen Weges*.

Thri (tibet.): Mündliche Erklärung zur *Meditation* von einem *Lama* oder in vielen Fällen auch von einem erfahrenen Schüler (siehe auch *Einweihung*).

Tilopa: (928–1009): Großer indischer *Meditation*smeister und *Mahasiddha*, der die gesamte Übertragung des *Diamantweges* in sich vereinigte. Er gab sie an seinen Hauptschüler *Naropa* weiter, der sie an *Marpa* weitervermittelte, und wurde somit mit *Maitripa* zusammen zum Vorvater der *Kagyü-Linie*.

Tonglen (tibet.; wörtl.: »Geben und Nehmen«): *Meditation* des *Großen Weges*.

Tulku (tibet.): siehe *Ausstrahlungszustand*

Tumo, das (tibet.): siehe *Sechs Lehren von Naropa*

Uma Chenpo (tibet./sanskr.: Maha Madymaka): Der Große Mittlere Weg. Die philosophische Sicht des *Großen Weges*, die alle extremen Ansichten, wie die Annahme, dass die Dinge wirklich sind, sowie die Vorstellung, dass sie nicht wirklich sind, überwindet.

Unermessliche/die Vier Unermesslichen: Oft ausgedrückt durch die vier Wünsche: Mögen alle Wesen das Glück haben und die Ursache von Glück. Mögen sie ohne Leid sein und die Ursache dazu. Mögen sie nicht ohne das höchste Glück sein, das ganz ohne Leid ist, mögen sie in Gleichmut verweilen und ohne Anhaftung an Nähe und Widerwillen gegen andere sein.

1. *Liebe* ist der Wunsch, dass andere glücklich sind. 2. *Mitgefühl* ist der Wunsch, dass andere frei von Leid sind. 3. *Mitfreude* ist das Sicherfreuen an den positiven Handlungen anderer und der Wunsch nach ihrem dauerhaften Glück. 4. *Gleichmut* bedeutet, frei von Anhaftung und Abneigung in einem ausgeglichenen und wohlwollenden Geisteszustand zu verweilen.

Unterscheidende Weisheit: Zeigt die Erscheinungswelt in ihren Einzelheiten und wie diese zusammenarbeiten. Eine der fünf *Weisheiten*, vertreten durch den roten Buddha Amithaba der Lotus-Familie (siehe *Buddhafamilien*). Wird dem Element Feuer und der Himmelsrichtung Westen zugeordnet. Entsteht durch die Umformung von Anhaftung.

Vajrayana, der (sanskr.): siehe *Diamantweg*

Verschmelzungsphase: siehe *Vollendungsphase*

Vertiefung, Versenkung (sanskr.: Samadhi): Tiefer Zustand des nackten Gewahrseins in *Meditation*. Stete Wonne. Bedingte Gedanken und Gefühle sind hier unbedeutend.

Verweilen, müheloses: Zustand entspannter Einsicht. Der *Geist* ruht in seinem Gewahrsein oder in dem, was darin entsteht.

Verwirklicher, -in (männl., weibl.: sanskr.: Yogi; Yogini/ tibet.: Naljorpa, Naljorma): Buddhistische Übende, die sich, unabhängig von äußeren Sicherheiten oder gesellschaftlichen Regeln, vor allem auf die Erkenntnis von der *Natur des Geistes* ausrichten.

In Asien waren Buddhisten entweder Mönche, Laien oder Verwirklicher. Heute vermischen sich aufgrund der guten Ausbildung im Westen die Lebens- sowie Sichtweisen der Laien und Verwirklicher immer mehr.

Vier Grundgedanken, auch vier allgemeine Vorbereitungen genannt: siehe *Grundgedanken*

Vier Unermessliche siehe *Unermessliche*

Vollendungsphase (tibet.: Dzog Rim): Geistige Fähigkeiten erweckende *Meditation*sphase der Verschmelzung mit einem *Buddhaaspekt* im *Diamantweg*; direkte *Meditation* auf die Natur des *Geist*es zur Erlangung tiefer *Einsicht*. Wird verwirklicht, wenn Form sich in Bewusstheit auflöst und man hinterher die Welt sowie die Wesen an sich als rein erlebt. Gedanken sind dann Weisheit und Geräusche *Mantras*.

Wahrheitszustand (tibet.: Chöku/sanskr.: Dharmakaya; wörtl.: »Körper der Phänomene«): Einer der *drei Zustände der Erleuchtung*. Der Wahrheitszustand ist die zeitlose *Erleuchtung* an sich, die leere *Nat*ur des Geistes. Er bildet die Grundlage für den *Freuden-* und den *Ausstrahlungszustand*. Er ist das letztendliche Wesen eines *Buddhas*, jenseits aller Formen, Eigenschaften und Begrenzungen. Die Erkenntnis des Wahrheitszustandes nutzt einem selbst und schenkt absolute Furchtlosigkeit, während die beiden *Formzustände* anderen nutzen.

Wang (tibet.): siehe *Einweihung*

Weisheiten, fünf: Die fünf Buddhaweisheiten sind die

wahre Essenz der Störgefühle. Durch die Umkehrung der gewöhnlichen Erfahrung wird Zorn als ein spiegelähnlicher Zustand erkannt, Stolz wird zur ausgleichenden Weisheit, Anhaftung zur Fähigkeit zu unterscheiden, Eifersucht verwandelt sich in die Kraft, Erfahrungen aneinander zu reihen, und Verwirrung wird zur alles durchdringenden Einsicht.

Weißer Schirm (tibet.: Dukar): *Schützerin*/schützende *Buddha*, im *Freudenzustand*, weiß, stehend, mit tausend Köpfen in den fünf Weisheitsfarben, die alles sehen. Ihre Zähne sind die männlichen und weiblichen *Schützer*, ihre Augen sehen alles, ihre rechten fünfhundert Hände und Füße segnen alle Wesen und die linken schützen und drücken alles Schädliche weg. Auch wichtig als Schützerin bei Reisen.

Wiedergeburt: Verkörperung in einem nachfolgenden Leben. Wiedergeboren wird nicht die gleiche Person, sondern der Geist folgt seiner unerleuchteten Gewohnheit, die Dinge für wirklich zu halten. Er verdichtet sich in einem neuen Leben, entsprechend dem Karma, welches durch Taten, Worte und Gedanken aufgebaut wurde. Diesen entsprechend erlebt der Geist eine neue Welt. Eine Wiedergeburt erfolgt im Normalfall unfreiwillig, kann aber auch bewusst auf der Grundlage von guten Wünschen zum Wohle der Wesen geschehen, wenn die Natur des Geistes weitgehend erkannt wurde.

Wurzeln/die Drei Wurzeln: *Lama*, *Yidam* und *Schützer*. Sie sind über die *Drei Juwelen* hinaus *Zuflucht* im *Diamantweg* und ermöglichen einen schnellen *Er-*

*leuchtungs*weg. Sie sind die Quelle (oder Wurzeln) für *Segen*, Verwirklichung und Schutz.

Yidam (tibet.): Eine der *Drei Wurzeln*. Quelle für *erleuchtete* Eigenschaften (siehe *Buddhaformen*).

Zuflucht (tibet.: Khyab Dro; wörtl.: »zum Schutz gehen«): Die Begegnung mit der eigenen *Buddhanatur*. Man wendet sich den Werten zu, auf die wirklich Verlass ist. Man nimmt Zuflucht zum *Buddha* als Ziel, zum *Dharma* (der Lehre) als dem Weg und zur verwirklichten *Sangha* (den *Bodhisattvas*) als seinen Freunden und Helfern auf dem Weg. Dies sind die so genannten *Drei Juwelen*. Im Diamantweg nimmt man zusätzlich Zuflucht zu den *Drei Wurzeln*. Die Zufluchtnahme bei einem *Lama* ist der rituelle Beginn des Weges. Er stellt eine Verbindung zwischen der *Buddhanatur* des Schülers und der zeitlosen Weisheit eines *Buddhas* her. Als gutes Zeichen bekommt man dabei einen buddhistischen Namen und es wird ein wenig Haar abgeschnitten. Dies erinnert daran, dass der Buddha, nachdem er seine Heimat und Kaste verlassen und beschlossen hatte, alle Zeit und Kraft der Suche nach Erleuchtung zu widmen, seine Haare abschnitt.

Zurückziehung (buddhistische) (auch engl.: Retreat): Tage-, wochen- oder jahrelanges Meditieren (siehe auch *Drei-Jahres-Zurückziehung*) an einem ruhigen, abgeschiedenen Ort, so dass man nicht von den Verstrickungen des Lebens abgelenkt wird. Am wirkungsvollsten mit klarem Ziel und vorgegebenem Tagesablauf und unter Betreuung an einer buddhistischen Stelle und in Abstimmung des Lehrers. Es gibt offene und geschlossene Zurückziehungen, Einzel-, Paar- oder Gruppenzurückziehungen. Zurückziehungen schaffen mehr Abstand zum Alltag und ermöglichen eine Vertiefung der Meditationserfahrungen.

Zustände der Erleuchtung/die drei Zustände der Erleuchtung (sanskr.: Kayas): *Wahrheitszustand* (sanskr.: Dharmakaya) ist die Einsicht in das letztendlich »leere« Wesen aller Erscheinungen. Es ist verbunden mit der Erfahrung von Furchtlosigkeit. *Freudenzustand* (sanskr.: Sambhogakaya) ist verbunden mit der Erfahrung von nicht bedingter Freude. *Ausstrahlungszustand* (sanskr.: Nirmanakaya) ist verbunden mit der Erfahrung von nicht bedingtem Mitgefühl. Der Wesenszustand – oft als vierter Zustand aufgezählt – ist kein zusätzlicher Zustand, sondern die Erfahrung der Einheit der drei Erleuchtungszustände. Die drei Zustände der *Erleuchtung* werden bei Gomlungs (angeleitete Meditationen durch den Lehrer) und bei zeremoniellen *Einweihung*en übertragen.

Adressen

Websites zum Thema Buddhismus allgemein,
zum Diamantweg und zu Lama Ole Nydahl

www.buddhismus.de
www.lama-ole-nydahl.de
www.diamantweg.de
www.diamondway-buddhism.org (mehrsprachig)

Buddhistische Zentren

Für weitere Informationen steht Ihnen ein internationales Netzwerk von über 600 Diamantweg-Zentren der Karma Kagyü Tradition unter der spirituellen Führung des 17. Karmapa Trinle Thaye Dorje, geleitet von Lama Ole Nydahl zur Verfügung. Es befinden sich mehr als 100 Gruppen im deutschsprachigen Raum. Die Adressen können über die angegebenen Websites eingesehen werden.

Europa-Zentrum
Hochreute 1
D-87509 Immenstadt
Telefon: +49 (8323) 9868740
E-Mail: join@europe-center.org
Homepage: http://europe-center.org

DEUTSCHLAND

www.diamantweg.de

Buddhistisches Zentrum Berlin
Milastraße 4
D-10437 Berlin
E-Mail: Berlin-Mitte@diamondway-center.org
Homepage: www.buddhismus-berlin-mitte.de

Buddhistisches Zentrum Braunschweig
Kramerstr. 18
D-38122 Braunschweig
E-Mail: Braunschweig@diamondway-center.org
Homepage: www.buddhismus-braunschweig.de

Buddhistisches Zentrum Frankfurt
Saalburgstr. 17
D-60385 Frankfurt am Main
E-Mail: Frankfurt@diamondway-center.org
Homepage: www.buddhismus-frankfurt.de

Buddhistisches Zentrum Hamburg
Thadenstr. 79
D-22767 Hamburg
E-Mail: Hamburg@diamondway-center.org
Homepage: www.buddhismus-hamburg.de

Buddhistisches Zentrum Kiel
Jungmannstr. 55-57
D-24105 Kiel
E-Mail: Kiel@diamondway-center.org
Homepage: www.buddhismus-kiel.de

Buddhistisches Zentrum München
Gabelsbergerstr. 52 / RGB
D-80333 München
E-Mail: Munich@diamondway-center.org
Homepage: www.buddhismus-bayern.de/muenchen

Buddhistisches Zentrum Stuttgart
Esslinger Str. 22
D-70182 Stuttgart
E-Mail: Stuttgart@diamondway-center.org
Homepage: www.buddhismus-stuttgart.de

Buddhistisches Zentrum Wuppertal
Heinkelstr. 27
D-42285 Wuppertal
E-Mail: Wuppertal@diamondway-center.org
Homepage: www.buddhismus-wuppertal.de

ÖSTERREICH

www.diamantweg.at

Buddhistisches Zentrum Graz
Pfeifferhofweg 94
A-8045 Graz
E-Mail: Graz@diamondway-center.org
Homepage: www.diamantweg.at/graz/

Buddhistisches Zentrum Wien
Schmelzgasse 3/3
A-1020 Wien
E-Mail: Wien@diamondway-center.org
Homepage: www.diamantweg.at/wien/

SCHWEIZ

www.buddhismus.org

Buddhistisches Zentrum Bern
Gerberngasse 14
CH-3011 Bern
E-Mail: Bern@diamondway-center.org
Homepage: www.buddhismus.org/bern

Buddhistisches Zentrum Zürich
Zürich Hammerstr. 9
CH-8008 Zürich
E-Mail: Zuerich@diamondway-center.org
Homepage: www.buddhismus.org/zuerich

Lama Ole Nydahl

Die Buddhas vom Dach der Welt
Auf ihrer Hochzeitsreise 1969 begegneten die jungen Dänen Hannah und Ole Nydahl in Nepal zum ersten Mal dem 16. Gyalwa Karmapa, dem spirituellen Oberhaupt der Karma-Kagyü-Linie des tibetischen Buddhismus. Diese Begegnung sollte ihr Leben verändern. Lama Ole Nydahl beschreibt in dieser Biografie die Aufbruchstimmung der sechziger Jahre in Kopenhagen. Dabei führte ihn die Suche nach geistiger Erfahrung vom Philosophiestudium über bewusstseinserweiternde Drogen hin zu den tibetischen Lamas, den Haltern höchster Verwirklichung. Er lässt den Leser teilhaben an abenteuerlichen Reisen, nahen Begegnungen mit buddhistischen Meistern und dem wachsenden Verständnis des Diamantweg-Buddhismus.
Das Buch erzählt nicht nur von den spannenden Lehrjahren im Himalaja und davon, wie der Diamantweg-Buddhismus in den Westen kam, sondern vermittelt dabei auch viel buddhistisches Wissen.
Aurum Verlag, in © Verlag J. Kamphausen, Bielefeld 2003

Wie die Dinge sind
Eine zeitgemäße Einführung in die Lehre Buddhas
Was ist Buddhismus? Welche Möglichkeiten lehrte Buddha, um festgefahrene Vorstellungen zu durchbrechen und den Geist als unbegrenzten Raum und grenzenlose Freude zu erfahren? Wie kann der moderne Mensch seine Alltagserlebnisse für die geistige Entwicklung nutzen?

»Wie die Dinge sind« ist mehr als ein buddhistisches Lehrbuch. Es handelt sich hier um eine lebendige Übertragung der tiefen Weisheit Buddhas – geschrieben von einem westlichen buddhistischen Meister. Lama Ole Nydahl gelingt es, den jahrtausendealten Reichtum des Buddhismus in einer verständlichen und frischen Weise zu vermitteln.
Anhand von vier Meditationen ermöglicht er dem Leser, erste Erfahrungen mit den befreienden und kraftvollen Methoden des Diamantweg-Buddhismus zu machen.
Knaur Taschenbuch Verlag, München 2004

Über alle Grenzen
Wie die Buddhas in den Westen kamen
Erlebnisse, Erfahrungen, Erkenntnisse ... Lebendig und humorvoll dokumentiert Lama Ole Nydahl, wie im Laufe der letzten 20 Jahre aus dem tibetischen der westliche Diamantweg-Buddhismus wurde. Eine spannende, chronologische Beschreibung einer für den Buddhismus und den Westen bedeutenden Begegnung mit autobiografischem Charakter.
Die Geschichte beginnt 1972 mit der Audienz bei der Königin von Dänemark. Der Keller eines abbruchreifen Hauses in Kopenhagen wird das erste Meditationszentrum der Karma-Kagyü-Linie in Europa, für die nötige Mobilität sorgt ein durchgerosteter VW-Bus mit Rallyeeigenschaften. Zwei Jahre später eröffnet dann Karmapas Besuch völlig neue Dimensionen ...
Aurum Verlag, in © Verlag J. Kamphausen, Bielefeld 2003

Buddha und die Liebe
Knaur MensSana, München 2007

Die vier Grundübungen
Ngöndro – die ersten Schritte im Diamantweg-Buddhismus
Joy Verlag, Sulzberg 2000

Anmerkungen

[1] Lama Ole Nydahl, *Die Vier Grundübungen*. Joy Verlag, Sulzberg 2001

[2] Lama Ole Nydahl, *Wie die Dinge sind*, Knaur Verlag, München 2004

[3] Siehe auch Vers 4

[4] Lama Ole Nydahl, *Mahamudra*, Joy Verlag, Sulzberg 1988

[5] Siehe auch Vers 2

[6] Tomek Lehnert, *Rüpel in Roben*, Buddhismus Heute Verlag, Wuppertal, 1999

[7] Siehe auch Vers 24

[8] Gampopa, *Juwelenschmuck der geistigen Befreiung*, Diederichs Verlag, München 1989. Gampopa, *Der kostbare Schmuck der Befreiung*, Theseus Verlag, Berlin 1996

[9] Lama Ole Nydahl, *Die Vier Grundübungen*, Joy Verlag, Sulzberg 2001

[10] Siehe auch Vers 23

[11] Gampopa, 1989

[12] Siehe auch Vers 2

[13] Steven Bachelor, *Awakening of the West*, Parallax Press, Berkeley, CA, 1994

[14] Ulrich Kragh, »Culture and Subculture – a Study of the Mahamudra Teachings of Sgam Po Pa«, M.A. Research Paper, Copenhagen University, Asian Department, June 1998

[15] Siehe auch Vers 23

[16] Siehe auch Vers 5

[17] Siehe auch Vers 23

[18] Lama Ole Nydahl, *Über alle Grenzen*, Aurum Verlag, Bielefeld 2003

[19] Siehe auch Vers 16

[20] Siehe auch Vers 1

[21] Wer mehr über diesen geistigen Riesen wissen will, dessen Kraft den Diamantweg bis heute beeinflusst, sollte die autobiografischen Bücher von Lama Ole Nydahl lesen: *Die Buddhas vom Dach der Welt* und *Über alle Grenzen*, beide Aurum Verlag, Bielefeld 2003.

Lama Ole Nydahl

Buddha und die Liebe

Gibt es eine intensivere Erfahrung als Liebe?

Im Buddhismus werden Liebe und Partnerschaft als Grundlage für persönliches Wachstum und ein erfülltes Leben angesehen. Lama Ole Nydahl beschreibt eindrucksvoll, was Buddha empfahl, um eine Partnerschaft so zu leben, dass sowohl das Paar als auch dessen Umfeld in einen Bereich des Glücks eintreten.
Das Buch zeigt anschaulich, wie man das erreicht, wovon viele träumen: eine harmonische Beziehung und ein dauerhaft glückliches Leben.